All about KOREAN RICE & NOODLE

짜지 않은
밥 국수

이 윤 혜

푸드디자인 스튜디오 '사이 間'을 운영하고 있는 요리연구가 겸 푸드 스타일리스트. 비주얼 머천다이저로 활동했던 경험을 바탕으로 푸드&프럽 스타일링 전반에 걸쳐 자신만의 스타일을 살려 활동하고 있다. 건강한 요리를 쉽고, 즐겁게 즐길 수 있도록 상차림, 그릇 활용, 담음새, 음식 포장 아이이어까지 두루 고민하며 레시피를 만들어 내는 것이 특징이다. 〈여성동아〉〈에쎈〉〈레몬트리〉〈쿠켄〉〈스타일H〉〈메종〉〈행복이 가득한 집〉 등의 잡지에 한국적이면서도 모던한 레시피와 스타일링을 선보이고 있다. 요리책을 비롯해 여러 식품 브랜드 및 주방가전제품 광고 영역에서도 푸드 스타일리스트로 활동하고 있다. 자신의 개성을 살린 스피드&스타일 클래스도 운영하고 있다.

저서
〈과일노트〉
〈힐링 레시피〉

All about KOREAN RICE & NOODLE

짜지 않은
밥 국수

엄마가
차려주는
소박한 집밥이
그립습니다

이윤혜

Prologue

계절의 흐름에 따라 장바구니에 담기는 식재료가 바뀌고, 밥상에 올라가는 음식이 달라지는 것은 자연스러운 일입니다. 하지만 식구 수가 1~2명뿐인 가정에서 제철 재료로 만든 음식을 챙겨 먹는 일은 생각보다 어렵습니다. 재료를 사서 다듬고, 요리해 한두 끼 맛있게 먹고 나면 남은 재료와 음식이 식탁 가장자리며 냉장고를 돌아다니다가 결국 버려지게 됩니다. 이런 일이 반복되면 음식도 아깝지만 만들어 버리는 일에 지치게 되지요.

요즘에는 전화 한 통화면 24시간 배달 음식을 구할 수 있고, 전국 방방곡곡 토속 식재료와 맛집 뿐만 아니라 전 세계 레스토랑 정보까지 어렵지 않게 찾아내 즐길 수 있습니다. 하지만 문득 그리워지는 것은 역시 어릴 적 먹었던 '집밥'이 아닐까요. 해질 무렵이면 밥이 익고 찌개가 끓어오르는 냄새에 절로 집으로 발길이 향하던 생각이 납니다. 바쁘고 지칠수록 그때 그 냄새와 허기, 설렘이 그리워지며 집밥으로 몸과 마음에 위안을 주고 싶습니다.

한 그릇만으로 든든한 한 끼가 되는 밥과 국수 요리책을 내기로 마음먹은 것도 바로 '집밥' 때문입니다. 가마솥에 지은 밥맛에 비할 수는 없지만 가정에서 흔히 사용하는 압력밥솥, 전기밥솥, 작은 냄비 등을 활용해 지을 수 있는 여러 가지 밥 요리법을 담았습니다. 쉽게 구할 수 있는 잡곡과 나물, 여러 가지 부재료를 두루 활용했기 때문에 보다 다양한 밥 요리를 즐길 수 있을 거예요. 국수 요리 역시 쉽게 구할 수 있고, 보관이 쉬운 재료 위주로 요리법을 만들었습니다. 밥과 국수 요리는 조리 과정이 단순하기 때문에 다른 재료로 응용하기 쉽고, 여러 가지 양념이나 반찬도 필요하지 않습니다. 가족의 입맛에 맞는 건강한 재료를 고르고, 자극적인 맛보다는 자연의 맛을 살려 요리하면 누구나 그리워하던 집밥을 만들어낼 수 있을 겁니다.

계절이 바뀌면 음식이 바뀌듯 그릇, 숟가락, 젓가락, 물 잔 등에도 변화를 주세요. 작은 변화로 인해 밥 짓는 일과 밥 먹는 시간이 더 즐거워질 수 있답니다. 아무쪼록 이 책을 통해 만나는 독자 여러분의 한 그릇 밥과 국수가 때로는 활력이 되고, 때로는 위안이 될 수 있기를 바랍니다.

Contents

요리하기 전에 보세요

- 10 이 책을 활용하는 방법과 계량 기준
- 12 든든한 맛내기 재료
- 20 건강한 저염 밥상 만드는 요령
- 26 요리가 쉬워지는 필수 도구

밥과 밥 요리

밥 짓기 기본 정보
- 32 맛있는 밥을 완성하는 기본기
- 34 조리 도구에 따라 달라지는 밥 짓기
- 36 밥이 풍성해지는 여러 가지 곡식과 콩
- 44 밥맛 돋우는 밥물 내기

하나, 공깃밥
- 48 쌀밥, 현미밥
- 50 찰보리밥, 꽁보리밥
- 52 기장밥, 차조밥
- 54 흑미밥, 적미밥
- 56 팥물밥, 팥밥
- 58 오곡밥, 혼합잡곡밥
- 60 콩밥, 강낭콩밥
- 62 옥수수밥, 땅콩밥, 수수밥
- 64 쉽고 빠른 토핑밥 아이디어

둘, 일미밥과 버무리밥
- 68 콩나물밥
- 70 감자밥
- 72 연근밥
- 74 죽순밥
- 76 마밥
- 78 호박고지밥
- 80 시래기밥
- 82 곤드레나물밥
- 84 취나물밥
- 86 냉이밥
- 88 두릅밥
- 90 미나리밥
- 92 다시마밥
- 94 장아찌밥
- 96 입맛 돋우는 짭조름한 조림 반찬

셋, 솥밥
- 100 수삼영양밥
- 102 뿌리채소밥
- 104 고구마호박밥
- 106 모둠버섯밥
- 108 단호박영양밥
- 110 굴무밥
- 112 콩비지밥
- 114 해물영양밥
- 116 날치알밥
- 118 톳유부밥
- 120 돼지고기김치밥
- 122 영양찰밥
- 124 다른 반찬 필요 없는 맛깔스러운 양념장

넷, 비빔밥

- 128 생채비빔밥
- 130 봄나물비빔밥
- 132 숙채비빔밥
- 134 열무보리비빔밥
- 136 꼬막콩나물비빔밥
- 138 우렁된장부추비빔밥
- 140 오이나물비빔밥
- 142 낙지젓갈비빔밥
- 144 해초비빔밥
- 146 더덕비빔밥
- **148 밥이 꿀꺽 넘어가는 담백한 국물**

다섯, 덮밥

- 152 마늘커리라이스
- 154 구운 채소소고기덮밥
- 156 참치덮밥
- 158 오징어양배추덮밥
- 160 제육덮밥
- 162 김치마파두부덮밥
- 164 양파달걀덮밥
- 166 두부볶음덮밥
- 168 돼지등심생강구이덮밥
- 170 닭고기덮밥
- 172 소고기덮밥
- 174 일본식 섞음초밥
- **176 같은 밥이라도 다르게! 컵밥 아이디어**

여섯, 볶음밥

- 180 잔멸치볶음밥
- 182 소고기볶음밥
- 184 달걀새우볶음밥
- 186 깍두기볶음밥
- 188 파인애플볶음밥
- 190 대파날치알볶음밥
- 192 마늘볶음밥
- 194 베이컨볶음밥
- 196 김치오믈렛
- 198 김치크림리소토
- 200 해물토마토리소토
- 202 해물파에야
- **204 두고두고 먹는 맛좋은 장아찌**

일곱, 국밥과 죽

- 208 김치말이밥
- 210 콩나물국밥
- 212 우거지국밥
- 214 묵밥
- 216 장터국밥
- 218 육개장국밥
- 220 닭곰탕
- 222 황태국밥
- 224 소고기무국밥
- 226 굴국밥
- 228 닭죽
- 230 김치명란죽
- 232 소고기채소죽
- 234 누룽지죽
- **236 맛있는 마무리! 심플 디저트**

여덟, 별미 밥 요리

- 240 매운 멸치김밥
- 242 쌈밥
- 244 나물밥전
- 246 현미주먹밥
- 248 유부초밥
- 250 참치삼각주먹밥
- 252 캘리포니아롤
- 254 밥크로켓
- 256 스팸무스비
- 258 파티초밥
- **260 밖에서도 빛나는 도시락 아이디어**

Contents

국수와 국수 요리

국수 요리 기본 정보
- 264 국수 맛있게 삶는 기본기
- 266 식탁이 다채로워지는 여러 가지 국수
- 268 국수 맛 좋아지는 기본 국물 만들기

하나, 소면과 중면
- 272 잔치국수
- 274 김치비빔국수
- 276 두부국수
- 278 김치말이국수
- 280 과일비빔국수
- 282 골뱅이비빔국수
- 284 고기국수
- 286 간장비빔국수
- 288 통깨잣국수
- 290 낙지비빔국수
- 292 장국수
- **294 맛과 멋을 더하는 고명 아이디어**

둘, 칼국수
- 298 바지락칼국수
- 300 버섯칼국수
- 302 감자칼국수
- 304 김치칼국수
- 306 된장칼국수
- 308 들깨칼국수
- 310 냉이칼국수
- 312 팥칼국수
- 314 닭칼국수
- 316 매생이칼국수
- 318 낙지칼국수
- **320 입맛 살리는 간단 겉절이**

셋, 우동
- 324 어묵우동
- 326 유부우동
- 328 튀김우동
- 330 얼큰우동
- 332 김치우동
- 334 샤부샤부우동
- 336 커리우동
- 338 볶음우동
- 340 베이컨크림우동
- 342 해물우동샐러드
- **344 국수와 어울리는 스피드 주먹밥**

넷, 파스타

- 348 할라피뇨파스타
- 350 알리오올리오
- 352 해산물토마토스파게티
- 354 토마토브로콜리파스타
- 356 카르보나라
- 358 버섯크림파스타
- 360 리코타치즈파스타
- 362 콜드파스타
- 364 봉골레스파게티
- 366 미트볼파스타
- 368 명란스파게티
- 370 소시지오븐스파게티
- **372 새콤달콤 입맛 돋우는 피클**

다섯, 별미 국수 요리

- 376 콩나물잡채
- 378 버섯잡채
- 380 당면샐러드
- 382 쫄우동
- 384 비빔쫄면
- 386 간장비빔메밀국수
- 388 냉메밀국수
- 390 곤약비빔국수
- 392 묵국수
- 394 쌀국수샐러드
- 396 볶음쌀국수
- 398 월남쌈
- **400 파티 푸드로 좋은 컵국수 아이디어!**

요리 돕는 책 속 부록

- 402 밥, 국수 상차림 아이디어
- 404 사계절 식재료 캘린더
- 412 찾아보기

요리하기 전에 보세요 **1**

이 책을 활용하는 방법과 계량 기준

완성 요리 사진
완성된 음식 사진입니다. 모든 레시피는 2인분 기준이지만 사진 속 완성 요리는 1인분 기준으로 담았습니다. 두 그릇으로 나눠 담은 경우에도 1인분씩 담은 것입니다. 음식을 먹음직스럽게 담기 위해 양념이나 고명을 섞지 않고 얹은 경우가 있지만 완성 요리의 맛에는 큰 차이가 없으니 독자의 취향에 따라 음식을 담아내세요.

요리 과정 사진
요리 과정을 담은 사진입니다. 레시피에 따라 2인분 기준으로 촬영하였으나 간혹 재료의 양이 너무 적어 사진으로 확인하기 어려운 경우에는 독자의 편의를 위해 임의로 조금씩 양을 늘려 촬영했습니다.

요리 설명
요리의 이름과 맛, 모양, 식감 등에 대한 간단한 설명입니다. 요리 재료의 제철 정보, 음식을 더욱 예쁘게 담아 맛있게 먹는 방법, 요리와 어울리는 반찬이나 국 등에 대한 정보도 적어두었습니다.

2인분 기준의 재료
2인분 기준의 재료 분량입니다. 주재료 외의 육수, 양념장, 밑간 재료 등은 따로 적어 표기했습니다. 재료 중 '(p.000)'으로 표기된 부분은 해당 페이지에 만드는 방법이 나와 있습니다.

요리 도움말
재료를 손질하거나 조리할 때 주의해야 할 점이나 대체할 수 있는 재료에 대한 정보, 요리를 보다 쉽고 맛있게 할 수 있는 저자의 도움말입니다.

이 책은 성인 2명이 먹을 수 있도록 계량된 레시피를 담았습니다. 재료는 컵(C), 큰술(TS), 작은술(ts)을 기준으로 계량한 것입니다. 우리가 흔하게 사용하는 밥 1공기, 콩나물 1줌 같은 눈대중 계량도 있는데, 이는 요리의 맛을 크게 좌우하지 않기 때문에 독자의 취향이나 입맛에 따라 달라져도 괜찮습니다.

계량컵과 계량스푼을 사용하세요

계량컵과 계량스푼은 일정한 맛을 내기 위해 반드시 필요한 도구입니다. 손에 익숙하지 않고 조금 번거롭더라도 계량하는 버릇을 들이면 눈대중, 손대중 요령이 생겨 요리가 점점 수월해진답니다. 계량 도구를 활용할 때는 설탕처럼 계량 도구에 묻거나 남지 않는 가루 재료부터 측정한 다음 농도가 묽은 것에서 되직한 액체류 순서로 계량하세요.

1C(컵) = 200ml

계량컵은 여러 가지 재질과 형태로 된 제품이 있으나 구하기 쉽고 보관이 편리한 것으로 고르세요. 우리나라에서 1컵 기준은 200ml입니다. 계량컵을 사용할 때는 컵을 평평한 곳에 두고 눈금과 눈높이를 같게 해서 읽어야 정확한 계량이 됩니다. 가루나 액체 모두 눈금까지 정확하게 부어 사용하세요.

1큰술 = 1테이블스푼(1TS) = 15ml
1작은술 = 1티스푼(1ts) = 5ml

계량스푼은 1큰술과 1작은술을 기준으로 삼지요. 1큰술은 3작은술이고요. 가루 재료를 계량할 때는 숟가락에 담아 젓가락 등으로 윗면을 평평하게 깎은 것이 정확한 양입니다. 액체류는 넘치지 않을 정도로 찰랑찰랑하게 가득 채우면 됩니다. 고추장이나 된장 같은 덩어리 재료는 가루 재료처럼 평평하게 깎지 않고 약간 볼록하게 올라온 정도로 계량합니다.

종이컵과 밥숟가락 계량

우리가 흔히 사용하는 종이컵의 용량은 가득 채웠을 때 1컵, 즉 200ml입니다. 어른이 흔히 사용하는 밥숟가락은 1큰술에 약간 못 미치는 양입니다. 계량 도구가 없을 때는 이 두 가지를 활용해보세요.

요리하기 전에 보세요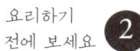

든든한 맛내기 재료

집에 갖추고 있으면 언제든지 맛있는 요리를 만들 수 있게 도와주는 여러 가지 식재료입니다.

냉장고 속 재료

1 달걀

달걀은 반찬이 없을 때 가장 좋은 재료지요. 찬밥과 함께 볶아 먹고, 그대로 구워 프라이를 만들어 먹고, 요리에 곁들이는 재료가 부족할 때는 지단을 부쳐 썰어 섞거나 올리기도 하고요. 게다가 대파와 소금, 달걀을 풀어 넣고 한소끔 끓이면 담백한 국물 요리를 금세 만들 수 있답니다.

2 마늘

마늘은 사계절 내내 구할 수 있지만 제철인 5~6월에 햇마늘을 넉넉하게 구입해 다져서 두고두고 요리에 사용한답니다. 다진 마늘 대부분은 냉동실에 보관하고, 한 달 정도 사용할 분량은 밀폐용기에 넣어 냉장실에 둡니다. 편으로 썰어 요리에 넣을 마늘은 통마늘을 구입해 실온에 보관해두고 필요할 때마다 꺼내 쓰세요.

3 대파

대파는 생각보다 쉽게 시들고 무른답니다. 대파 흰 부분은 싱싱할 때 어슷하게 썰거나 송송 썰어 냉동 보관하면 필요할 때 꺼내 그대로 볶음이나 국물 요리에 넣어 조리할 수 있어요. 초록 잎 부분은 큼직하게 썰어 국물을 내거나 국물 표면에 뜬 거품이나 이물질을 걷어낼 때 사용하면 아주 좋아요. 뿌리는 물에 담가 불려 흙을 잘 털어낸 다음 맛국물을 끓일 때 한두 개씩 넣으면 감칠맛이 좋아집니다.

4 청양고추

청양고추는 음식에 매운맛만 내는 것이 아니라 독특한 개운함을 주어 입맛 돋우기 좋은 재료랍니다. 싱싱한 것을 송송 썰어 음식에 섞거나 고명으로 얹고, 씨를 빼고 다지면 양념장에 활용할 수 있습니다. 남은 것은 송송 썰어 냉동실에 보관했다가 볶음 요리, 국물 요리, 구이나 부침 요리에 사용하면 됩니다.

냉장고 속 재료

1 국물용 멸치
국물용 멸치는 1년 365일 떨어지지 않게 준비해두는 재료입니다. 고기나 뼈, 기타 해산물 등으로 국물을 내기 번거롭거나 시간이 부족할 때는 멸치와 다시마만 있어도 맛국물을 금세 만들 수 있거든요. 게다가 여러 가지 요리에 두루 활용해도 맛이 잘 어울린답니다. 멸치의 씁쓸한 맛이 싫다면 흔히 똥이라 불리는 검은 내장과 머리를 떼어내고 요리에 사용하세요. 눅눅해진 멸치는 프라이팬이나 냄비에 바삭하게 볶거나 전자레인지에 10~20초 정도 가열해 요리에 넣으면 비린내가 나지 않아요.

2 황태
황태는 포나 채로 구입해두면 손질 없이 요리할 수 있어 편리합니다. 국물을 낼 때는 머리 부분을 사용하는 것이 맛있어요. 황태 채는 건더기까지 모두 먹는 국물 요리에 넣고 무침이나 비빔 요리를 만들 때 넣으면 좋습니다.

3 새우
새우는 껍데기 있는 중하, 껍데기를 벗겨 살짝 데쳐 냉동으로 판매하는 것, 마른 새우 등 굉장히 다양한 종류가 있지요. 모두 갖춰두면 좋지만 마른 새우와 냉동 새우만 있어도 든든하답니다. 두 가지 모두 오래 보관할 수 있고, 손질할 필요 없이 바로 요리에 쓸 수 있어요. 냉동 새우는 쫄깃한 맛이 좋아 볶음 요리에 두루 활용하거나 데쳐서 샐러드에 넣어도 좋지요. 마른 새우는 바삭하게 볶아 주먹밥을 만들거나 국물을 우릴 때 좋아요.

4 명란젓
명란젓은 맛깔스러운 밥반찬이기도 하지만 아주 좋은 요리 재료랍니다. 잘게 썰어 파스타나 볶음 요리에 넣고, 시원하게 국을 끓여 먹기도 하지요. 알만 발라 밥에 올려 비벼 먹기도 좋고, 짭짤한 맛이 좋아 양념장 대신 여러 가지 요리에 간편하게 활용할 수도 있어요. 명란젓은 쉽게 상하지 않지만 냉동실에 두고 필요한 만큼씩 미리 꺼내 사용하세요.

실온 보관 재료

1 마른 표고버섯
마른 표고버섯을 제철에 넉넉하게 구입해 먹고 남은 것을 채반에 널어 딱딱해질 때까지 말려 냉동실에 보관합니다. 말린 표고버섯은 싱싱할 때보다 맛과 향이 진해집니다. 싱싱한 표고버섯은 기둥을 먹지 않지만 말려두면 찌개 등에 넣어 먹을 수 있어요. 맛국물을 낼 때는 물에 헹궈 그대로 넣어 끓이고, 이 외에는 미지근한 물에 불려 물기를 짠 다음 사용하세요.

2 다시마
다시마는 깨끗한 물에 10분 정도만 담가두기만 해도 감칠맛이 우러납니다. 맛국물을 낼 때 찬물에서부터 넣어 끓이고, 팔팔 끓으면 바로 건져내야 진액이 나오지 않아요. 국물을 우려내고 건져낸 다시마는 잘게 썰어 양념에 무치거나 음식 고명으로 얹어 먹고, 밥 지을 때 넣어도 됩니다. 다시마는 도톰하고 단단하며 모양이 반듯반듯한 것이 좋아요

3 마른 고추
대부분 청양고추를 말려서 만드는 마른 고추는 음식에 매운 향과 알싸한 감칠맛을 줍니다. 물에 살짝 헹궈 가위로 꼭지를 잘라내고 2~3등분해 요리에 넣으세요. 달군 기름에 넣고 볶아 매운맛과 향을 우려내거나 맛국물을 끓일 때 넣으면 시원하고 얼큰한 맛을 낼 수 있답니다. 마른 고추는 질기고 너무 맵기 때문에 완성된 요리를 담아낼 때 골라내거나 먹지 않도록 주의하세요. 마른 고추와 비슷한 것으로 마른 중국 고추나 이탈리아 페페론치노가 있답니다.

4 가쓰오부시
자연 건조와 발효를 거친 가다랑어를 대패로 긁어낸 것으로 일본 요리에 많이 사용됩니다. 마치 얇은 나무껍질처럼 생겼는데 매우 독특한 향과 감칠맛을 가지고 있지요. 그대로 볶음 요리나 구이에 곁들여 먹기도 하지만 맛국물을 만들 때 아주 유용한 재료랍니다. 단, 너무 오래 끓이면 오히려 비린내가 나므로 팔팔 끓을 때 가쓰오부시를 넣고 바로 불을 꺼서 국물을 우려내는 것이 좋답니다.

요리하기 전에 보세요

양념 재료

1 국간장
집간장, 조선간장이라고도 불리는 국간장은 메주를 건져낸 소금물을 계속 발효시켜 만든 것입니다. 짠맛이 강하지만 깊은 향과 감칠맛이 좋아 국, 찌개를 끓이거나 나물을 무칠 때 사용하면 됩니다. 여러 가지 재료로 끓여놓은 맛국물에 국간장으로 간을 하면 그대로 요리에 사용해도 될 만큼 맛있답니다.

2 된장
된장은 집집마다 맛과 염도가 다르고 콩의 굵기도 다르답니다. 건더기가 너무 굵으면 체에 걸러 사용하거나 곱게 으깨 요리에 넣으세요. 간장이나 소금으로 간을 하는 요리에 된장을 약간만 섞으면 감칠맛이 아주 좋아진답니다. 된장에 여러 가지 채소나 다른 양념을 섞으면 다양한 맛을 만들어 낼 수 있고요.

3 고추장
고추장은 달콤한 맛이 나는 것보다는 칼칼한 맛이 좋은 것을 고르세요. 단맛이 강하면 다양한 요리에 쓰기가 어려워요. 대신 단맛이 필요할 때는 매실청 등을 활용하면 됩니다. 비빔양념이나 무침양념을 만들 때는 다른 양념을 줄여 짠맛을 줄이고, 뻑뻑하지 않게 만드세요. 국물 요리에 고추장을 너무 많이 넣으면 개운한 맛이 줄어드니 고춧가루를 섞어 칼칼한 맛을 더하세요.

4 매실청
청매실을 설탕에 버무려 재운 다음 100일 정도 두었다가 액체만 거른 것으로 새콤달콤한 맛이 진하게 납니다. 매실청을 요리에 넣으면 새콤달콤한 맛도 나지만 재료의 잡냄새가 제거되고, 식중독을 예방하는 데도 도움이 된답니다. 매실청은 소금이나 간장을 섞어 간만 맞춰도 샐러드드레싱이나 무침양념으로 손색이 없답니다. 매실 외에 오미자청도 요즘 쉽게 구할 수 있으니 활용해보세요.

5 굴소스
굴을 발효시켜 만든 소스로 구수하면서도 짭짤한 맛이 강합니다. 간장이나 소금으로 낼 수 없는 독특한 감칠맛을 요리에 더할 수 있지요. 볶음이나 구이 요리 등을 만들 때 활용하면 좋은데, 많이 넣으면 간이 세질 수 있고, 다른 양념이나 재료의 맛을 덮어버리니 주의하세요.

요리하기
전에 보세요 **3**

건강한
저염 밥상
만드는 요령

소금은 우리 몸에 꼭 필요한 영양소지만 과하면 건강에 이상이 생길 수 있지요. 소금은 적게, 요리는 맛있게, 몸은 건강하게 유지할 수 있는 생활 속 저염 밥상 실천을 함께 해보아요.

몸에 꼭 필요한 소금 똑똑하게 섭취하기

소금은 인체에 꼭 필요한 영양소이며 음식의 맛을 내는 아주 중요한 재료입니다. 좋은 소금은 우리 몸에 건강한 미네랄을 제공하며 식재료가 가진 향과 맛을 끌어내고, 음식의 부패를 막는 역할을 하지요. 단, 소금 섭취를 과하게 하거나 미네랄이 없는 정제 소금을 요리에 오랫동안 사용할 경우에는 여러 가지 문제가 생길 수 있답니다. 짜게 먹는 습관은 고혈압이나 심혈관계 질환, 갑상선 질환, 골다공증 등을 유발할 수 있기 때문입니다.

짠맛에 대한 선호는 습관이며, 반복된 식습관의 결과로 노력하면 누구나 고칠 수 있답니다. 혓바닥에 있는 미각 수용체의 수를 비롯해 건강, 나이, 경험 등 여러 가지 요인에 따라 짠맛에 대한 민감성은 사람마다 다르게 나타납니다. 소금은 필수영양소기 때문에 신체에서 필요로 하는 이유로 짠맛을 선호하는 사람도 있지만 대부분 반복된 식습관과 경험에 의해 형성된 입맛이라고 볼 수 있습니다. 일정한 짠맛에 지속적으로 노출되면 더 짠맛을 원하게 되며 이런 맛의 기댓값이 달라지는데 걸리는 시간은 대개 2~4개월 정도라고 합니다. 신맛이나 단맛은 과일이나 채소를 발효시키거나 설탕에 절여 조미료 대신 사용할 수 있지만 소금의 짠맛은 대체할 수 있는 방법이 없지요. 그렇기 때문에 건강한 소금을 골라 적절하게 사용하는 방법을 알고 습관을 들이는 것이 중요합니다.

건강한 소금을 선택해야 합니다.

백미보다는 현미, 백설탕보다는 꿀을 먹는 이유는 정제 과정을 덜 거쳤기 때문입니다. 자연에서 생긴 영양과 미네랄을 보다 많이 섭취하기 위해서지요. 소금도 마찬가지입니다. 꽃소금이나 맛소금 같은 정제염보다는 미네랄이 살아 있는 천일염을 선택하세요. 입자가 굵은 천일염을 물에 헹궈 팬에 볶아 굵은소금으로 쓰고, 곱게 갈아두면 고운 소금으로 여러 요리에 활용할 수 있습니다.

소금을 적게 쓰는 방법을 알아둡니다.

채소나 고기 등을 푹 끓여 우려낸 맛국물을 요리나 양념 등에 활용하면 감칠맛이 나기 때문에 짠맛이 적어도 싱겁다고 느껴지지 않는답니다. 허브가루, 다시마가루, 멸칫가루 등의 천연 가루나 후춧가루, 커리가루,

너트메그 같은 향신료와 함께 소금을 섞어 요리에 알맞게 활용하면 감칠맛과 향이 더해져 소금의 짠맛이 덜 들어가도 음식이 맛있어집니다.

간을 보는 방법도 중요합니다.
음식이 뜨거울 때는 짠맛이 덜 느껴집니다. 우리가 즐겨 먹는 국물 요리를 통한 나트륨 섭취가 늘어나는 것도 이런 이유 때문입니다. 뜨거운 요리는 조금 덜어 한 김 식혀 간을 봐야 합니다. 가족 구성원에 따른 1일 소금 섭취량을 계량해 부엌에 두고 사용하는 방법도 좋습니다.

소금 외의 짠맛 내는 재료에 주목하세요.
된장, 고추장, 간장 등에도 나트륨이 들어 있습니다. 물론 같은 양의 소금보다는 적지만 여러 가지 요리에 양념을 활용하다 보면 자칫 나트륨 섭취량이 크게 증가할 수 있으니 주의하세요. 김치, 조림 요리, 장아찌처럼 우리가 흔히 먹는 반찬에도 짠맛(나트륨)이 있으니 반찬을 덜어 먹는 습관을 들이고, 국물보다는 건더기를 섭취하며, 양념장에는 양파, 버섯, 고추 등을 잘게 다져 넣어 싱겁게 만들어 먹어야 합니다.

> ## 소금의 종류 알아두세요!
>
> **천일염(굵은 소금)**
> 천일염은 바닷물을 염전으로 끌어 들여 자연 상태에서 증발시켜 만든 소금입니다. 알이 굵고 반투명하며, 간수를 빼지 않으면 씁쓸한 맛이 나므로 반드시 간수를 뺀 천일염을 사용해야 합니다. 간수를 뺀 굵은 소금은 채소를 절일 때 주로 사용하고, 간수 뺀 소금을 팬에 볶아 곱게 갈아 음식에 골고루 사용합니다. 천일염을 대나무나 도자기에 넣고 일정한 온도와 시간에 맞춰 구워낸 구운 소금도 있습니다.
>
> **맛소금**
> 천일염에 MSG(글루탐산나트륨)을 배합한 것으로 화학조미료라고 볼 수 있답니다. 불순물이나 수분, 미네랄은 거의 포함되어 있지 않습니다.
>
> **자염**
> 자염은 염전이 생기기전부터 우리나라에서 전통 방식으로 만들어 온 소금입니다. 갯벌의 흙을 여러 번 갈아엎어 말려서 염도를 높인 다음 바닷물을 그 흙에 걸러 10시간 이상 끓여 소금 결정체를 만듭니다. 천일염보다 영양분과 미네랄이 풍부하며 짠 맛이 덜하고 감칠맛은 더 좋답니다.
>
> **꽃소금**
> 꽃소금은 천일염을 정제해 불순물을 제거한 것인데 정제과정에서 미네랄도 함께 손실됩니다. 소금의 모양이 눈꽃과 닮아 꽃소금이라 불리며 수분이 적고, 알갱이가 쉽게 부서지는 것이 좋은 소금입니다.

자주 먹는 음식의 나트륨 양 알아두기

나트륨은 영양소의 하나로 소금에 많이 들어 있다. 세계보건기구가 정한 나트륨 일일권장량은 2000mg. 나트륨 2000mg은 소금 5g(5000mg)과 같다. 그런데 우리나라 사람들 대부분은 권장량보다 훨씬 많은 5000mg을 섭취한다. 한국인이 즐겨 먹는 음식(한 그릇 기준) 대부분은 나트륨 함량이 높다.

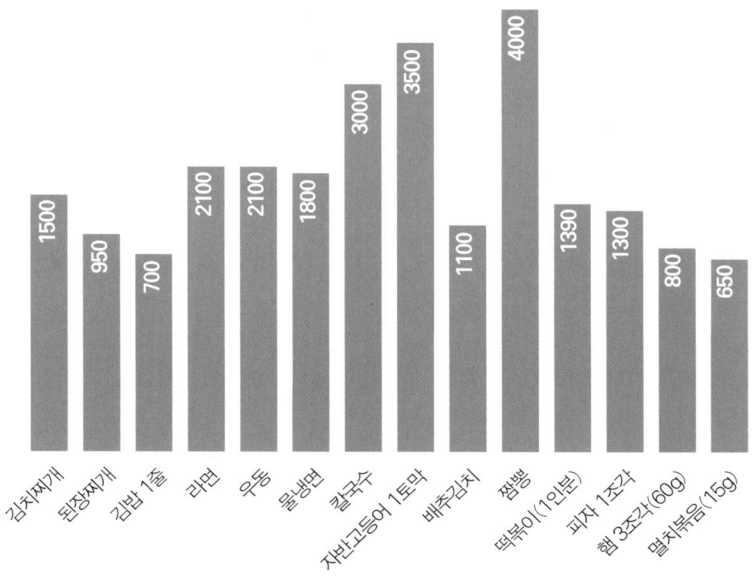

*단위: mg   *출처 식품의약품안전처

밥상에 자주 오르는 소금 도둑, 주의 또 주의!

라면

국민 간식으로 굳건하게 자리 잡은 라면. 요즘엔 한 끼 식사로 라면을 선택하는 경우도 많은데, 염분 함유량이 많은 요주의 식품이다.
라면을 끓일 때에는 수프의 양을 절반 이하로 줄여서 넣고 국물은 먹지 않는다.

마른 생선
멸치, 새우, 북어포 등은 칼슘이나 단백질 공급원으로 좋지만 염분 함량이 높아서 주의해야 한다. 특히 소금 함량이 높은 멸치볶음에 간장까지 넣어 볶는다면 기름을 붓는 격. 물에 여러 번 씻어서 소금기를 빼낸 뒤 조리해야 한다.

국물류
국, 탕, 찌개, 전골 등의 국물이 문제. 소금물을 마시는 것과 다름없기 때문. 국물을 싱겁게 조리하거나 국물은 먹지 않고 건더기만 건져 먹는 방법이 좋다.

장아찌와 젓갈류
오랫동안 우리 밥상에 꾸준히 올라온 장아찌와 젓갈류는 보관이 편리하고 맛이 좋아 두고 먹는 반찬으로 좋지만 소금범벅이나 다름없다. 될 수 있으면 양념을 털어내고 적게 먹거나 다른 채소 등과 함께 곁들이도록 한다.

단무지
김밥 속 재료로 빠지지 않고 들어가는 단무지 역시 소금에 절여서 만들기 때문에 그 어떤 식품보다도 염분 함량이 높다. 특히 아이들이 먹는 김밥 속 재료로는 적당치 않으므로 오이나 다른 대체 재료를 넣는 것이 좋다.

햄과 소시지
대부분의 가공식품은 염분 함량이 매우 높은데 햄과 소시지도 예외는 아니다. 가능하면 먹지 않는 것이 좋지만 꼭 먹어야 할 때에는 끓는 물에 데쳐 염분기를 빼낸 뒤 간하지 않고 조리한다.

김치류
한국인의 염분 과다 섭취에 일조하는 것이 바로 김치류다. 발효식품으로서의 우수성도 있지만 염분 과다 섭취라는 문제도 있는 만큼, 효과적인 섭취가 필요하다. 오래 보관해두고 먹기보다는 조금씩 짜지 않게 담가서 먹거나 겉절이를 담가 바로 먹는 방법이 권할 만하다.

몸속 염분 빼주는 채소와 과일 알아두기

오이
수분이 90% 이상으로 이뇨 작용이 뛰어나 수분 배출을 원활하게 하며, 칼륨이 풍부해 몸속에 쌓인 염분을 배출하는 효능도 뛰어나다. 평소 몸이 자주 붓거나 짠 음식을 즐겨 먹는다면 오이를 많이 먹어 소변을 통해 체내의 염분을 배출시키도록 한다. 오이는 굳이 조리하지 않고도 먹을 수 있는 채소이므로 과일 대신 간식으로 먹으면 좋고 싱겁게 만든 오이무침은 김치 대용식으로 적당하다.

고구마
혈관에 쌓인 염분을 배출시켜 혈관을 깨끗하고 튼튼하게 한다. 식이섬유도 많아 변비 예방에 도움이 된다. 가능한 한 껍질째 삶아서 먹는 것이 좋으므로 하루에 한 개 정도는 삶은 고구마를 챙겨 먹자.

상추
칼륨과 식이섬유가 풍부한 편. 대개 상추는 쌈으로 많이 먹는데, 짠맛이 강한 쌈장의 양만 잘 조절한다면 궁합이 좋은 섭취법이다. 오이나 당근 등을 넣어 양념장에 버무린 겉절이로 즐기는 방법도 권할 만하다.

당근
몸속의 염분을 배출시키고 식이섬유도 많아 변비 예방에 좋다. 당근은 단맛이 진한 채소이므로 생것 그대로 간식처럼 먹어도 좋고, 사과와 함께 갈아서 주스로 마시면 많은 양을 먹을 수 있다. 감자와 함께 볶아 먹는 방법도 좋다.

감자
열을 내리는 효과가 뛰어나 몸에 열이 많은 사람이 먹으면 좋다. 칼륨도 풍부해서 몸 속의 나트륨을 배출하는 데 도움이 된다. 감자를 삶아서 간식으로 먹거나 짜지 않게 조리해 밥반찬으로 즐긴다. 감자를 갈아서 만든 즙을 공복에 마시면 고혈압인 사람의 혈압 조절에도 효과 만점.

양배추
체내 염분의 균형을 조절하는 데 효과가 있다. 익히면 효능이 떨어지므로 가능하면 생것으로 먹는다. 곱게 채 썰어 샐러드로 먹거나 당근, 사과와 함께 갈아 주스를 만들어 마신다. 양배추를 데쳐서 쌈으로 먹고 데친 물을 마시는 방법도 있다.

토마토
칼륨이 풍부해 염분 배출은 물론 체내의 수분을 조절하는 효능이 있다. 생으로 먹거나 갈아서 주스로 마시는 방법, 샐러드나 소스 등으로 즐긴다. 흔히 토마토는 설탕보다는 소금과 궁합이 좋다고 하지만 저염식을 위해서라면 굳이 소금과 함께 먹을 필요는 없다.

아스파라거스
엽산과 칼륨이 풍부한 아스파라거스는 혈압 조절에 도움이 되고 몸속의 나트륨을 배출시키는 작용도 뛰어나다. 데쳐서 샐러드에 곁들이거나 볶음밥 등에 넣어 먹는다. 당근, 오이 등과 함께 즙을 내서 마시면 염분 배출 효과가 상승되고 한 번에 많은 양을 먹을 수 있다.

사과
칼륨이 풍부한 대표적인 과일. 식이섬유인 펙틴도 많아 콜레스테롤 수치를 떨어뜨리는 작용을 한다. 펙틴은 장운동을 활발하게 해 변비 예방에도 좋다. 이런 성분은 껍질에 다량 들어 있으므로 깨끗하게 씻어 껍질째 먹는다. 양배추, 당근 등과 함께 갈아서 먹는 방법도 좋다. 사과는 아침에 먹는 것이 가장 좋으므로 가능하면 아침에 한 개씩 챙겨 먹는다.

바나나
칼륨뿐 아니라 무기질과 펙틴도 풍부해 변비 예방에 좋다. 고혈압이 있는 사람이 하루에 바나나를 한 개씩 먹으면 뇌졸중을 예방할 수 있을 정도로 혈압 조절에 좋은 과일이다.

요리하기
전에 보세요 ④

요리가
쉬워지는
필수 도구

요리가 쉬워지고
음식의 모양과 맛을
살려주는 고마운
부엌 살림입니다.

1 계량 도구

요리가 손에 익기 전까지는 반드시 계량 도구를 사용하세요. 매일 짓는 밥이나 자주 먹는 반찬 등은 나중에 저절로 척척 만들게 되지만 새로운 요리에 도전할 때는 꼭 필요한 도구랍니다. 우리나라 표준 계량에서 1컵(1C)은 200ml가 기준이며, 1큰술(1TS)은 15ml, 1작은술(1ts)은 5ml가 기준입니다. 계량 도구가 없더라도 일정한 크기의 숟가락과 컵 등을 꾸준히 활용하면 눈대중이 쉬워집니다. 모든 계량 도구는 눈높이에서 보아야 정확합니다. 가루 재료는 젓가락 등으로 깎아 평평하게 만듭니다. 액체 재료는 찰랑찰랑하게 담고, 덩어리 재료는 약간 볼록한 정도로 담으세요.

2 면보자기(면포)

면보자기는 체에 얹어 육수의 기름기를 걸을 때, 두부처럼 입자가 고운 재료의 물기를 짤 때, 재료의 물기를 살살 닦아내거나 물에 적셔 재료를 신선하게 보관할 때 등 두루두루 활용할 수 있지요. 면이 도톰한 것보다는 얇은 것이 좋고, 입자가 성긴 것보다는 고운 것이 좋아요. 재래시장이나 대형마트에 가면 쉽게 구할 수 있는데 영구적으로 사용하기보다는 어느 정도 쓰다가 버려야 하니 넉넉하게 구입해두면 좋아요. 사용한 면보자기는 깨끗이 빨거나 삶아서 완전히 말려 보관하세요.

3 솔

솔은 재료에 양념을 바를 때도 유용하지만 요리에 기름 양을 줄이기 위한 좋은 도구이기도 합니다. 팬에 기름을 직접 두르는 것보다 솔에 기름을 발라 팬 표면에 골고루 발라요. 특히 약한 불에서 천천히 익히는 요리를 할 때나 달걀지단을 부칠 때 좋지요. 실리콘솔을 주로 사용하는데 열기에 강하고 부드러워 조리 도구나 요리 재료에 상처를 내지 않고, 세척이 편리하며 무엇보다 털이 빠지지 않아 좋답니다.

4 주걱

실리콘주걱은 열기에 강하고 조리 도구에 손상을 주지 않아 볶음을 하거나 걸쭉한 죽을 끓일 때 편리해요. 여러 가지 재료를 살살 섞거나 밥을 가볍게 뒤적이고 퍼 담을 때는 나무주걱이 좋아요. 소스나 양념을 깔끔하게 긁어낼 때는 고무주걱(알뜰주걱)을 사용합니다. 국물 요리나 볶음 요리를 만들 때는 손잡이가 길어야 불에 델 염려가 없어요. 실리콘주걱의 실리콘 부분은 대부분 손잡이에서 분리되니 삶아 소독할 수 있어 좋아요. 나무주걱은 깨끗이 씻어 잘 건조시키고, 가끔 햇볕에 말리면 좋지요.

5 체

체는 재료의 물기를 빼거나 거칠고 굵은 입자를 고를 때 주로 사용합니다. 손잡이가 길고 큼직한 체는 육수를 끓이고 나서 건더기와 기름기를 걷어내는 데 활용합니다. 삶은 국수나 파스타를 건질 때도 유용하고요. 손바닥만 한 중간 크기의 체는 곡식을 씻어 물기를 빼거나 데친 나물 등을 건질 때 편리합니다. 작은 크기의 체는 양념장이나 김칫국물을 거를 때 좋지요.

6 작은 그릇

손질이나 계량이 끝난 요리 재료를 도마 등에 너저분하게 펼쳐두기보다는 채소, 해물, 육류, 양념 재료 등을 깔끔하게 분리해 작은 그릇에 나눠 담아요. 재료가 섞이지 않아 맛이나 향도 지킬 수 있고, 위생적이기도 하지요. 계량한 재료를 가늠할 수 있는 눈썰미나 손대중을 익히는 데도 도움이 됩니다. 따로 밑간해야 하는 재료도 손쉽게 다룰 수 있고요. 작은 그릇은 대형마트, 남대문 그릇상가 등에서도 판매하지만 짝이 맞지 않거나 크기가 애매해 잘 쓰지 않던 찬장 속 그릇을 활용하세요.

7 젓가락

개인적으로 아주 좋아하는 도구랍니다. 음식을 볶거나 섞을 때 재료가 부서지거나 상처 나지 않게 다룰 수 있지요. 긴 젓가락은 튀김이나 볶음을 할 때, 굵기가 가는 젓가락은 부드럽고 연한 재료를 다룰 때, 홈이 있는 젓가락은 재료가 매끈해서 잡아 올리기 힘들 때, 끝이 뾰족한 젓가락은 음식을 담고 모양을 낼 때 좋답니다. 가열하는 요리를 할 때는 쇠젓가락은 델 수 있고 플라스틱은 녹을 수 있으니 주의하세요.

8 필러와 채칼

필러는 무, 당근 등 단단한 채소의 껍질을 벗길 때 주로 사용하는데, 재료를 얇게 저밀 때에도 활용하면 편리하답니다. 무, 당근, 우엉처럼 칼로 얇게 썰기 힘든 재료를 힘 있게 긁어내거나 호박이나 가지 같은 부드러운 채소도 길쭉하고 일정한 두께로 저밀 수 있거든요. 얇게 저미면 채를 썰기에도 아주 좋고요. 채칼은 칼날이 달린 판에 재료를 일정한 힘으로 밀어 두께를 조절해가며 썰어 내는 도구예요. 감자, 양파 등에 많이 사용하지요. 채칼은 칼날의 모양에 따라 재료를 여러 가지 형태로 썰어낼 수 있어요.

여러 가지 곡식으로 지어 먹는 구수한 밥

밥과 밥 요리

매일 먹는 밥으로 만드는 다양한 요리

맛있는 밥을 짓기란 쌀을 씻는 것에서부터 시작합니다. 씻고, 불리고, 밥물 잡고, 끓이고, 뒤섞는 모든 과정이 알맞게 되어야 진짜 맛있는 밥이 되거든요. 도구에 따라 여러 가지 방법이 있지만 전기밥솥이나 압력밥솥은 방법이 쉽기 때문에 일반 냄비에 밥을 짓는 것을 기준으로 알려드릴게요.

밥 짓기
기본 정보

맛있는 밥을 완성하는 기본기

쌀 씻기

쌀은 찬물에 씻어요. 첫 물은 재빨리 헹궈 버려야 쌀 표면에 묻어 있는 쌀겨 냄새가 쌀에 흡수되지 않아요. 두 번째 물부터 쌀을 비벼가며 씻어요. 손목 바로 아래 손바닥으로 가볍게 비벼가며 씻되 너무 세게 문지르면 쌀이 부서져 오히려 밥맛이 떨어집니다. 20회 정도 골고루 비벼 씻고, 물은 4~5회 정도 바꿔가며 맑은 물이 될 때까지 씻습니다.

쌀 불리기

씻은 쌀은 깨끗한 찬물에 담가 30분 정도 불린 뒤 체에 건져 물기를 빼며 더 불립니다. 물에 너무 오래 담가두면 나중에 너무 밥이 퍼질 수 있어요. 햅쌀은 30분 정도만 물에 담가 불리면 되고, 묵은 쌀은 1시간 정도 불려요. 현미는 5시간 정도 충분히 불려야 밥이 부드러워지고 소화도 잘됩니다.

밥물 잡기

불린 쌀과 물의 비율은 1:1 즉, 동량으로 잡으면 됩니다. 불리지 않은 쌀로 밥을 지을 때는 1:1.2 비율로 물을 조금 더 넣어야 밥이 부드러워져요. 단, 전기밥솥으로 밥을 지을 때는 솥 내부에 표시되어 있는 눈금을 참조하세요.

끓이기

쌀과 물을 냄비에 안치고 뚜껑을 덮어 센 불에 올려 끓입니다. 팔팔 끓어오르면 중간 불로 줄여 5분 정도 더 끓인 다음 약한 불로 줄여 15분 동안 뭉근하게 끓입니다. 불을 끄고 뚜껑을 덮은 채로 5분 동안 뜸을 들여요. 불을 끄기 전에 밥 냄새가 나지 않거나 밥물이 너무 흥건하게 남아 있다면 물이 자작해질 때까지 더 끓이세요.

밥 뒤섞기

뜸 들이기가 끝나면 뚜껑을 열어 바로 뒤섞으세요. 밥이 뜨거울 때 섞어야 식었을 때 덩어리지지 않고, 먹을 때 느낌도 고슬고슬하답니다. 밥 알갱이가 으깨지지 않도록 가장자리를 긁어 가운데로 모으고, 냄비 바닥부터 살살 떠내며 위아래를 뒤섞어야 합니다.

쌀 보관하기!

쌀은 한꺼번에 대량으로 구입하기보다는 소량씩 구입해 빨리 먹는 것이 좋아요. 쌀은 밀폐용기에 담아 그늘지고 서늘하며 건조한 곳에 두세요. 될 수 있으면 낮과 밤의 온도 차이가 적은 곳이 좋고요. 쌀이 햇볕을 쬐면 마르고 갈라지면서 전분이 나와 쉽게 상할 수 있으니 주의하세요. 쌀을 냉장실이나 냉동실에 보관할 때는 다른 음식 냄새가 스며들지 않게 하세요. 쌀은 쉽게 냄새를 흡착하고 한 번 냄새가 배면 쉽게 없어지지 않거든요. 묵은 쌀에서 냄새가 나면 물에 식초를 한 방울 떨어뜨려 쌀을 헹군 다음 다시 맑은 물로 여러 번 헹궈 밥을 지으세요. 쌀벌레가 생겼다면 바람이 잘 통하는 그늘에 쌀을 넓게 펼쳐 말리세요. 쌀벌레는 위로 기어 올라오는 습성이 있으니 바로바로 잡아내면 됩니다. 벌레가 너무 많으면 물에 여러 번 헹군 다음 펼쳐 말리고 되도록 빨리 밥을 지어 먹어야 합니다.

일반 곡식이나 콩만 넣어 지어 먹는 밥은 전기밥솥이나 압력솥에 지으면 쉽지요. 하지만 채소와 섞어 밥을 짓거나 중간에 다른 재료를 넣어야 하는 일미밥은 밥이 끓는 도중에 뚜껑을 열어야 하지요. 냄비, 뚝배기, 돌솥, 가마솥 등 여러 가지 도구에 따라 달라지는 밥 짓는 요령을 알려드립니다.

밥 짓기
기본 정보
②

조리 도구에 따라 달라지는 밥 짓기

냄비

냄비는 불린 쌀과 밥물의 비율을 1:1로 잡아요. 불리지 않은 쌀은 1:1.2로 물을 조금 더 넣습니다. 밥을 짓는 냄비는 바닥이 두꺼워야 위아래가 골고루 익어요. 센 불에서 팔팔 끓어오르면 불을 줄이고 중간 불에 5~7분 정도 끓여요. 약한 불로 줄이고 10분 정도 두었다가 불을 끄고 뚜껑을 덮은 채로 5분 정도 뜸을 들입니다. 일정한 시간을 지키는 것도 중요하지만 냄비마다 두께도 다르고 온도가 유지되는 시간도 다르니 눈으로 상태를 확인하는 것이 좋습니다. 밥물이 잦아들고 쌀이 뽀얀 흰색이 되면 불을 끄고 뜸을 들이세요.

뚝배기 & 돌솥

밥물은 일반 냄비와 같게 잡습니다. 뚝배기와 돌솥은 달궈지는 시간이 오래 걸려 처음 끓어오르기까지 한참 기다려야 합니다. 대신 한 번 끓어오르면 쉽게 온도가 떨어지지 않으니 밥이 팔팔 끓어오르면 바로 약한 불로 줄여야 해요. 약한 불에서 10분 정도 끓인 뒤 바로 불을 끄고 다시 10분 정도 뜸을 들이세요. 뚝배기나 돌솥은 불을 끄고 나서도 자글자글 끓기 때문에 일반 냄비보다 빨리 불을 끄고 뜸을 오래 들이는 겁니다.

가마솥

가마솥에 밥을 지으면 쉽게 끓어 넘칠 수 있으니 냄비의 70%를 넘지 않도록 양을 맞추세요.

밥물은 일반 냄비와 같게 잡습니다. 가마솥에 밥을 지으면 쉽게 끓어 넘칠 수 있으니 냄비의 70%를 넘지 않도록 양을 맞추세요. 센 불에서 팔팔 끓어오르면 중간 불로 줄여 5분 정도 더 끓여요. 이때 밥물이 넘치려고 하면 뚜껑을 열었다 닫기를 반복하며 넘치지 않도록 하세요. 아주 약한 불로 줄이고 5분 정도 더 끓인 다음 밥물이 잦아들면 불을 끄고 뚜껑을 덮은 채로 5분 동안 뜸을 들입니다.

전기밥솥 & 전기압력밥솥

다 된 밥을 보온 상태로 두어야 한다면 작은 종지에 물을 담아 밥 가운데 두면 밥이 마르는 것을 막을 수 있어요.

밥물은 일반 냄비와 같게 잡습니다. 단, 전기압력밥솥을 사용할 때는 쌀을 물에 담가 불리지 않아도 됩니다. 내솥 안에 표시된 눈금에 맞춰 쌀과 물의 양을 맞추면 밥 짓기에 실패하는 일이 거의 없는 것이 전기밥솥의 장점이지요. 밥이 다 되면 뚜껑을 열어 가장자리와 가운데, 위아래를 잘 뒤섞어 가운데로 소복하게 모아두면 밥이 쉽게 마르지 않아요. 다 된 밥은 보온 상태로 밥솥에 두는 것보다 뜨거울 때 그릇에 옮겨 담아야 나중에 다시 데워 먹을 때 맛있답니다. 보온 상태로 두어야 한다면 작은 종지에 물을 담아 밥 가운데 두면 밥이 빨리 마르는 것을 막을 수 있어요.

쌀을 비롯한 여러 가지 곡식과 콩류를 섞어 다양한 맛의 밥을 지어 먹을 수 있습니다. 각각 불리는 시간과 익는 시간이 달라 잡곡과 콩을 넣어 밥을 지을 때는 미리 불리고 삶는 준비가 필요합니다.

밥 짓기
기본 정보
3

밥이 풍성해지는 여러 가지 곡식과 콩

쌀

우리가 가장 많이 먹는 멥쌀입니다. 도정 과정에서 왕겨, 쌀겨, 씨눈(배아)을 완전히 제거한 10분도(10번 도정) 쌀입니다. 소화가 잘되고 구수하며 씹을수록 단맛이 나지요. 하얗고 투명하며 윤기가 나고 알갱이 모양이 골고루 온전한 것이 좋아요. 정미된 직후부터 맛이 떨어지기 시작하니 최근에 정미된 것을 고르세요. 씻어서 물에 담가 30분 정도 불려 밥을 짓고, 오래 묵은 쌀은 1시간 정도 불립니다.

흑미

찹쌀처럼 찰기가 있고 약간의 독특한 향과 구수한 맛을 가지고 있어요. 도정을 적게 해 쌀알이 단단한 편이라 밥을 지으면 꼬들꼬들한 느낌이 나요. 흑미는 많이 넣으면 밥이 온통 검은색으로 물들고 너무 된밥이 될 수 있으니 조금씩만 섞는 것이 좋아요. 흑미는 쌀과 같이 씻어 불리면 됩니다.

적미

홍미, 붉은 쌀, 빨간 쌀 등으로 불리며 흔하게 먹는 곡식은 아닙니다. 적미는 탄수화물과 더불어 단백질, 비타민, 미네랄, 타닌 등을 함유하고 있고, 당과 콜레스테롤 수치를 낮춥니다. 밥을 지었을 때 다른 곡식에 쉽게 물들지 않아 불긋불긋 섞여 있는 모습이 먹음직스럽지요. 쌀과 같이 씻어 불리면 됩니다.

> 적미는 탄수화물과 더불어 단백질, 비타민, 미네랄, 타닌 등을 함유하고 있고, 당과 콜레스테롤 수치를 낮춥니다.

현미

왕겨만 벗기고 쌀겨와 씨눈(배아)을 깎지 않은 1분도(1번 도정) 쌀입니다. 비타민 등의 영양소와 식이섬유가 멥쌀보다 훨씬 풍부합니다. 고소하고 씹는 맛이 좋지만 충분히 불리지 않으면 밥이 너무 꼬들꼬들해 소화가 잘 안 됩니다. 반드시 물에 담가 4~5시간 동안 불려 밥을 지으세요. 발아현미는 현미를 물에 담가 두어 싹을 틔운 것을 말합니다. 일반 현미보다 효소와 식이섬유가 풍부하고, 면역력 증강에 도움이 된답니다.

> 발아현미는 일반 현미에 비해 효소와 식이섬유가 풍부하고, 면역력 증강에 도움이 된다고 하지요.

찹쌀

멥쌀에 비해 색이 더 하얗고 크기가 약간 작아요. 영양은 멥쌀과 비슷하지만 찹쌀로 밥을 지으면 끈기가 있고 차지며 윤기가 납니다. 소화가 잘되고 장 기능을 돕기 때문에 속이 편치 않을 때 찹쌀밥을 질게 지어 먹거나 죽을 끓여 먹으면 좋아요. 찹쌀은 1시간 정도 물에 담가 불립니다.

> 속이 편치 않을 때 찹쌀로 질게 밥을 지어 먹거나 죽을 끓여 먹으면 좋습니다.

밥 짓기 기본 정보

찹쌀현미

찹쌀을 덜 도정해 쌀겨와 씨눈(배아)이 그대로 살아 있는 1분도 쌀이에요. 밥을 지었을 때 멥쌀현미보다 찰기가 좋고, 씹는 느낌이 훨씬 부드럽고 고소해요. 깨끗이 씻어 2시간 정도 불려 밥을 지어요. 찹쌀현미도 일반 현미와 같은 방법으로 발아현미를 만들어 먹을 수 있어요.

> 찹쌀현미는 밥을 지었을 때 멥쌀현미보다 찰기가 좋고, 씹는 느낌이 훨씬 부드럽고 고소해요.

겉보리

도정을 덜한 보리로 쌀과 비교하면 현미 같은 것입니다. 밥을 지으면 푸실푸실하지만 섬유질이 풍부해 배변 활동을 좋게 하고, 쌀에 부족한 비타민이 풍부해요. 보리는 몸의 열기를 낮춰준다고 해서 여름에 자주 먹습니다. 알이 통통하고 광택이 있으며 동그스름한 것이 좋습니다. 보리는 30분 정도 불린 다음 퍼질 정도로 삶아서 쌀과 같이 넣고 밥을 지어요.

> 겉보리는 섬유질이 풍부해 배변 활동을 좋게 하고, 쌀에 부족한 비타민이 풍부해요.

납작보리

압맥이라고도 불리는데 도정한 후 기계로 열과 수분을 가해 납작하게 누른 것이에요. 일반 보리보다 익는 시간이 훨씬 짧고 소화가 잘됩니다. 빛깔이 뽀얗고 홈이 가느다란 것을 고르세요. 불린 쌀과 섞어 밥을 지으면 됩니다.

> 납작보리는 일반 보리보다 익는 시간이 훨씬 짧고 소화가 잘됩니다.

꽁보리밥을 지을 때
겉보리보다는
찰보리로 지어야
먹기도, 소화시키기도
좋아요.

찰보리

찰기가 좋은 보리로 쌀과 비교하면 찹쌀 같은 것입니다. 홈이 깊기 때문에 물에 담가 박박 주물러 여러 번 씻어야 깨끗해요. 꽁보리밥을 지을 때 겉보리보다는 찰보리로 지어야 먹기도, 소화시키기도 좋아요. 불리지 않고 물을 곡식 양의 1.2배로 부어 밥을 지으면 되지만, 뜸을 충분히 들여야 보리 특유의 구수한 맛을 볼 수 있어요.

검은 보리는
식이섬유와 무기질
등이 다른 보리에
비해 월등하게 많은
기능성 보리입니다.

검은 보리

검은색을 띠며 식이섬유와 무기질 등이 다른 보리에 비해 월등하게 많은 기능성 보리입니다. 흑미처럼 검붉은 색이 아니라 갈색빛이 진하게 얼룩덜룩한 모양입니다. 겉보리처럼 삶아서 밥에 넣어야 부드럽게 먹을 수 있어요.

율무는
물을 많이 흡수하기
때문에 곡식 총량의
1.5배 정도로 밥물을
잡아야 해요.

율무

밥으로 만들어 먹는 율무는 껍질을 벗긴 것을 말합니다. 노르스름한 색이 약간 돌며 매끄럽고 통통하며 윤기가 나는 것이 좋아요. 물에 담가 3~4시간 불리거나 보리처럼 따로 삶아 밥에 넣으면 더욱 부드럽습니다. 율무는 물을 흡수하기 때문에 곡식 총량의 1.5배 정도로 밥물을 잡아야 해요.

귀리

흔히 알고 있는 오트밀의 '오트(oat)'가 바로 귀리입니다. 가늘고 길쭉하며 현미처럼 색이 노르스름합니다. 흔하게 밥에 넣어 먹지는 않지만 섬유질이 풍부하고 열량이 낮은 데다 포만감이 좋아 다이어트 식품으로 좋습니다. 물에 불리지 않아도 되지만 밥물을 1.3배 정도로 잡아야 합니다.

> 귀리는 섬유질이 풍부하고 열량이 낮은 데다 포만감이 좋아 다이어트 식품으로 좋습니다.

수수

우리가 먹는 대부분의 수수는 차수수랍니다. 붉은 껍질에서 쓴맛이 나기 때문에 껍질을 제거하고 물에 담가 붉은 물이 나오지 않을 때까지 우리거나 문질러 씻어야 해요. 손질한 수수는 쌀과 함께 씻어 불려 밥을 지으면 됩니다.

> 수수는 붉은 껍질에서 쓴맛이 나기 때문에 껍질을 제거하고 물에 담가 붉은 물이 나오지 않을 때까지 우리거나 문질러 씻어야 해요.

차조와 기장

비슷하게 생겼지만 차조는 녹색, 기장은 노란색이며 찰기는 차조가 더 좋고 고소한 맛은 기장이 좋습니다. 곡류 낟알 중 크기가 가장 작아 씻을 때 흘려버리기 십상이니 고운체를 받쳐 따로 씻는 것이 좋아요. 차조와 기장은 따로 불리지 않아도 되지만 약간 떫은맛이 있기 때문에 미지근한 물에 씻어 잠시 떫은맛을 우려내고 밥을 짓습니다. 쌀과 함께 불리거나 그대로 넣고 밥을 지어요.

> 차조와 기장은 낟알 중 크기가 가장 작아 씻을 때 흘려버리기 십상이니 고운체를 받쳐 따로 씻는 것이 좋아요.

백태는
껍질은 노란데
삶으면 속은
하얗고
맛은 정말
고소하답니다.

백태

흰콩, 메주콩, 노란콩, 대두, 두부콩 등 다양한 이름을 갖고 있지요. 그만큼 여러 가지 방법으로 먹을 수 있는 콩이에요. 껍질은 노란데 삶으면 속은 하얗고 맛은 정말 고소하답니다. 씻어 물에 담가 3~4시간 불려 밥을 짓습니다.

서리태

검은콩으로도 불리는데, 10월경에 서리를 맞고 수확한다고 해서 서리태라고 부릅니다. 껍질은 검은색이지만 속은 초록색인 콩입니다. 밥에 넣거나 조림으로 반찬을 만들고, 떡에 넣어 쪄 먹기도 하지요. 씹는 맛이 좋아요. 물에 담가 1~2시간 정도 불려 밥을 짓습니다.

서리태는
검은콩으로도
불리는데, 10월
경에 서리를 맞고
수확한다고 해서
서리태라고
부릅니다.

쥐눈이콩

알이 작아 쥐의 눈같이 보인다고 붙은 이름인데, 서목태라고도 불리며 약으로 많이 쓰여 약콩이라고도 합니다. 익었을 때 고소하고 달착지근한 맛이 나서 밥에 넣어 먹으면 아주 맛있답니다. 다른 잡곡과 섞어 소금을 약간 넣고 밥을 지어도 좋아요. 불리지 않아도 됩니다.

쥐눈이콩은
서목태라고도 불리며
약으로 많이 쓰여
약콩이라고도
합니다.

완두콩

연한 초록색의 알이 작고 맛이 달착지근하면서도 고소한 콩으로 흰밥에 넣어 먹으면 맛있습니다. 봄에 풍성하게 나오는 완두콩은 깍지째로 구할 수 있어요. 넉넉하게 구입해 알만 발라 냉동실에 넣어두면 일 년 내내 완두콩 넣은 밥을 맛볼 수 있지요. 깍지가 누렇게 마르지 않고 알이 꽉 찬 것을 구입하세요. 알갱이만 구입한다면 초록색이 선명한 것이 좋아요.

> 넉넉하게 구입해 알만 발라 냉동실에 넣어두면 일 년 내내 완두콩 넣은 밥을 맛볼 수 있지요.

울타리콩

늦여름부터 초가을까지 쉽게 구할 수 있는 콩으로 껍질에 자줏빛의 점박이가 있고, 가끔 온통 자주색인 것도 있답니다. 밥에 넣으면 부드럽고 고소한 맛이 좋아요. 울타리콩은 씻어서 1~2시간 정도 불려요.

> 울타리콩은 밥에 넣으면 부드럽고 고소한 맛이 좋아요.

강낭콩

여름에 수확하며 껍질이 진한 자주색으로 윤기가 나는 것이 좋아요. 강낭콩은 푹 익으면 매우 부드럽고 달콤한 맛이 납니다. 철 지난 마른 강낭콩은 2시간 정도 불리고, 싱싱한 강낭콩은 불리지 않고 밥을 지어도 됩니다.

> 강낭콩은 푹 익으면 매우 부드럽고 달콤한 맛이 납니다.

팥은
혈액순환에 좋고
영양이 풍부해
예로부터 때마다
챙겨 먹던
곡식입니다

팥

윤기 나는 붉은색 곡식으로 쌀과 콩류 다음으로 많이 먹는 곡식이라고 합니다. 혈액순환에 좋고 영양이 풍부해 예로부터 때마다 챙겨 먹던 곡식입니다. 잘 익지 않아 밥을 지을 때는 초벌로 삶아 떫은맛을 빼고 한 번 더 푹 삶아서 넣어야 합니다. 팥밥을 지을 때 소금을 조금 넣으면 맛도 좋아지고 배변 활동도 돕는답니다.

곡식 중에서
콩 다음으로
단백질이 많고
불포화지방산까지
들어 있는
영양 곡식입니다.

녹두

곡식 중에서 콩 다음으로 단백질이 많고 불포화지방산까지 들어 있는 영양 곡식으로 빈대떡, 묵 등으로 즐겨 먹지요. 낟알이 작고 녹색을 띠며 알이 굉장히 단단해 초벌로 삶아 익혀서 밥을 지어야 합니다. 밥으로도 지어 먹지만 푹 끓여 죽으로 먹어도 맛있답니다.

대부분 밥은 맹물로 짓는데, 밥물만 바꿔도 밥맛이 다양해지며,
여러 가지 요리에 활용하기도 좋지요. 다음에 소개하는 국물은
밥물로도 좋지만 요리할 때 맛국물로 대신 사용해도 좋답니다.

밥 짓기
기본 정보

4

밥맛 돋우는 밥물 내기

다시마국물

제일 기초가 되는 국물입니다. 밥물은 물론 국이나 찌개, 조림의 국물로도 쓰입니다. 여러 가지 양념장을 만들 때 물 대신 넣으면 감칠맛이 나서 짠 양념을 덜 넣어도 된답니다. 다시마국물은 두 가지 방법으로 만들 수 있습니다.

다시마 사방 10cm 1장, 물 5컵

방법 1 차가운 물에 다시마를 넣고 불에 올려 끓어오르면 다시마를 바로 건져낸다.
방법 2 냄비에 물을 넣고 팔팔 끓으면 다시마를 넣고 바로 불을 끈다.

치자물

염증을 가라앉히고 두통을 완화시키는 치자로 밥물을 내보세요. 건강한 밥상에 아름다운 노란 꽃이 피어나는 기분이 든답니다.

치자 1개, 물 1컵

1 찬물에 치자를 넣고 그대로 우린다.
2 노란색이 충분히 우러나면 면보자기에 걸러 물만 사용한다.

채소를 너무
오래 끓이면
들큼한 맛이 나니
뭉개지도록 끓이지
마세요.

채소국물

레시피 외에도 여러 가지 자투리 채소를 모아 끓이면 됩니다. 단, 향이 너무 강하거나 맛이 맵고 쓴 것은 피하고, 채소를 너무 오래 끓이면 들큼한 맛이 나니 뭉개지도록 끓이지 마세요.

표고버섯 2개, 양파 ½개, 무 5cm 1토막, 물 5컵

1 찬물에 채소를 넣고 센 불에 끓인다.
2 팔팔 끓으면 중간 불로 줄이고 양파가 무 때까지 끓여 체에 거른다.

황태머리를 불에
살짝 그슬린 다음
찬물에 넣고 끓인
국물로 밥을 지으면
구수한 밥맛이 아주
좋아 반찬도 필요
없어요.

북엇국물

시장에 가면 황태머리만 따로 모아놓은 것을 구할 수 있어요. 불에 살짝 그슬린 다음 찬물에 넣고 끓인 국물로 밥을 지으면 구수한 밥맛이 아주 좋아 반찬도 필요 없어요.

황태머리(북어머리) 2개, 다시마 사방 10cm 1장, 물 10컵

1 황태머리는 불에 살짝 그슬린다.
2 찬물에 황태머리와 다시마를 넣고 센 불에 끓인다.
3 팔팔 끓으면 중간 불로 줄이고 거품을 걷어가며 2시간 동안 끓인다.
4 식은 다음 면보자기에 걸러 국물만 사용한다.

무더운 여름이나
추운 겨울
사골국물로 밥을
지으면 그대로
한 그릇 보양식이
되지요.

사골국물

비빔밥용으로 밥을 지을 때 사용해보세요. 여러 가지 재료와 어우러지는 감칠맛이 아주 좋은 밥이 됩니다. 무더운 여름이나 추운 겨울 사골국물로 밥을 지으면 그대로 한 그릇 보양식이 되지요.

사골 1kg, 대파 1대, 마늘 5쪽, 양파 ½개, 물 15컵

1 사골을 찬물에 담가 1시간 이상 물을 갈아가며 핏물을 뺀다.
2 냄비에 사골이 잠길 만큼 물을 붓고 사골을 넣어 우르르 끓으면 첫 물은 버리고 사골은 찬물에 헹군다.
3 냄비에 사골, 대파, 마늘, 양파와 물 15컵을 넣고 센 불에 20분 동안 팔팔 끓인다.
4 중간 불로 줄이고 2시간 동안 푹 끓인다.
5 식은 다음 기름기를 걷어내고 면보자기에 걸러 국물만 사용한다.

일본식 밥 요리를
할 때 활용하면
일본식 양념과
어우러져 더욱
맛깔스러운 요리가
된답니다.

가쓰오부시국물

일본식 밥 요리를 할 때 활용하면 일본식 양념과 어우러져 더욱 맛깔스러운 요리가 된답니다.

가쓰오부시 1큰술, 다시마 사방 10cm 1장, 물 5컵

1 냄비에 물을 넣고 센 불에 끓인다.
2 팔팔 끓으면 불을 끄고 다시마를 넣어 10분 동안 우린다.
3 가쓰오부시를 넣고 10분 동안 우린다.
4 체에 걸러 국물만 사용한다.

CONTENTS

48 쌀밥, 현미밥

50 찰보리밥, 꽁보리밥

52 기장밥, 차조밥

54 흑미밥, 적미밥

56 팥물밥, 팥밥

58 오곡밥, 혼합잡곡밥

60 콩밥, 강낭콩밥

62 옥수수밥, 땅콩밥, 수수밥

----

64 **쉽고 빠른 토핑밥 아이디어**

하나, 공깃밥

**여러 가지
곡식으로 지어 먹는
담백한
밥 한 공기**

우리의 주식은 쌀을 기본으로 한
밥이지만 밥을 맛있게 짓기란
좀처럼 쉽지 않습니다. 게다가
전기밥솥이 아니라면 물과 불 조절, 뜸
들이는 시간도 중요하답니다.
쌀과 여러 가지 곡식, 콩류를
섞은 다음, 씻고 불려 알맞은 양의
물을 맞춰 맛있게 밥 짓는 방법을
알려드릴게요.

* 보통 쌀 1컵(200cc)이면 어른 2명이 한 끼에 먹을 수 있는 양입니다.
* 공깃밥 레시피는 곡식과 물의 비율로 표기했습니다. 곡식끼리의 비율, 곡식 총량과 물의 비율로 표기해두었습니다. 예를 들어, 찰보리밥의 경우 멥쌀 8, 찰보리 2, 물 1.2라고 표기했으면 멥쌀과 찰보리의 비율은 8:2이고 두 가지 곡식을 합한 양의 1.2배만큼 물을 넣고 밥을 지으면 됩니다.
* 레시피는 전기밥솥에 짓는 밥을 기준으로 했습니다. 밥솥은 전기압력밥솥, 전기밥솥, 압력밥솥, 곱돌솥, 무쇠솥, 냄비 등 집에서 익숙한 것을 사용하면 됩니다. 솥의 종류가 달라질 경우, 레시피를 기준으로 전기압력솥과 압력밥솥은 물의 양을 줄이고 곱돌솥, 무쇠솥, 냄비는 물의 양을 늘리세요.
* 곡식을 씻어 물에 불리는 시간에 따라 밥물의 양은 조금씩 달라집니다. 햅쌀과 묵은쌀도 차이가 나고, 계절에 따라 달라지지요. 밥을 지을 때마다 기록하고 기억하다 보면 어느새 손에 익는답니다.
* 곡식 종류에 따라 미리 익혀야 하거나 특별한 밥솥을 사용해야 할 경우에는 레시피에 표시해두었습니다.

쌀밥과 현미밥

매일 지어 먹는 쌀밥과 현미밥은 이 책에 나오는 다른 요리에도 다양하게 활용할 수 있답니다. 맛이 담백하고 구수해 여러 가지 재료와 어울려 색다른 맛을 낼 수 있거든요.

현미밥

쌀밥

쌀밥

가장 기본이 되는 밥

1 멥쌀을 깨끗이 씻은 후 체를 받쳐 물기를 빼고 30분 정도 불린다.

2 냄비에 쌀을 안치고 같은 양의 물을 부어 30분 정도 더 불린 다음 밥을 짓는다.

멥쌀 1
물 1배

> 찹쌀을 섞어 밥을 지으려면 멥쌀과 찹쌀의 비율을 8:2로 하세요. 찹쌀은 위를 따뜻하게 해 소화가 잘된답니다.

현미밥

쌀과 현미를 섞어 짓는 밥

1 현미는 깨끗이 씻은 후 물에 담가 5시간 정도 불린다.

2 멥쌀은 깨끗이 씻은 후 체를 받쳐 물기를 빼고 30분 정도 불린다.

3 냄비에 현미와 멥쌀을 섞어 안치고 곡식 양의 1.1배로 물을 부어 밥을 짓는다.

현미 1 : 멥쌀 1
물 1.1배

> 현미에 싹을 틔운 발아현미로 밥을 짓고 싶다면 멥쌀과 동량으로 준비해 충분히 불려 밥을 지으면 됩니다. 발아현미는 영양분이 현미보다 많은 반면 소화는 더 잘된답니다.

찰보리밥과 꽁보리밥

초여름에 풍성하게 나오는 보리는 몸의 열기를 낮춰주는 좋은 재료랍니다. 고들고들하게 지어
김치나 찌개를 넣고 비벼 먹는 요리로도 두루 활용할 수 있지요.

찰보리밥

쌀과 보리를 섞어 짓는 밥

 1 멥쌀은 깨끗이 씻은 후 체를 받쳐 물기를 빼고 30분 정도 불린다.

2 찰보리는 박박 주물러 깨끗한 물이 나올 때까지 씻는다.

3 냄비에 멥쌀과 찰보리를 섞어 안치고 곡식 양의 1.2배로 물을 부어 밥을 짓는다. 뜸은 충분하게 들인다.

 멥쌀 8 : 찰보리 2
물 1.2배

 보리쌀은 소화흡수율이 좋고 혈액을 맑게 해 성인병 예방에 좋습니다. 밥을 지을 때 밥 표면에 물기가 없이 모두 촉촉하게 잦아들도록 뜸을 충분히 들이면 보리 특유의 구수한 맛이 더욱 좋아집니다.

꽁보리밥

보리만으로 지어 먹는 밥

 1 찰보리는 박박 주물러 깨끗한 물이 나올 때까지 씻는다.

2 냄비에 찰보리를 안치고 같은 양의 물을 부어 한소끔 끓인다.

3 ②에 처음과 같은 양의 물을 더해 밥을 짓고 뜸을 충분히 들인다.

 찰보리 1
물 2배

찰보리 외에 납작보리(압맥), 검은보리 등을 섞어 같은 방법으로 밥을 지어도 됩니다.

기장밥

노란 기장을 섞어 짓는 밥

 1 멥쌀은 깨끗이 씻은 후 체를 받쳐 물기를 빼고 30분 정도 불린다.

2 기장은 미지근한 물에 깨끗이 씻어 물기를 뺀다.

3 냄비에 멥쌀과 기장을 섞어 안치고 곡식과 같은 양의 물을 부어 밥을 짓는다.

 멥쌀 9 : 기장 1
물 1배

> " 기장은 곡식 알갱이가 작고 단단하며 쌉싸래한 맛이 있어 미지근한 물에 씻는 것이 좋아요. 팥을 섞어 밥을 지으면 기장의 쌉싸래한 맛과 잘 어울린답니다. 기장은 나이아신 함량이 높아 비타민 결핍을 예방합니다. "

차조밥

초록색 차조를 섞어 짓는 밥

 1 멥쌀은 깨끗이 씻은 후 체를 받쳐 물기를 빼고 30분 정도 불린다.

2 차조는 미지근한 물에 깨끗이 씻어 물기를 뺀다.

3 냄비에 멥쌀과 차조를 섞어 안치고 곡식과 같은 양의 물을 부어 밥을 짓는다.

 멥쌀 8 : 차조 2
물 1배

기장밥과 차조밥

기장과 차조는 은은하게 나는 쌉싸래한 맛뿐 아니라 아주 작은 곡물의 생김새도 비슷해요. 하얀 쌀밥이나 현미밥에는 노란 기장을 섞고, 보리나 잡곡밥에는 초록색 차조를 섞어 지으면 보기에 좋지요.

기장밥

차조밥

공깃밥

흑미밥과 적미밥

검붉은 빛이 나는 흑미와 붉은빛이 진한 적미를 섞어 밥을 지을 때는 색이 진한 곡식을 너무 많이 섞지 마세요. 흑미와 적미로 밥을 지을 때 현미를 섞으면 씹는 맛과 고소함이 좋아져요.

흑미밥

적미밥

흑미밥

검붉은 쌀을 섞어 짓는 밥

 1 멥쌀과 흑미는 깨끗이 씻은 후 체를 받쳐 물기를 빼고 **30분** 정도 불린다.

2 냄비에 멥쌀과 흑미를 섞어 안치고 곡식과 같은 양의 물을 부어 밥을 짓는다.

 멥쌀 8 : 흑미 2
물 **1배**

> 흑미에는 항산화·항암·항궤양 효능이 뛰어난 것으로 알려진 안토시아닌이 검은콩보다 4배 이상 들어 있습니다. 비타민 B군을 비롯해 철·아연·셀레늄 등의 무기염류도 일반 쌀보다 5배 이상 들어 있어 체내의 활성산소를 중화시키고 심장 질환, 뇌졸중, 성인병, 암 예방에 좋다고 알려져 있습니다.

적미밥

붉은 쌀과 현미를 섞어 짓는 밥

 1 멥쌀과 적미는 깨끗이 씻은 후 체를 받쳐 물기를 빼고 **30분** 정도 불린다.

2 현미찹쌀은 깨끗이 씻은 후 물에 담가 **2시간** 정도 불린다.

3 냄비에 멥쌀, 적미 현미찹쌀을 섞어 안치고 곡식과 같은 양의 물을 부어 밥을 짓는다.

 멥쌀쌀 8 : 적미쌀 1 : 현미찹쌀 1
물 **1배**

> 옛날 임금님께 진상했다고 전해지는 적미에는 카테킨 성분이 많이 함유되어 있답니다. 적미를 너무 많이 넣으면 밥을 지었을 때 색이 곱지 않으니 멥쌀이나 찹쌀, 현미 등을 적절히 섞으세요.

공깃밥

팥물밥과 팥밥

팥물밥은 팥 삶은 물로 지은 밥으로 팥 건더기는 없고, 은은한 팥죽색이 돌며
달큼한 향과 부드러운 맛이 납니다. 푹 익은 팥은 부드럽고 달착지근한 맛이 나기 때문에
콩을 싫어하는 아이들도 곧잘 먹는 곡식이랍니다.

팥물밥

팥 삶은 물로 짓는 밥

 1 찹쌀은 씻은 다음 깨끗한 물에 담가 1시간 정도 불린다.

2 팥은 찬물에서부터 넣고 삶아 우르르 끓어 붉은 팥물이 우러나오면 첫 물은 버린다

3 초벌로 삶은 팥을 찬물에서부터 넣고 다시 삶아 한소끔 끓으면 팥물만 받는다.

4 냄비에 찹쌀을 안치고 같은 양의 팥 삶은 물을 부어 밥을 짓는다.

찹쌀 1
팥 삶은 물 1배(팥 1 : 물 4)

> 팥물밥은 팥 삶은 물로 짓는 귀하고 정성스러운 밥이라 수라상에 백반과 함께 올랐다고 합니다. 삶은 팥은 설탕을 약간 넣고 달콤하게 조려 아이스크림 위에 얹어 먹어요.

팥밥

팥을 넣어 짓는 밥

 1 멥쌀은 깨끗이 씻은 후 체를 받쳐 물기를 빼고 30분 정도 불린다.

2 팥은 찬물에서부터 넣고 삶아 우르르 끓으면 첫 물은 버린다

3 초벌로 삶은 팥과 물 2컵을 넣고 다시 삶아 한소끔 끓으면 팥물만 따로 받는다.

4 냄비에 멥쌀과 삶은 팥, 같은 양의 팥 삶은 물을 부어 밥을 짓는다.

 멥쌀:팥 8:2
팥 삶은 물 1배(팥 1 : 물 4)

> 다 된 밥은 위아래를 잘 섞은 다음 퍼야 팥과 쌀이 골고루 그릇에 담깁니다.

공깃밥

오곡밥과 혼합잡곡밥

오곡밥은 정월대보름에 다섯 가지 곡물을 넣고 지어 먹는 찰밥입니다. 조금 더 다양하게 잡곡을 섞고 싶다면 혼합잡곡밥을 지어보세요. 소금을 약간 넣으면 밥의 구수한 맛이 훨씬 좋아져요.

오곡밥

혼합잡곡밥

오곡밥

다섯 가지 곡식으로 짓는 밥

1. 수수는 손으로 비벼 깨끗이 씻은 후 물에 담가 하루 동안 불린다.
2. 찹쌀은 씻어서 물에 담가 1시간 정도 불린다.
3. 팥은 찬물에서부터 넣고 삶아 우르르 끓어 붉은 팥물이 우러나오면 첫 물은 버린다.
4. 멥쌀과 흑미는 깨끗이 씻은 후 체를 받쳐 물기를 빼고 30분 정도 불린다.
5. 기장은 미지근한 물에 씻어 물기를 뺀다.
6. 냄비에 곡식을 모두 넣고 곡식과 같은 양의 물을 부어 밥을 지은 후 충분히 뜸을 들인다.

멥쌀 4 : 찹쌀 2 : 팥 1 : 수수 1 : 기장 1 : 흑미 1
물 1배

> " 충분히 뜸을 들인다는 것은 다 된 밥 표면 위에 물기가 없이 모두 촉촉하게 잦아든 상태를 말합니다. 냄비나 솥에 밥을 지을 때는 뚜껑을 열어 상태를 확인해보세요. "

혼합잡곡밥

여러 가지 잡곡으로 짓는 밥

1. 수수는 손으로 비벼 깨끗이 씻은 후 물에 담가 하루 동안 불린다.
2. 팥은 찬물에서부터 넣고 삶아 우르르 끓어 붉은 팥물이 우러나오면 첫 물은 버린다.
3. 검은콩은 씻은 후 깨끗한 물에 담가 1시간 정도 불린다.
4. 멥쌀과 발아현미, 흑미는 깨끗이 씻은 후 체를 받쳐 물기를 빼고 30분 정도 불린다.
5. 밥 지을 물에 소금을 약간 푼다.
6. 냄비에 모든 곡식과 콩을 섞어 안치고 소금물을 부어 밥을 짓는다.

멥쌀 6 : 발아현미 2 : 흑미 1 : 수수 1 : 검은콩 1 : 팥 1
물 1.1배
소금 약간

> " 잡곡밥을 지을 때 소금을 약간 넣는 이유는 잡곡에 간이 배어 구수한 맛이 더욱 좋아지고, 밥이 쉽게 상하는 것도 막기 때문입니다. 발아현미 대신 일반 현미로 밥을 지어도 됩니다. 위에 소개한 곡식 외에 차조, 찰보리, 울타리콩 등을 넣고 잡곡밥을 지어 먹어도 맛있어요. "

콩밥

여러 가지 콩을 섞어 짓는 밥

 1 검은콩과 울타리콩은 물에 헹군 다음 깨끗한 물에 담가 **2시간 정도** 불린다.

2 멥쌀은 깨끗이 씻은 후 체를 받쳐 물기를 빼고 **30분 정도** 불린다.

3 냄비에 멥쌀과 콩을 섞어 안치고 **곡식과 같은 양의 물**을 부어 밥을 짓는다.

 멥쌀 8 : 검은콩 1 : 울타리콩 1
물 1배

> 66 전기압력밥솥으로 밥을 짓는다면 콩을 30분 정도만 불려도 됩니다. 99

강낭콩밥

구수한 강낭콩을 넣은 밥

 1 마른 강낭콩은 물에 헹군 다음 깨끗한 물에 담가 **2시간 정도** 불린다. 싱싱한 강낭콩은 그대로 밥을 지어도 된다.

2 멥쌀은 깨끗이 씻은 후 체를 받쳐 물기를 빼고 **30분 정도** 불린다.

3 냄비에 멥쌀과 강낭콩을 섞어 안치고 **곡식과 같은 양의 물**을 부어 밥을 짓는다.

 멥쌀 8 : 강낭콩 2
물 1배

> 66 콩류는 제철에 넉넉히 구입해 말려두면 겨우내 영양도 보완하고 밥에 넣어 구수한 밥맛을 즐길 수 있습니다. 건조한 곳에 보관하면 되어 저장하기도 편리합니다. 99

콩밥과 강낭콩밥

콩밥

강낭콩밥

맛, 모양, 색, 크기가 서로 다른 콩은 제철에 구해서 냉동실에 보관하면 언제나 맛있는 밥을 지을 수 있는 좋은 재료입니다. 밥을 지을 때마다 불리기 번거롭다면 한꺼번에 살짝 데쳐서 냉동실에 보관하거나 말려서 실온에 보관하세요.

옥수수밥

땅콩밥

수수밥

옥수수와 땅콩, 수수밥

일반 콩밥보다는 별미라고 할 수 있는 밥입니다. 달콤한 옥수수, 사각사각 씹는 맛 좋은 땅콩, 구수한 수수는 다른 잡곡과 섞지 않고 각각 밥을 지어 먹어야 제맛을 즐길 수 있답니다.

옥수수밥

말린 옥수수로 짓는 밥

1. 말린 옥수수는 물에 헹군 후 깨끗한 물에 담가 **2시간** 정도 불린다.
2. 멥쌀은 깨끗이 씻은 후 체를 받쳐 물기를 빼고 1시간 정도 불린다.
3. 냄비에 멥쌀과 옥수수를 안치고 같은 양의 물을 부어 밥을 짓는다.

멥쌀 **7** : 말린 옥수수 **3**
물 **1배**

> 생옥수수는 알갱이만 발라 불리지 않고 그대로 넣어 밥을 지어도 됩니다. 통조림 옥수수는 가미되어 있으며, 이미 익힌 것이기 때문에 밥 짓는 데 사용할 수 없어요.

땅콩밥

아삭한 생땅콩을 넣은 밥

1. 멥쌀은 깨끗이 씻은 후 체를 받쳐 물기를 빼고 **30분** 정도 불린다.
2. 생땅콩은 껍질째 찬물에 두어 번 흔들어 씻는다.
3. 냄비에 멥쌀과 땅콩을 안치고 같은 양의 물을 부어 밥을 짓는다.

멥쌀 **8** : 생땅콩 **2**
물 **1배**

> 생땅콩은 볶지 않은 것을 말합니다. 껍데기가 있는 것을 구입해 알을 발라 볶거나 삶지 않고 그대로 사용하면 됩니다.

수수밥

붉은 수수를 넣어 담백하게 짓는 밥

1. 수수는 손으로 비벼 여러 번 깨끗이 씻은 후 물에 담가 **하루** 동안 불린다.
2. 현미는 깨끗이 씻은 후 물에 담가 **5시간** 정도 불린다.
3. 냄비에 수수와 현미를 섞어 안치고 같은 양의 물을 부어 밥을 짓는다.

현미 **1** : 수수 **1**
물 **1배**

> 불린 수수에서 붉게 우러난 물에 소금을 약간 넣어 밥물로 사용해도 아주 맛있습니다. 수수는 쌀에 부족한 단백질을 채워주지요.

간장버터밥

무염 또는 가염버터 1작은술,
간장 ½작은술, 실파 약간

1 버터는 상온에 꺼내 두고,
실파는 송송 썬다.
2 뜨거운 밥 위에 버터, 간장,
실파를 올린다.

달걀프라이밥

베이컨 1줄, 통조림 옥수수 또는
완두콩 ½작은술, 달걀 1개,
참기름 약간

1 베이컨을 잘게 썰어 기름을 두르지
않은 팬에 볶는다.
2 통조림 옥수수는 체를 받쳐
물기를 뺀다.
3 달걀은 좋아하는 방법으로
프라이를 만든다.
4 모든 재료를 따뜻한 밥 위에 올리고
참기름을 두른다.

쉽고 빠른
토핑밥 아이디어

같은 밥이라도 몇 가지 간단한 재료를 올리기만 하면
밥에 꽃이 핀 듯 보기에 좋고 맛도 좋은 하나의 요리가 된답니다.
레시피는 밥 1공기 기준입니다.

잔멸치볶음밥

잔멸치 1작은술, 풋고추 ½개,
마늘 1쪽, 간장 ½작은술,
해바라기씨·설탕 약간씩

1 풋고추와 마늘은 꼭지를 떼어내고
곱게 다진다.
2 달군 팬에 기름을 두르지 않고
잔멸치를 바삭하게 볶은 후 다진
풋고추, 마늘, 해바라기씨를 넣고 볶은
후 마늘이 익으면 불을 끈다.
3 ②의 팬에 간장과 설탕을 넣고 뜨거울
때 골고루 버무린다.
4 따뜻한 밥 위에 잔멸치볶음을 올린다.

참치밥

통조림 참치 2큰술, 마요네즈 1작은술,
시치미 약간

1 통조림 참치는 체를 받쳐
기름기를 뺀다.
2 밥 위에 참치와 마요네즈를 올리고
시치미를 뿌린다.

매운 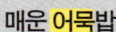어묵밥

사각형 어묵 ½장, 청양고추 1개, 마늘 1쪽,
양파 ⅓개, 식용유 2큰술, 간장 1큰술

1 어묵, 청양고추, 양파, 마늘은 모두 곱게 다진다.
2 달군 팬에 식용유를 두르고 다진 재료를
한꺼번에 볶아 잘 어우러지면 간장을 넣어 섞고
불을 끈다.
3 따뜻한 밥 위에 어묵볶음을 올린다.

검은깨

파슬리가루

요리 없이 바로 올리는
아이디어 토핑

볶은 잔멸치

통깨

볶은 잣

파래가루

아이디어 토핑은 맛과 영양 면에서 큰 영향은 없지만 볶음밥이나 커리에 곁들여 내는
심심한 밥 위에 뿌리면 보기에도 좋고 왠지 더 먹음직스러워 보이지요.

둘, 일미밥과 버무리밥

한두 가지 재료를
쌀과 함께 넣어
밥을 짓거나
다 된 밥에 섞어 먹는
별미 밥

일미밥은 곡식에 한두 가지 채소를 섞어 밥을 짓는 것, 버무리밥은 갓 지은 밥에 양념한 채소를 버무린 것입니다. 계절마다 풍성한 제철 재료를 활용하면 누구나 쉽고 맛있게 일미밥과 버무리밥을 지을 수 있지요. 일미밥은 전기밥솥이 아닌 냄비나 솥에 지어야 맛있는데 그러면 누룽지가 남지요. 밥을 푼 다음 바닥에 남은 누룽지에 물을 부어 끓이면 구수한 죽이나 숭늉도 맛볼 수 있답니다. 단, 누룽지가 만들어지는 양만큼 쌀을 더해서 지어야 원하는 만큼 밥을 먹을 수 있답니다. 버무리밥은 전기밥솥에 밥을 지은 다음 준비한 재료와 섞으면 됩니다.

CONTENTS

68 콩나물밥
70 감자밥
72 연근밥
74 죽순밥
76 마밥
78 호박고지밥
80 시래기밥
82 곤드레나물밥
84 취나물밥
86 냉이밥
88 두릅밥
90 미나리밥
92 다시마밥
94 장아찌밥

96 **입맛 돋우는 짭조름한 조림 반찬**

* 버무리밥은 갓 지은 밥이 아니라 식은 밥을 뜨겁게 데워서 만들 수 있는 것이 장점입니다.
* 입맛에 따라 현미밥 보리밥을 사용해도 좋지만 찹쌀로 지은 차진 밥은 어울리지 않아요.
* 레시피에 나오는 모든 곡물은 씻어 건져 불리는 것이 기본입니다.
* 갈무리한 채소는 미리 불리거나 삶아서 준비합니다. 이때, 불리고 삶은 물은 잘 헹궈내고 밥물로는 쓰지 않습니다.
* 밥 지을 물은 곡물 양에 맞추는 것을 기준으로 하되 무처럼 수분이 많은 채소를 쓸 경우에만 약간 적게 잡습니다.

아삭하고 개운한 맛이 좋은 콩나물밥

콩나물을 섞어 밥을 지으면 구수한 향이 듬뿍 배고 아삭아삭한 콩나물을 씹는 느낌이 아주 좋아요. 고기를 약간 넣어 지으면 고소한 맛도 더해지고요.

1 멥쌀은 깨끗하게 씻어 물에 담가 30분 정도 불린 뒤 체를 받쳐 물기를 뺀다.

2 콩나물은 지저분한 머리와 꼬리를 떼어내고 깨끗하게 씻어 건진다.

3 마늘을 다진 후 나머지 재료와 섞어 양념을 만들어 소고기와 버무려둔다.

4 냄비 바닥에 콩나물 절반 분량을 깔고 그 위에 쌀을 얹은 후 소고기와 콩나물을 번갈아 얹고 밥물을 살살 붓는다.

5 처음은 불을 세게 하여 끓이다가 콩나물 익는 냄새가 나면 불을 줄여 뜸을 들인다.

6 물기가 잦아들고 밥이 다 되면 주걱으로 고루 섞어 그릇에 담고 양념장을 곁들인다.

> 포장되어 나오는 콩나물 한 봉지를 손질하면 대략 200g 정도 됩니다.

 멥쌀 1컵, 밥물 1.2컵
콩나물 200g, 다진 소고기 100g

소고기양념 마늘 ½쪽, 간장 ¼작은술, 참기름·설탕 약간씩

양념장 간장 2큰술, 다시마국물(p.44)·다진 풋고추·다진 파·참기름 1큰술씩, 고춧가루·다진 마늘·깨소금 1작은술씩

감자밥

포슬포슬 익은 감자를 함께 먹는

밥 지을 때 함께 넣고 익혀 먹는 감자는 포슬포슬한 맛이 그만이지요. 감자는 밥을 대신할 수 있는 채소니 쌀의 양을 적게 잡아요. 고구마도 비슷한 방법으로 밥을 지어 먹어도 된답니다.

1 멥쌀과 검은 보리는 씻어 건진 후 멥쌀은 30분, 검은 보리는 1시간 동안 불린다.

2 감자는 깨끗이 씻어 씨눈을 도려내고 껍질째 넉넉한 물에 삶는다.

3 감자가 반쯤 익으면 꺼내어 4등분한다.

4 감자 삶은 물로 밥물을 잡고 감자를 섞어 밥을 짓는다.

 멥쌀·검은 보리 ½컵씩
감자 1개, 감자 삶은 물 1.2컵

" 감자는 껍질째 삶고, 그 물과 감자, 곡물을 섞어 밥을 지어야 구수한 맛이 배어들어 맛있어요. 검은 보리 대신 납작보리(압맥)나 찰보리로 지어도 돼요 "

일미밥과 버무리밥

1 멥쌀과 찰현미는 씻어 건진 후 충분히 불린다.

2 연근은 깨끗하게 씻어 껍질을 벗기고 반으로 가른 후 0.5cm 두께의 반달 모양으로 썬다.

3 자른 연근은 끓는 물에 소금을 약간 넣고 살짝 데친다.

4 불린 쌀과 연근을 섞어 냄비에 담고 밥물을 부어 밥을 짓는다.

 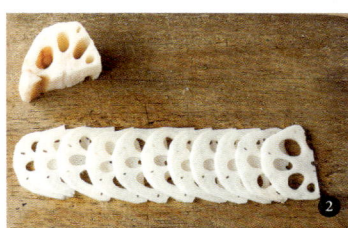

 멥쌀 ⅞컵, 찰현미 ¼컵, 밥물 1.2컵
연근 100g

> 66
> 연근을 미리 데치는 이유는 익히기 위해서가 아니라 색이 변하고 모양이 부스러지는 것을 막기 위해서예요. 남은 연근은 도톰하게 썰어 소금을 넣은 끓는 물에 살캉살캉하게 데쳐 냉장 보관해두었다가 달군 팬에 노릇하게 지지고 기본 양념간장(p.124)을 뿌려 밑반찬으로 드세요.
> 99

아삭아삭 씹는 맛이 살아 있는 연근밥

연근은 주로 반찬이나 전으로 부쳐 먹지만 밥에 넣어 먹어도 맛있답니다. 아삭아삭 씹는 맛이 좋아 양념장 한 가지만 있으면 다른 반찬 없이도 밥 한 그릇을 먹을 수 있지요.

죽순밥

싱싱한 봄기운이 듬뿍 담긴

봄이면 쑥쑥 자라는 죽순을 구해 밥을 지어 먹습니다. 부드러운 듯 씹는 맛이 살아 있고, 은은한 향이 배어 밥맛이 아주 좋아집니다. 생죽순 대신 통조림 제품을 사용해도 됩니다.

1 멥쌀과 적미는 씻어 건진 후 체를 받쳐 30분 동안 불린다.

2 죽순은 빗살무늬를 살려 편으로 썬 다음 뜨거운 물에 한 번 데친다.

3 불린 쌀과 죽순을 냄비에 담고 소금을 손끝으로 살짝 집어 넣은 뒤 밥물을 부어 밥을 짓는다.

멥쌀 1컵, 적미 2큰술, 밥물 1.1컵
통조림 죽순 100g, 소금 약간

> 제철 죽순은 봄에만 잠깐 나오는 재료로 간편하게 통조림 제품을 사용해도 좋습니다. 통조림 죽순은 찬물에 30분 정도 담가두거나 뜨거운 물에 살짝 데쳐서 사용하세요. 개봉한 죽순은 최대한 빨리 먹는 것이 좋습니다. 많이 남았다면 장아찌를 만들어 보관하세요.

깔끔한 맛과 아삭함이 입맛을 돋우는
마밥

아삭한 맛이 좋은 마를 넣어 밥을 지으면 눈처럼 하얗게 잘 익은 마가 정갈한 느낌을 주는 한 그릇 요리가 됩니다.
손님에게 차려드리는 밥상에 자주 올리는 밥이지요.

> " 다 된 밥을 풀 때는
> 익은 마가 으깨지지 않도록 살살
> 뒤적여 담으세요. "

 1 멥쌀은 깨끗하게 씻어 30분 정도 물에 불렸다가 체를 받쳐 물기를 뺀다.

2 마는 깨끗이 씻어 껍질을 벗기고 1~2cm 크기로 깍둑썰기 한다.

3 손질한 마는 옅은 식촛물에 담가둔다.

4 불린 멥쌀과 마를 섞어 냄비에 담고 쌀과 같은 양의 물을 넣어 밥을 짓는다.

 멥쌀·밥물 1컵씩
마 50g

양념장 간장 ⅜큰술, 다진 풋고추·붉은 고추 ½작은술씩, 고춧가루 ¼작은술, 참기름·깨소금 약간씩

1 멥쌀과 납작보리는 깨끗이 씻어 건진 후 체를 받쳐 멥쌀은 **30분**, 납작보리는 **1시간** 동안 불린다.

2 호박고지는 **찬물**에 **한 번** 씻어 건진 뒤 그대로 불린다.

3 멥쌀과 납작보리, 호박고지를 섞어 냄비에 담고 물을 부어 밥을 짓는다.

4 삭힌 고추를 다진 후 나머지 **양념장 재료와** 섞는다.

5 밥이 다 되면 뒤적여 그릇에 담고 양념장을 곁들인다.

> ❝ 호박고지는 물에 담가서 불리는 것보다 물에 적셔 살짝 불려야 밥을 지었을 때 풀어지지 않고 먹기에 좋아요. 삭힌 고추가 없다면 입맛에 따라 풋고추나 청양고추로 대신해요. ❞

멥쌀 ⅔컵, 납작보리(압맥) ¼컵, 밥물 1.2컵
호박고지 1컵

양념장 삭힌 고추 1개, 집간장 3큰술, 고춧가루·다진 파 1큰술씩, 통깨·참기름 1작은술씩

부드러운 호박고지와 보리가 만난

호박고지밥

호박을 도톰하게 썰어 바삭하게 말렸다가 다시 불리면
호박 특유의 진한 향과 달착지근한 맛이 더욱 좋아져요.
밥에 섞어 지어 먹으면 고들고들 씹는 맛도 좋고요.

무청 시래기의 구수함을 만끽하는

시래기밥

무청을 삶아 바삭하게 말린 시래기는 참 좋은 저장 식재료입니다. 반찬으로 무쳐 먹고, 찌개를 끓여 먹고, 고기나 생선과 함께 쪄 먹지요. 하지만 구수한 제맛을 보려면 밥에 넣어 먹는 것이 최고지요.

1 멥쌀은 씻어 건진 후 체를 받쳐 **30분** 동안 불린다.

2 시래기는 넉넉한 물에 삶아서 그 물에 그대로 **하룻밤** 불린 후 찬물에 2~3번 흔들어 씻는다.

3 삶은 시래기는 **3~4cm** 길이로 잘라 물기를 꼭 짠 다음 간장, 다진 마늘, 들기름으로 **밑간**한다.

4 쪽파는 송송 썰고 청양고추는 반으로 갈라 **씨를 털고** 곱게 다진 다음 나머지 재료와 섞어 양념장을 만든다.

5 달군 냄비에 밑간한 시래기를 넣고 **살짝 볶아** 꺼낸 다음 불린 쌀을 담고 그 위에 볶은 시래기를 올린 후 물을 부어 밥을 짓는다.

> 삶은 시래기는 넉넉한 물에 잘 흔들어 헹궈야 모래가 씻겨나가요. 줄기는 손으로 만져 질긴 껍질을 벗기고 요리해야 부드럽지요. 말린 시래기 100g을 삶아 손질하면 300g 정도가 됩니다. 삶은 시래기가 남았다면 냉동실에 보관하면 됩니다.

 멥쌀 1컵, 밥물 1.1컵
삶은 시래기 200g, 간장·다진 마늘·들기름 1큰술씩

양념장 쪽파 20g, 청양고추 1개, 간장 2큰술, 고춧가루·참기름 1작은술씩

일미밥과 버무리밥

1 멥쌀은 깨끗하게 씻어 **30분** 정도 물에 불렸다가 체를 받쳐 물기를 뺀다.

2 마른 곤드레나물은 **찬물**에 담가 불린 뒤 찬물에 여러 번 헹군다.

3 끓는 물에 곤드레나물을 넣어 부드럽게 삶은 뒤 찬물에 2~3번 헹구고 손으로 만져 **억센 줄기를 걷어낸 다음** 물기를 꼭 짠다.

4 손질한 곤드레나물은 **들기름과 소금**을 넣고 조물조물 무친다.

5 불린 쌀을 냄비에 담고 곤드레나물을 얹은 뒤 다시마국물을 부어 밥을 짓는다.

6 붉은 고추를 다진 후 나머지 재료와 섞어 양념장을 만든다.

7 밥이 다 되면 **고루 섞이도록** 뒤적여 그릇에 담고 양념장을 곁들여 낸다.

> 66
> 곤드레나물 외에도 부지깽이, 취나물, 고춧잎 등 여러 가지 말린 나물로 밥을 지어 먹을 수 있습니다.
> 99

멥쌀·불린 곤드레나물 1컵씩, 다시마국물(p.44) 1.2컵
들기름 1큰술, 소금 약간

양념장 붉은 고추 2개, 다진 양파 2큰술,
간장·국간장·다진 파·통깨·물 1큰술씩,
고춧가루·다진 마늘·참기름 1작은술씩

곤드레나물밥

구수한 내음에 군침이 절로 도는

곤드레나물 특유의 구수한 향이 밥 속속들이 배어 구수한 맛이 정말 좋답니다. 주꾸미볶음 같은 매콤한 요리와 아주 잘 어울리고, 남은 밥으로 숭늉을 끓여 먹어도 역시 구수합니다.

부드러운 나물의 맛과 향이 가득한
취나물밥

취나물은 대표적인 봄나물이지만 말린 것을 사계절 내내 쉽게 구할 수 있지요. 말린 나물은 물에 담가 불린 다음 끓는 물에 데쳐 밥에 섞으면 됩니다.

84 밥과 밥 요리

1 취나물은 억센 줄기를 떼어내고 다듬은 뒤 씻어 건진다.

2 넉넉한 물에 소금을 조금 넣고 끓어오르면 취나물을 데친 다음 찬물에 헹궈 건진다.

3 데친 취나물은 물기를 짠 다음 양념으로 조물조물 무친다.

4 양념한 취나물을 달군 팬에 살짝 볶는다.

5 뜨거운 밥에 볶은 취나물을 뒤섞어 그릇에 담아낸다.

> 봄에 나온 초록색의 취나물을 보관할 때는 끓는 물에 소금을 조금 넣어 데치고 찬물에 헹군 다음 짜지 않고 그대로 얼리거나, 나물을 찬물에 담가 그대로 얼리면 녹였을 때 나물이 무르지 않고 씹는 맛이 살아 있어요.

밥 2공기, 데친 생취 1컵, 소금 약간

취나물양념 참기름 1작은술, 다진 마늘·다진 파 $\frac{1}{2}$작은술씩, 국간장 $\frac{1}{4}$작은술, 식용유·통깨 약간씩

냉이의 향긋함이 듬뿍 배어 있는

냉이밥

냉이는 향긋함이 좋은 봄나물이지요. 뿌리가 굵어지고 나물을 해 먹기 억세졌다면 데쳐서 잘게 썰어 밥에 넣어 먹으면 향기와 맛을 그대로 즐길 수 있답니다.

1 냉이는 물에 담가 뿌리에 붙은 흙을 불린 다음 살살 흔들어 여러 번 물에 헹군다.

2 손질한 냉이는 **소금을 넣은 끓는 물**에 데치고 **물기**를 꼭 짠다.

3 데친 냉이는 **잘게 썰어** 참기름, 다진 마늘을 넣고 조물조물 버무린다.

4 **뜨거운 밥**에 양념한 냉이를 넣고 뒤섞어 그릇에 담아낸다.

 밥 2공기, 냉이 200g, 참기름 1작은술, 다진 마늘 $\frac{1}{2}$ 작은술, 소금 약간

> " 냉이는 뿌리와 줄기 사이를 긁고 누런 잎을 떼어낸 다음 찬물에 흔들어 씻으세요. 흙이 말라 잘 떨어지지 않으면 찬물에 담가 잠시 불리면 쉽게 떨어집니다. "

일미밥과 버무리밥

두릅을 먹는 색다른 방법
두릅밥

싱싱한 두릅을 맛볼 수 있는 시기는 아주 짧지요.
제철이 오면 두릅을 넉넉하게 구입해 데쳐 먹기도 하지만
잘게 썰어 밥에 듬뿍 넣어 먹기도 하지요.

> 나물을 넣어 지은 밥은 양념장을 곁들이거나 얼큰한 찌개와 같이 먹으면 좋습니다. 두릅은 제철에 넉넉하게 구입해 살짝 데쳐 냉동해두었다가 사용해도 됩니다.

1 멥쌀은 깨끗하게 씻어 30분 정도 물에 불렸다가 체를 받쳐 물기를 뺀다.

2 두릅은 딱딱한 밑동과 겉잎을 벗겨내고 소금을 넣은 끓는 물에 데친다.

3 데친 두릅은 2cm 길이로 잘라 참기름, 소금, 다진 마늘로 양념한다.

4 냄비에 불린 쌀과 밥물을 넣어 밥을 짓고 밥물이 잦아들면 두릅을 얹어 뜸을 들인다.

멥쌀·밥물 1컵씩
두릅 8개, 참기름·소금·다진 마늘 약간씩

미나리밥

입맛 돋우는 미나리와 북엇국물로 짓는

상큼하고 개운한 미나리 향이 밥에 배어 입맛을 돋웁니다. 밥을 지을 때는 줄기만 사용하는데, 떼어둔 잎으로는 무침이나 샐러드를 만들어 먹으면 됩니다.

1 멥쌀은 씻어 건진 후 체를 받쳐 **30분** 동안 불린다.

2 미나리는 잎을 떼어내고 줄기만 다듬어 **소금을 넣은 끓는 물**에 살짝 데친다.

3 데친 미나리는 **찬물에 헹궈** 물기를 꼭 짠 다음 **3cm 길이**로 자른다.

4 불린 쌀에 북엇국물, 청주를 넣고 밥을 지은 다음 **뜨거울 때** 자른 미나리를 섞어 그릇에 담는다.

 멥쌀·북엇국물(p.45) 1컵씩
미나리 5줄기, 청주 1작은술

> "
> 북엇국물 대신
> 가쓰오부시국물(p.45)로
> 밥을 지어도 잘 어울립니다.
> 미나리는 물미나리, 돌미나리
> 어떤 것을 사용해도 상관 없지만
> 대체로 연하고 부드러운 억센
> 것으로 골라 요리하세요.
> "

일미밥과 버무리밥

다시마밥

은근한 감칠맛을 선사하는

밥 지을 때 넣은 다시마를 버리는 경우가 많은데 잘게 썰어 밥에 섞으면 구수하고 톡톡 씹는 맛이 좋습니다. 국물을 내고 남은 다시마도 밥에 섞거나 고명으로 활용하세요.

1 멥쌀은 깨끗하게 씻어 **30분** 정도 물에 불렸다가 체를 받쳐 물기를 뺀다.

2 불린 쌀에 밥물을 붓고 다시마를 얹어 밥을 짓는다.

3 밥이 다 되면 다시마를 꺼내 **잘게 다진 다음** 밥에 넣고 뒤적여 섞는다.

> " 다시마는 미리 불리지 않고 마른 상태로 올려 밥을 지으세요. 곱게 다져 섞으면 보기에도 좋은 다시마밥이 됩니다. "

 멥쌀·밥물 1컵씩
다시마 사방 5cm 1장

일미밥과 버무리밥

> "장아찌는 간장, 고추장, 소금 등으로 담근 다양한 종류를 활용하면 좋은데 너무 맵거나 질긴 것은 피하세요."

1 장아찌는 물기를 꼭 짜고 굵게 다져 참기름과 통깨를 넣어 버무린다.

2 깻잎은 반으로 자르고 돌돌 말아 곱게 채 썬다.

3 뜨거운 밥에 장아찌와 깻잎을 같이 넣고 버무린다.

밥 2공기, 고춧잎장아찌·무장아찌 1작은술씩, 깻잎 1장, 참기름·통깨 $\frac{1}{2}$ 작은술씩

새콤달콤 짭짤함이 입맛을 찾아주는

장아찌밥

밑반찬으로 두고 먹는 장아찌를 잘게 잘라 깻잎과 함께 뜨거운 밥에 버무려 내면 입맛 돋우는 한 그릇 요리가 금세 완성됩니다.

매운 무조림

무 10cm 1토막, 생강 1조각, 마른 새우·들기름 2큰술씩, 다시마국물 1컵
조림장 마늘 2쪽, 국간장 2큰술, 고춧가루·설탕 1큰술씩

1 무는 껍질째 깨끗이 씻는다.
2 무를 반으로 가른 다음 반달 모양으로 6~7등분한다.
3 생강은 편으로 썰고 조림장에 사용할 마늘은 다진다.
4 달군 냄비에 들기름을 두르고 무를 넣어 양면을 살짝 지진다.
5 조림장과 생강을 얹고 다시마국물을 부어 끓이다가 새우를 넣고 무가 푹 익을 때까지 약한 불에서 조린다.

입맛 돋우는
짭조름한 조림 반찬

조림 반찬은 만들어서 따뜻할 때 바로 먹어도 좋지만 하루 정도 묵혀두었다가 먹으면 속속들이 간이 배어 더욱 맛있답니다.

꽁치시래기조림

시래기 200g, 꽁치통조림 1개, 양파 ½개, 청양고추 2개, 붉은 고추 1개, 대파 ½대
시래기양념 된장·들기름 1큰술씩, 다진 마늘 2작은술, 고춧가루·매실액 1작은술씩
조림장 다시마국물 1컵, 고춧가루 1큰술, 국간장·다진 마늘·참기름 1작은술씩

1 양파는 채 썰고 청양고추와 붉은 고추, 대파는 어슷 썬다.
2 불린 시래기를 먹기 좋게 잘라 들기름, 된장, 다진 마늘, 고춧가루, 매실액을 넣고 버무려 냄비 바닥에 넣는다.
3 시래기 위에 꽁치와 손질한 채소를 모두 넣고 조림장을 올린 후 중간 불에 끓인다.

소고기두부조림

두부 1모, 다진 소고기 50g, 굴소스 1작은술, 식용유 3큰술, 소금 약간
조림장 다시마국물 ½컵, 간장 3큰술, 다진 파 1큰술, 다진 마늘 2작은술, 고추장·고춧가루·통깨 1작은술씩

1 두부는 4등분해 종이타월에 올리고 소금을 조금 흩뿌려 물기를 걷는다.
2 달군 팬에 식용유를 두르고 두부를 노릇하게 부친다.
3 소고기는 굴소스에 버무린다.
4 부친 두부와 소고기를 냄비에 켜켜이 담는다.
5 조림장을 골고루 끼얹고 약한 불에서 조린다.

표고버섯달걀조림

달걀·마른 표고버섯 4개씩, 참기름 약간
조림장 마른 고추 1개, 간장·맛술 4큰술씩, 설탕 2큰술, 통후추 1작은술, 다시마국물 적당량(재료가 잠길 정도)

1 달걀은 삶아서 껍데기를 벗긴다.
2 표고버섯은 미지근한 물에 담가 부드럽게 불린다.
3 냄비에 달걀과 표고버섯, 조림장 재료를 모두 넣고 중간 불에 끓인다.
4 조림장이 줄어들면 불을 줄이고 조림장을 끼얹어가며 자작해질 때까지 조린다.
5 먹기 전에 달걀은 반으로 가르고 표고버섯은 도톰하게 썰어서 참기름에 버무려 낸다.

고구마조림

고구마 2개, 참기름 1큰술, 통깨 1작은술, 물 1컵
조림장 간장 2큰술, 물엿 1큰술

1 고구마는 껍질째 깨끗이 씻어 한 입 크기로 썬다.
2 달군 팬에 참기름을 두르고 고구마를 넣어 볶다가 물을 붓고 끓어오르면 조림장을 넣어 윤기 나게 조린다.
3 국물이 자작해지면 불을 끄고 통깨를 뿌린다.

> " 조림 반찬은 짭짤하게 만들어 볶음이나 무침 반찬보다 오래 두고 먹을 수 있지만 장아찌처럼 저장 반찬은 아니랍니다. 아무리 냉장실에 보관해도 오래 두면 재료가 물러 씹는 맛이 없어지고 물이 생겨 싱거워질 수 있으니 되도록 적게 요리해 빨리 먹는 것이 좋아요. "

생땅콩조림

생땅콩 500g, 꿀 2큰술, 참기름·통깨 1큰술씩
조림장 간장 5큰술, 청주·맛술 2큰술씩, 물 1컵

1 생땅콩은 껍질째 찬물에 씻어 건진다.
2 냄비에 땅콩을 담고 잠길 정도로 물을 부어 한소끔 끓인 다음 찬물에 헹군다.
3 바닥이 넓은 냄비에 데친 땅콩과 조림장을 넣고 중간 불에 조린다.
4 조림장이 거의 졸아들면 불을 끄고 꿀과 참기름, 통깨를 넣어 버무린 후 그릇에 펼쳐 식힌다.

짭조름한 조림 반찬

저마다 다른 맛과
영양을 가진
여러 가지 재료를
넣어 솥에 지어 먹는
영양밥

셋, 솥밥

솥밥은 맛있고 영양 가득한 여러
가지 재료를 곡식과 함께 솥에 넣고
바글바글 끓여 바로 섞어 먹는
밥이에요. 채소와 해산물, 고기
등을 넣어 손쉽게 솥밥 짓는 법을
알려드릴게요.
다 된 밥을 위아래 골고루 섞어 그대로
먹기도 하지만 재료의 맛을 살려주는
양념장에 비벼 먹기도 합니다.
솥 바닥의 누룽지도 물을 부어
알뜰하게 끓여 먹고요.

CONTENTS

100 수삼영양밥
102 뿌리채소밥
104 고구마호박밥
106 모둠버섯밥
108 단호박영양밥
110 굴무밥
112 콩비지밥
114 해물영양밥
116 날치알밥
118 톳유부밥
120 돼지고기김치밥
122 영양찰밥

- - - - - - - - - - - - - - - - - - - -

124 다른 반찬 필요 없는 맛깔스러운 양념장

* 바닥이 두꺼운 냄비나 뚜껑이 있는 뚝배기, 가정용 무쇠솥이나 곱돌솥, 소형 전기밥솥을 활용해 솥밥을 지을 수 있습니다.
* 재료에 따라 익는 시간이 다르기 때문에 미리 불리는 것, 미리 익히는 것 등을 나눠 준비합니다.
* 불에 올려 짓는 밥은 센 불에서 팔팔 끓으면 바로 중간 불로 줄여 끓입니다. 재료가 모두 익으면 약한 불로 줄여 물기가 잦아들 때까지 뜸을 충분히 들입니다.
* 솥밥은 여럿이 먹더라도 1~2인분씩 나눠 지어 바로 골고루 섞어 덜어 먹고, 누룽지까지 끓여 먹어야 제맛을 즐길 수 있답니다.
* 솥에 남는 누룽지 양만큼 밥 양이 줄어드니 곡식 양을 조금 더해 밥을 지으면 푸짐하게 먹을 수 있어요.

한 그릇 밥에 갖가지 영양이 가득
수삼영양밥

향긋한 수삼과 표고버섯, 달콤한 밤과 대추, 쫄깃쫄깃한 은행을 정성스럽게 골라 넣고 표고버섯 우린 물을 섞어 밥을 지어요. 뚜껑을 열면 깊고 진한 향에 먼저 반하게 되는 영양 만점 솥밥입니다.

> 표고버섯은 제철에 넉넉하게 구입해 기둥을 곱게 찢고 갓은 그대로 채반에 널어 햇빛에 바삭바삭하게 말려 보관해두세요. 표고버섯은 마른 것을 불려서 사용해야 쫄깃한 식감과 향이 더 좋아요.

1 멥쌀은 깨끗하게 씻어 30분 정도 물에 불렸다가 체를 받쳐 물기를 뺀다.

2 마른 표고버섯은 미지근한 물에 담가 불린 후 물기를 꼭 짜고 4등분한다. 표고버섯 불린 물은 남겨둔다.

3 수삼은 깨끗하게 씻고 밤은 껍데기를 벗긴다.

4 대추는 씨를 제거하고 돌려 깎아 3~4등분하고 은행은 끓는 물에 살짝 데쳐 껍질을 벗긴다.

5 솥에 쌀과 모든 재료를 섞어 안치고 표고버섯 우린 물과 밥물을 부어 밥을 짓는다.

6 뜸을 충분히 들이고 양념장을 섞어 곁들인다.

 멥쌀 1컵, 표고버섯 우린 물·밥물 ½컵씩
마른 표고버섯 1개, 수삼 1뿌리, 밤 2톨, 대추 2개, 은행 4알

양념장 간장 2큰술, 물 1큰술,
다진 풋고추·다진 파·다진 마늘·고춧가루·참기름 1작은술씩,
통깨·소금 약간씩

씹는 맛 좋은 건강 채소밥

뿌리채소밥

요리하기 번거로워 잘 먹지 않게 되는 뿌리채소를 듬뿍 먹을 수 있는 밥이에요. 뿌리채소 특유의 은은한 향이 밥 속속들이 배어들고 살캉살캉 씹는 맛이 좋아요. 채소를 좋아하지 않는 아이들도 곧잘 먹는답니다.

1 멥쌀은 깨끗하게 씻어 30분 정도 물에 불렸다가 체를
받쳐 물기를 뺀다.

2 당근은 3cm 길이로 굵게 채 썬다.

3 우엉은 어슷하게 저며 썰고 연근은 길이로 반을 갈라
0.5cm 두께로 도톰하게 썬다.

4 솥에 쌀을 안치고 다시마와 손질한 채소를 얹은 후
가쓰오부시국물, 간장, 청주를 섞어 붓고 밥을 짓는다.

5 다시마는 잘게 썰고 참나물 잎을 뜯어 다 된 밥에 섞어낸다.

 멥쌀·가쓰오부시국물(p.45) 1컵씩
당근·우엉 ¼개씩, 연근 ⅓개, 다시마 사방 10cm 1장, 간장 1큰술,
청주 1작은술

> " 뿌리채소와 무말랭이를 섞어 밥을 지으면 씹는 맛과 구수함이 더욱
> 좋아져요. 가쓰오부시국물 대신 북엇국물(p.45)도 괜찮고요. "

1 멥쌀은 깨끗하게 씻어 **30분** 정도 물에 불렸다가 체를 받쳐 물기를 뺀다.

2 단호박은 **씨를 제거**하고 껍질째 **한 입 크기**로 썬다.

3 고구마는 껍질을 벗겨 단호박과 **같은 크기**로 썰고 콩나물은 깨끗이 씻어 건진다.

4 솥에 쌀과 손질한 채소를 섞어 안치고 다시마국물을 부어 밥을 짓는다.

5 청양고추는 **씨를 빼고** 곱게 다진 후 나머지 재료와 섞어 양념장을 만든다.

6 밥이 되면 살살 퍼서 그릇에 담고 양념장을 곁들인다.

> "
> 단호박 껍질은 푹 익히면 먹을 수 있으니 그대로 잘라 밥을 지어도 됩니다. 묵은 단호박이라 껍질이 너무 단단하게 말랐으면 두꺼운 부분만 칼로 대강 쳐내세요. 필러로 벗기면 힘 조절이 어려워 오히려 손을 다칠 수 있으니 칼을 사용하세요.
> "

멥쌀 1컵, 다시마국물(p.44) 1컵
단호박 ⅛개, 고구마 ½개, 콩나물 1줌

양념간장 청양고추 1개, 간장 2큰술, 다진 파·참기름 1작은술씩, 다진 마늘 ½작은술

푸짐하게 지어 나눠 먹기 좋은 밥

고구마 호박밥

단호박과 고구마를 넣고 지은 밥은 생각만 해도 배가 든든하지요. 쌀을 덜 먹게 되니 살찔 염려는 덜고, 쉽게 허기가 지지 않아 다이어트 하는 사람에게는 일석이조랍니다. 사계절 언제나 구할 수 있는 재료니 입맛 없을 때면 종종 지어 먹습니다.

솥밥 105

쫄깃한 버섯의 은은한 향이 가득한

모둠버섯밥

버섯은 맛과 향, 씹는 맛이 좋으며 열량도 높지 않아 밥으로 지어 먹기 정말 좋은 식재료입니다. 게다가 값도 저렴하고 일 년 내내 쉽게 구해 먹을 수 있지요.

1 멥쌀은 깨끗하게 씻어 **30분** 정도 물에 불렸다가 체를 받쳐 물기를 뺀다.

2 마른 표고버섯은 **미지근한 물**에 불린 후 도톰하게 채 썬다. 불린 물 $\frac{1}{2}$컵을 남겨두었다가 밥물로 사용한다.

3 백만송이버섯과 느타리버섯은 **가닥가닥 떼어** 올리브유와 소금을 넣고 버무린다.

4 달군 팬에 **백만송이버섯, 느타리버섯, 표고버섯 순**으로 넣고 빠르게 볶는다.

5 솥에 쌀을 안치고 표고버섯 불린 물과 밥물을 섞어 부어 밥을 짓는다.

6 양송이버섯을 곱게 다진 후 나머지 재료와 섞어 양념장을 만든다.

7 밥이 되면 참기름과 통깨, 소금을 약간 넣고 섞은 뒤 볶은 버섯을 모두 넣고 골고루 섞어 양념장을 곁들인다.

> 버섯은 스펀지처럼 물을 흡수하기 때문에 물에 씻지 않아야 향과 식감을 제대로 즐길 수 있습니다. 마른 행주로 먼지를 털어 내거나 흐르는 물에 가볍게 헹궈 바로 닦아 요리하세요.

멥쌀 1컵, 표고버섯 불린 물·밥물 $\frac{1}{2}$컵씩
마른 표고버섯 3개, 백만송이버섯·느타리버섯 $\frac{1}{2}$줌씩,
올리브유 2작은술, 참기름·통깨 $\frac{1}{2}$작은술씩, 소금 약간

양념장 양송이버섯 2개, 간장 2큰술,
다시마국물(p.44)·다진 파·참기름 1큰술씩,
다진 마늘·다진 풋고추·다진 붉은 고추 1작은술씩

단호박영양밥

달콤한 호박 속에 든 찰밥

콩, 은행, 밤, 대추를 넣어 지은 찰밥을 단호박 속에 채워 넣고 쪄 먹는 요리입니다. 단호박의 달착지근한 맛이 밥에 배어 감칠맛이 더 좋아집니다. 먹을 때는 칼로 잘라 먹어도 좋고 밥을 먼저 꺼내 먹고 단호박으로 입가심을 해도 되지요.

1 찹쌀은 깨끗하게 씻어 2시간 이상 물에 담가 불린 후 체를 받쳐 물기를 뺀다.

2 단호박은 껍질째 깨끗이 씻어 김이 오른 찜기에 10분 정도 찐 후 뚜껑을 따고 씨를 파낸다.

3 은행은 끓는 물에 살짝 데쳐 껍질을 벗긴다.

4 밤은 껍데기를 벗겨 반으로 썰고 대추는 돌려 깎아 4등분한다.

5 솥에 찹쌀과 은행, 밤, 울타리콩, 대추를 섞어 안치고 밥물에 소금을 약간 풀어 넣어 밥을 짓는다.

6 밥이 되면 단호박에 채워 넣고 김이 오른 찜기에 올려 단호박이 완전히 익을 때까지 찐다.

 찹쌀·밥물 1컵씩
단호박(중간 크기) 1개, 은행 6알, 밤 4톨, 울타리콩 2큰술, 대추 2개, 소금 약간

> " 단단한 단호박을 찜통이나 전자레인지에 넣고 살짝 찌면 손질하기가 훨씬 쉽답니다. 단호박에 밥을 채워 담고 모차렐라치즈를 듬뿍 올려 180℃ 오븐에서 10분 정도 구워도 맛있어요. "

깊고 구수하며 개운한 맛

굴무밥

굴이 풍성한 겨울철에 잊지 않고 지어 먹는 밥이에요. 살이 통통하게 오른 우윳빛 굴과 시원한 맛이 나는 무, 향긋한 미나리까지 곁들여 먹으면 굴의 담백한 맛을 한결 진하게 느낄 수 있어요.

1 멥쌀은 깨끗하게 씻어 **30분** 정도 물에 불렸다가 체를 받쳐 물기를 뺀다.

2 굴은 **옅은 소금물**에 살살 흔들어 씻은 후 체를 받쳐 물기를 뺀다.

3 무는 **3~4cm 크기**로 나박나박하게 썰고 미나리는 줄기만 3~4cm 길이로 썬다.

4 솥에 쌀을 안치고 무를 얹은 다음 밥물을 붓고 **센 불**에 올려 끓어오르면 중간 불로 줄인다.

5 밥물이 잦아들면 **약한 불**로 줄이고 굴을 올려 뜸을 들인다.

6 밥이 되면 미나리를 넣고 뒤적여 담은 뒤 양념장을 만들어 곁들인다.

> " 굴은 옅은 소금물에 두 번 정도 살살 흔들어 씻고 껍데기가 들어가지 않도록 주의하세요. 굴은 익으면 부피가 많이 줄어드니 약간 넉넉하게 올려도 됩니다. "

 멥쌀·밥물 1컵씩
굴 100g, 무 5cm 1토막(200g), 미나리 약간

양념장 간장·다시마국물(p.44) 1큰술씩, 설탕 ½큰술, 통깨 1작은술, 식초·매실청·고춧가루 ½작은술씩, 참기름 약간

솥밥

구수하고 부드러운 별미 밥
콩비지밥

비지는 찌개로만 요리해 먹는 경우가 많은데, 밥을 지어 먹으면 구수한 맛이 일품인 최고의 요리가 된답니다. 고기를 좋아하지 않는다면 무만 듬뿍 넣고 지어도 맛있어요.

1 멥쌀은 깨끗하게 씻어 **30분** 정도 물에 불렸다가 체를 받쳐 물기를 뺀다.

2 백태는 깨끗이 씻어 물에 담가 **하루 동안** 불려 껍질을 제거한다.

3 불린 콩은 **물 1컵**을 넣고 믹서에 간다.

4 무는 **나박나박**하게 썬다.

5 돼지고기는 굵게 썰어 다진 마늘, 다진 파, 맛술에 재운다.

6 달군 냄비에 **들기름**을 두르고 돼지고기를 볶다가 반쯤 익으면 무를 넣어 볶는다.

7 솥에 쌀을 안치고 밥물을 부은 뒤 ③과 ⑥을 넣고 센 불에 올려 비지가 끓기 시작하면 불을 줄이고 천천히 밥을 짓는다.

8 밥이 되면 뒤섞어 그릇에 담고 양념장을 만들어 곁들인다.

 무 대신 시래기나 묵은지를 넣어 밥을 지어도 맛있습니다. 묵은지는 간이 배어 있으니 찬물에 흔들어 씻고 물기를 꼭 짠 다음 송송 썰어 참기름, 다진 파, 다진 마늘로 조물조물 무쳐 넣으세요. 비지가 끓으며 넘칠 수 있으니 솥은 큼직한 것을 준비하세요.

 멥쌀·백태(흰 콩) 1컵씩, 밥물 1.1컵
무 5cm 1토막(200g), 돼지고기(앞다리살) 100g, 다진 파·들기름 1큰술씩, 다진 마늘·맛술 1작은술씩

양념장 간장 2큰술, 물·다진 파·참기름 1큰술씩, 다진 마늘·고춧가루 1작은술씩

솥밥

여러 가지 해산물을 골고루 맛보는
해물영양밥

익을수록 감칠맛이 우러나는 해산물과 쌀을 섞어 밥을 지으면 정말 꿀맛이 따로 없지요. 구수한 향과 탱탱함이 살아 있는 여러 가지 해물의 씹는 맛이 입맛을 돋우는 데 한몫한답니다.

1 멥쌀은 깨끗하게 씻어 **30분** 정도 물에 불렸다가 체를 받쳐 물기를 뺀다.

2 새우는 머리를 뗀 후 **꼬리 부분만** 남기고 껍데기를 벗긴다.

3 굴은 **옅은 소금물**에 살살 흔들어 씻은 후 건져 물기를 빼고 오징어는 **한 입 크기**로 썬다.

4 홍합은 살만 발라 옅은 소금물에 살살 흔들어 씻은 후 체를 받쳐 물기를 뺀다.

5 밤은 껍데기를 벗겨 **4등분**한다.

6 쌀에 굴, 오징어, 홍합, 밤을 섞어 솥에 안치고 새우와 다시마를 올린 후 **밥물과 청주, 참기름**을 부어 밥을 짓는다.

7 붉은 고추를 곱게 **다진 후** 나머지 재료와 섞어 양념장을 만든다.

8 밥이 되면 살살 섞어 그릇에 담고 양념장을 곁들인다.

> "해물은 익고 나면 부피가 많이 줄어드니 넉넉하게 넣어도 괜찮아요."

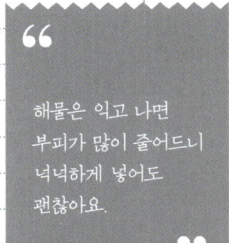

 멥쌀·밥물 1컵씩
새우(중하) 2마리, 해물(굴·오징어·홍합) 150g, 밤 2톨, 다시마 사방 5cm 1장, 청주 1큰술, 참기름 1작은술, 소금 약간

양념장 간장 1큰술, 붉은 고추 ⅓개, 다진 파·다진 마늘·참기름 1작은술씩, 통깨 약간

솥밥 115

알이 톡톡 터지는 재미와 맛

날치알밥

날치알밥은 외식 메뉴로도 인기가 있지요. 생각보다 만들기 쉽고 재료도 간단하게 준비할 수 있으니 이제 집에서 만들어보세요. 날치알 외의 고명은 원하는 재료로 자유롭게 준비해 올리세요.

1 멥쌀은 깨끗하게 씻어 **30분** 정도 물에 불렸다가 체를 받쳐 물기를 빼고 밥물을 부어 **고슬고슬하게** 밥을 짓는다.

2 날치알은 체를 받치고 흐르는 물에 **살짝 헹궈** 짠맛을 없애고 물기를 뺀다.

3 칵테일새우는 끓는 물에 살짝 데쳐 **반으로** 저민다.

4 파프리카와 단무지는 **잘게** 다지고 실파는 송송 썬다.

5 고슬고슬하게 지은 밥에 참기름을 넣고 섞어 돌솥에 담는다.

6 밥 위에 새우, 파프리카, 단무지, 날치알을 얹고 뚜껑을 덮어 약한 불에 올린다.

7 구수한 누룽지 냄새가 나면 불에서 내린다.

8 실파를 얹어 섞어 먹는다.

> **알밥**에는 잘게 썬 김이나 깻잎, 무순, 통깨 등을 섞어 먹어도 맛있습니다. 김치를 송송 썰어 비벼도 좋고요. 식은 밥을 데워 활용해도 맛있는 요리가 됩니다.

멥쌀·밥물 1컵씩
날치알 2큰술, 칵테일새우 3마리, 참기름 1큰술,
파프리카·단무지·실파 약간씩

톳유부밥

해초와 쫄깃한 유부의 조화

톳은 톡톡 터지는 식감에 은은한 바다 내음이 풍기는 해초입니다. 미네랄이 풍부하고 장 건강에 좋아 양껏 먹어도 탈날 일이 없지요. 쫄깃하게 씹는 느낌이 좋은 유부는 톳과 함께 색다른 맛을 선사해줍니다.

1 멥쌀은 깨끗하게 씻어 **30분** 정도 물에 불렸다가 체를 받쳐 물기를 뺀다.

2 표고버섯은 기둥을 제거한 다음 당근, **1cm 크기**로 네모지게 썰고 당근도 비슷한 크기로 준비한다.

3 유부는 끓는 물에 살짝 데쳐 기름기를 제거하고 **표고버섯과 비슷하게** 썬다.

4 달군 팬에 식용유를 두르고 당근과 표고버섯을 살짝 볶는다.

5 솥에 쌀, 톳, 표고버섯, 당근, 유부를 섞어 안치고 밥물을 넣어 **10분** 동안 불린 후 밥을 짓는다.

 멥쌀 1컵
말린 톳 1작은술, 당근 5cm 1토막, 표고버섯 2개, 유부 2장, 식용유 1큰술

밥물 간장 1큰술, 맛술·청주 1작은술씩, 물 1컵

> 말린 톳은 별다른 손질없이 그대로 사용하면 됩니다. 유부는 초밥용으로 양념이 되어 있지 않은 것으로 밥을 지어야 해요.

일품요리 부럽지 않은
돼지고기김치밥

돼지고기와 김치는 궁합이 참 좋은 식재료입니다. 밥을 지어 먹으면 구수하면서 칼칼하고,
담백하면서 감칠맛이 나지요. 돼지고기를 밑간한 다음 볶아서 밥을 짓기 때문에 잡냄새도 나지 않아요.

1 멥쌀은 깨끗하게 씻어 30분 정도 물에 불렸다가 체를 받쳐 물기를 뺀다.

2 묵은지는 소를 대강 털어내고 물기를 짠 다음 송송 썰어 설탕, 참기름에 버무린다.

3 돼지고기는 먹기 좋은 크기로 썰어 다진 파, 맛술, 다진 마늘에 재운다.

4 달군 솥에 참기름을 두르고 돼지고기를 넣어 볶다가 반쯤 익으면 묵은지를 넣고 볶는다.

5 볶은 돼지고기와 김치 위에 쌀과 밥물을 붓고 밥을 짓는다.

6 양념장을 만들어 밥과 곁들인다.

> 돼지고기는 입맛에 따라 어느 부위든 골라 사용해도 되지만 오겹살처럼 껍질이 붙은 것이나 너무 얇게 썰린 것은 피하세요. 밥에 들어가는 고기는 밥과 함께 숟가락에 올려 한입에 먹을 수 있어야 하니 구워 먹거나 찌개에 넣을 때보다 작게 자르세요.

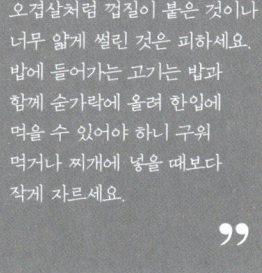

 멥쌀·밥물 1컵씩
묵은지 200g, 돼지고기 100g, 설탕·참기름·다진 파·맛술 1작은술씩, 다진 마늘 ½작은술

양념장 간장·물 2큰술씩, 맛술 1큰술, 설탕·참기름 1작은술씩, 통깨 ½작은술

1 찹쌀은 깨끗하게 씻어 **4시간 이상** 물에 담가 불린 후 체를 받쳐 물기를 뺀다.

2 은행은 끓는 물에 살짝 데쳐 껍질을 벗긴다.

3 밤은 껍데기를 벗겨 **2~3등분**하고 대추는 돌려 깎아 **4등분**한다.

4 찹쌀에 생땅콩, 은행, 밤, 대추, 잣, 소금, 설탕, 참기름을 넣어 섞는다.

5 찜통에 **면**이나 **베보자기**를 깔고 ④를 안친 후 **중간** 불에 올려 김이 오르면 불을 줄이고 천천히 쪄서 익힌다.

> 66
>
> 많은 양을 지을 때는 중간에 한두 번 뒤적이면서 물을 조금씩 뿌리세요. 팥이나 콩을 듬뿍 넣어도 맛있는데, 말린 곡류나 콩류는 따로 불리거나 삶아서 섞어야 합니다. 곡식 삶은 물을 중간에 뿌리면 보다 차진 밥이 됩니다.
>
> 99

 찹쌀 1컵
은행 6알, 밤 2톨, 대추 2개, 생땅콩·잣 1큰술씩, 설탕 1작은술, 참기름 ½작은술, 소금 약간

영양찰밥

끓이지 않고 쪄서 먹는 영양밥

은행, 밤, 대추, 땅콩, 잣을 넣고 지어 먹는 찰밥은 씹을수록 단맛이 우러나 특별한 반찬이 없어도 든든하게 한 끼를 해결할 수 있답니다. 살짝 구운 김이나 쌈채소에 싸서 간장, 된장, 고추장 등을 살짝 곁들여 먹어도 아주 맛있지요.

기본 양념간장

간장·물 2큰술씩, 맛술 1작은술, 풋고추·붉은 고추 1개씩,
설탕·참기름 1작은술씩, 통깨 $\frac{1}{2}$작은술

1 고추는 씨를 제거하고 잘게 다진다.
2 간장, 물, 맛술, 설탕을 잘 섞는다.
3 ①과 나머지 재료를 섞는다.

"기름을 두르고 부쳐낸 전은 양파장아찌나 고추장아찌의
간장을 곁들여보세요. 간장과 식초가 모두 들어 있어 다른
양념을 하지 않아도 맛있답니다."

다른 반찬 필요 없는 맛깔스러운 양념장

밥이나 국수에 넣고 쓱쓱 비벼 먹으면 입맛을 돋우는 맛깔스러운 양념장.
양념장에 사용하는 간장은 장아찌간장을 써보세요. 짜지 않고
다른 재료의 맛이 배어나와 더욱 맛있어요.

달래양념장

달래 10g, 간장 2큰술, 맛술 1큰술,
참기름 $\frac{1}{2}$큰술, 통깨 1작은술

1 달래를 깨끗이 씻어 송송 썰고 굵은 알뿌리는 칼등으로 살짝 눌러 으깬다.
2 나머지 재료와 섞는다.

"향긋한 달래양념장을 되직하게 만들어 들기름에 지진 두부
위에 듬뿍 얹으면 그대로 맛있는 요리가 되지요."

버섯양념장

양송이버섯 2개, 간장 2큰술,
다시마국물·다진 파·참기름 1큰술씩, 다진
마늘·다진 풋고추·다진 붉은 고추 1작은술씩

1 양송이버섯은 다진다.
2 나머지 재료와 섞는다.

"다진 버섯은 먹기 직전에 섞어요.
미리 섞어두면 버섯에 간장물이 들어
버섯의 맛과 향이 덜해지거든요.
버섯양념장은 버섯 넣은 밥에
곁들이면 잘 어울려요."

초고추장

고추장·식초 2큰술씩, 설탕 1큰술, 매실청 약간

1 모든 재료를 섞어 설탕이 녹을 때까지 잘 젓는다.

"묽은 초고추장을 만들고 싶다면 간장과 다시마국물을 조금 더하고 회 등을 찍어 먹을 용도라면 겨자를 조금 섞으세요."

약고추장

다진 소고기 50g, 고추장 5큰술, 배즙 4큰술, 꿀·참기름 1큰술씩
고기양념 다진 마늘·청주 1큰술씩, 참기름 ½작은술, 후춧가루 약간

1 다진 소고기는 양념에 재운다.
2 달군 팬에 참기름을 두르고 소고기를 넣어 볶다가 고추장, 배즙, 꿀을 넣고 약한 불에서 바글바글 끓인다.

"비빔밥과 쌈밥에 두루 활용할 수 있어요. 비빔밥용은 조금 묽게, 쌈밥에는 되직하게 준비하면 되는데, 끓이면서 농도를 조절하면 됩니다. 고추장이 너무 되직해졌다면 물이나 배즙을 넣고 다시 끓여 농도를 맞추세요."

삭힌 고추양념장

삭힌 고추 2개, 장아찌간장 2큰술, 참기름·통깨 1작은술씩, 다진 마늘 ½작은술

1 삭힌 고추의 꼭지를 제거하고 잘게 다진다.
2 나머지 재료와 섞는다.

"고춧가루를 더하면 칼국수 양념으로도 활용할 수 있어요. 요리를 하고 남은 고추는 시들기 전에 씨를 빼고 곱게 다져 양념간장에 넣어 먹으면 매콤달콤하면서도 짭잘한 맛이 좋아요."

" 양념장! 더 맛있게 만드는 비결

- 물 대신 맛국물을 사용합니다.
- 집간장(국간장, 조선간장)은 집집마다 짠맛이 다르니 주의하세요.
- 건더기부터 먼저 섞고 간장을 건더기가 자박하게 잠길 정도로 부으면 맛은 좋고 짜지 않아요.
- 기름 종류가 들어가는 양념장은 오래 두고 먹으면 산화되니 먹을 만큼만 만들어 바로 먹고, 오래 보관하지 마세요.
- 달콤한 재료에 곁들이는 양념장에는 다진 청양고추를 넣어 입맛을 돋우세요.
- 묵은 나물이나 저장해두고 먹는 음식에는 들기름, 생으로 먹는 재료에는 참기름으로 양념장을 만드세요.
- 맛이 다른 간장을 섞어 사용하면 감칠맛을 살리는 데 도움이 됩니다.
- 통깨와 깨소금은 마지막에 넣으세요. 깨소금 대신 통깨를 손으로 부숴가며 뿌리면 훨씬 고소한 맛과 향이 납니다.
- 기본 양념장만 기억해두면 몇 가지 재료를 더해 쉽게 응용할 수 있어요. 예를 들면 해물에는 달래나 부추가 어울리고 육류에는 양파나 청양고추가 어울려요. "

비빔밥은 남은 반찬이나 나물, 식은 밥 등을 활용해서 맛있게 만들어 먹을 수 있는 한 그릇 요리입니다. 때로는 근사한 비빔밥을 위해 냉장고 속 여러 가지 재료를 조물조물 요리해보세요. 색다른 맛의 조화를 즐길 수 있는 것은 물론 맛깔스러운 양념장을 넣어 푸짐하게 비비면 혼자 먹더라도 쓸쓸하지 않은 요리가 된답니다. 비빔밥은 여러 가지 재료에 밑간을 하고 비빔장도 곁들이니 간이 짜지 않도록 조심하고, 물기가 너무 많아 질어지지 않도록 하세요. 밥을 비빌 때 너무 으깨면 씹는 맛이 줄어드니 살살 섞으세요.

넷, 비빔밥

무치고 볶아
맛을 낸
다양한 재료를
양념과 함께
쓱쓱 비벼 먹는 밥

CONTENTS

128 생채비빔밥

130 봄나물비빔밥

132 숙채비빔밥

134 열무보리비빔밥

136 꼬막콩나물비빔밥

138 우렁된장부추비빔밥

140 오이나물비빔밥

142 낙지젓갈비빔밥

144 해초비빔밥

146 더덕비빔밥

146 **밥이 꿀꺽 넘어가는 담백한 국물**

생채비빔밥

여러 가지 채소의 생생함이 살아 있는

냉장고 속에 조금씩 남아 있는 채소를 활용하기에 아주 좋은 요리랍니다. 좋아하는 채소를 잘게 썰고, 너무 억세고 향이 강한 것은 살짝 데쳐 곁들이세요. 여러 가지 재료가 모이고 양념과 만나 전혀 다른 맛깔스러움을 만들어내지요.

1 당근과 양파는 곱게 채 썬다. 상추는 큼직하게 썰고 오이는 어슷하게 썬다.

2 콩나물은 깨끗이 씻어 냄비에 넣고 물을 자작하게 부어 뚜껑을 덮고 삶아 그대로 식힌다.

3 채 썬 무는 옅은 소금물에 20분 정도 담가 절인 다음 물기를 꼭 짜고 무채양념에 무친다.

4 당근과 양파는 달군 팬에 식용유를 두르고 소금을 약간씩 뿌려 각각 볶아 식힌다.

5 달군 팬에 식용유를 두르고 달걀을 깨뜨려 넣어 노른자가 익지 않게 부친다.

6 밥 위에 손질한 채소를 돌려 담고 비빔고추장과 통깨, 참기름을 올린 후 달걀부침을 넣어 비벼 먹는다.

> 반숙 달걀부침을 좋아하지 않는다면 완전히 익혀 곁들여 먹어도 맛있고, 지단을 부쳐 잘게 썰어 섞어 먹어도 좋아요.

 밥 2공기, 달걀 2개, 당근 5cm 1토막, 양파 ¼개, 상춧잎 2장, 오이 ⅓개, 콩나물 1줌, 무채 ¼컵, 식용유 2큰술, 참기름·소금 1작은술씩, 통깨 약간

무채양념 고춧가루 1작은술, 설탕 2큰술, 다진 마늘·다진 생강·식초·통깨 약간씩

비빔고추장 고추장 2큰술, 참기름 1작은술

봄나물비빔밥

향기로운 봄의 맛을 만끽하는

봄이 되면 몸에 좋고 향기로우며 맛있는 나물을 쉽게 구할 수 있지요. 때를 놓치지 말고 좋아하는 봄나물로 비빔밥을 만들어보세요. 봄나물은 넉넉하게 구입해 살짝 데쳐 냉동해두면 다른 계절에도 봄을 맛볼 수 있답니다.

1 두릅은 질긴 밑동을 잘라내고 냉이는 뿌리에 묻은 흙을 깨끗이 씻어낸다.

2 봄동은 한 잎씩 떼어 물에 흔들어 씻고, 시금치는 뿌리를 잘라내고 깨끗이 씻는다.

3 유채는 흐르는 물에 살살 씻는다.

4 끓는 물에 소금을 넣고 유채, 봄동, 시금치, 두릅, 냉이 순으로 각각 데쳐 찬물에 헹군다.

5 데친 나물은 먹기 좋은 크기로 각각 썰어 물기를 짠다.

6 냉이, 유채는 초고추장을 반씩 나누어 넣고 두릅, 봄동은 된장양념을 반씩 나누어 넣어 무친다. 시금치는 참기름양념에 조물조물 무친다.

7 뜨거운 밥에 참기름을 넣어 비빈 후 양념한 나물을 모두 얹고 약고추장을 곁들여 낸다.

> " 약고추장이 없다면 일반 고추장을 넣어 비벼 드세요. 나물은 미리 무쳐놓으면 수분이 빠져나가 물이 생겨 맛이 없으니 먹기 바로 직전에 무쳐 비빔밥을 만드세요. "

 밥 2공기, 두릅·냉이·유채 50g씩, 봄동·시금치 100g씩, 참기름 1작은술, 약고추장(p.125) 적당량, 소금 약간

초고추장 고추장·설탕·식초 1큰술씩, 다진 마늘·통깨·참기름 1작은술씩

된장양념 된장·다진 파·참기름 1큰술씩, 다진 마늘 1작은술

참기름양념 다진 파 1큰술, 다진 마늘·참기름 1작은술씩, 소금 약간

비빔밥

1 소고기는 채 썰어 소고기양념에 재운다.

2 표고버섯은 기둥을 제거하고 얇게 썬다.

3 애호박은 반으로 가르고 속을 파내 반달 모양으로 썰고 당근과 도라지는 곱게 채 썬다.

4 불린 고사리는 5cm 길이로 자른다.

5 끓는 물에 콩나물과 시금치를 각각 데친 후 다진 파, 다진 마늘, 소금, 참기름을 약간씩 넣고 각각 무친다.

6 달군 팬에 올리브유를 두르고 애호박, 당근, 도라지, 표고버섯, 고사리를 각각 볶은 후 소금, 참기름으로 간해 식힌다.

7 달걀은 노른자와 흰자를 나누어 지단을 부쳐 한 김 식힌 후 채 썬다.

8 달군 팬에 ①의 소고기를 볶는다.

9 밥 위에 손질한 채소와 고기, 달걀지단을 얹고 약고추장을 곁들여 낸다.

> 숙채비빔밥은 생채와 다르게 익힌 나물을 고루 올린 비빔밥입니다. 도라지는 과일칼로 살살 돌려 깎으면 쉽게 껍질을 벗길 수 있습니다. 껍질에 좋은 영양분이 있으니 두껍게 깎아내지 말고 조금씩 벗겨내세요.

밥 2공기, 소고기·도라지 100g씩, 표고버섯 2개, 애호박 ½개, 당근 ¼개, 불린 고사리·콩나물 1줌씩, 시금치 ½단, 달걀 2개, 다진 파·다진 마늘·소금·참기름·올리브유·약고추장(p.125) 적당량씩

소고기양념 간장 1큰술, 설탕 ½큰술, 다진 파·다진 마늘 ½작은술씩, 참기름 적당량

나물을 익혀 정갈하게 올려 내는

숙채비빔밥

여러 가지 채소를 먹기 좋게 썰어 부드럽게 익혀 만드는 비빔밥입니다.
양념한 소고기를 볶아 얹어 고소한 맛도 더했지요. 가지런하게 정성을 다해
만드는 비빔음식이니 귀한 손님이 오실 때 준비하면 좋겠지요.

열무보리비빔밥

무더위 날려주는 여름의 맛

몸의 열기를 내려주는 보리와 여름에 풍성한 열무김치는 떼려야 뗄 수 없는 찰떡궁합이죠. 고들고들하게 지은 보리밥에 시원한 열무김치와 보드랍게 볶은 애호박을 얹고 슥슥 비벼 여름 더위를 이겨보세요.

1 애호박은 반으로 갈라 **반달 모양**으로 얇게 썬다.

2 열무김치는 **잘 익은 것**으로 준비해 김칫국물을 살짝 짜내고 1~2번 썬다.

3 달군 팬에 식용유를 **조금** 두르고 애호박과 새우젓, 다진 마늘을 넣고 볶아 식힌다.

4 보리밥 위에 열무김치와 볶은 호박을 올린 뒤 **들기름**과 통깨를 뿌리고 비빔고추장을 곁들인다.

> 열무김치는 흰밥보다 보리밥, 약고추장보다 일반 고추장과 잘 어울려요. 열무김치는 푹 익어 신맛이 나는 것 보다는 익기 시작하는 것으로 비빔밥을 만들어야 맛있어요.

보리밥 2공기, 열무김치 1컵, 애호박 ⅓개, 새우젓·다진 마늘 ½작은술씩, 식용유·들기름·통깨 약간씩

비빔고추장 고추장 2큰술, 간장·설탕 ½작은술씩

짭조름한 바다의 감칠맛

꼬막콩나물비빔밥

꼬막은 쪄서 익히면 탱탱하게 씹는 느낌이 좋아지고, 달콤하고 짭조름한 감칠맛까지 진하게 배어난답니다. 아삭한 콩나물과 함께 밥에 넣어 비벼 먹으면 오물오물 씹는 맛이 좋은 별미 비빔밥이 되지요.

1 꼬막은 큰 그릇에 담아 껍데기끼리 **비벼가며** 여러 번 씻어 헹군다.

2 냄비에 꼬막을 담고 꼬막이 **반쯤 잠길 정도로** 물을 부은 후 청주를 넣고 뚜껑을 덮어 센 불에 끓인다.

3 꼬막이 우르르 끓어오르면 불을 **끄고** 체에 건져 물기를 뺀 후 한 김 식혀 **살만 바른다**.

4 양념장을 만든 다음 **반**을 덜어 꼬막살을 무친다.

5 콩나물은 깨끗이 씻어 냄비에 넣고 물을 자박하게 부어 소금을 약간 넣고 뚜껑을 덮어 익힌다.

6 밥 위에 콩나물과 꼬막을 올린 후 **나머지 양념**을 얹는다.

❶

❹

❺

밥 2공기, 꼬막 20개, 콩나물 2줌, 청주 1작은술, 식용유 약간

양념장 간장 2큰술, 참기름 1큰술, 고춧가루·통깨 ½큰술씩, 맛술 1작은술, 달래양념장(p.124)

> 꼬막은 모시조개나 바지락처럼 껍데기가 완전히 벌어지지 않아도 익은 것이에요. 너무 오래 삶으면 살이 줄어들고 질겨지니 레시피에 제시된 대로 삶아 껍데기를 벌려 살을 발라내세요.

자박하게 끓인 우렁된장에 비벼 먹는
우렁된장부추비빔밥

입맛 없는 날이면 초록색 가득한 밥상을 차려봅니다. 향긋한 푸성귀를 먹기 좋게 썰어 넣고,
구수한 우렁된장을 자박하게 끓여 부추를 듬뿍 섞어 비벼 먹습니다.
언제 먹어도 맛있고 누구에게 대접해도 미소가 머무는 한 끼가 되지요.

1 우렁이는 소금을 뿌려 살살 주물러 씻은 후 물에 헹궈 밑간한다.

2 부추와 상추는 2cm 길이로 짧게 썰고 풋고추는 송송 썬다.

3 표고버섯은 기둥을 제거하고 곱게 다져 나머지 우렁된장 재료와 함께 냄비에 넣고 중간 불에 끓인다. 된장이 되직해지면 밑간한 우렁이를 넣고 한소끔 끓인 후 불을 끄고 다진 풋고추를 섞어 우렁된장을 만든다.

4 보리밥에 상추, 부추, 우렁된장을 넣어 비벼 먹는다.

보리밥 2공기, 영양부추 100g, 상춧잎 5장, 풋고추 2개, 소금 약간

우렁된장 우렁이 100g, 표고버섯 1개 된장 3큰술, 고추장·다진 마늘 1작은술씩, 고춧가루 ½작은술, 다시마국물(p.44) ½컵, 설탕·국간장 참기름 약간씩

우렁이밑간 국간장·참기름 약간씩

> " 풋고추를 송송 썰어 밥 위에 약간 얹으면 알싸하면서 개운한 맛이 나요. "

오이나물비빔밥

꼬들꼬들 씹는 맛이 좋은

오돌오돌 아삭아삭 씹는 맛 좋은 오이나물과 볶은 소고기를 듬뿍 넣어 밥을 비비면 개운하면서 구수한 맛이 참 좋아요. 고추장을 넣지 않고 그대로 비벼 먹어도 담백한 맛이 좋답니다.

> 오이나물은 청오이보다 백오이가 더 좋아요. 오이를 볶을 때는 잘 달궈진 팬에 빠르게 물기를 날리는 정도로 살짝 볶고 접시에 펼쳐 식혀야 아삭아삭해요.

1 오이는 동그랗고 얇게 썰어 소금에 살짝 절였다가 면포에 싸서 물기를 짠다.

2 달군 팬에 참기름을 두르고 절인 오이를 살짝 볶아 넓은 접시에 펼쳐 식힌다.

3 볶은 오이를 다진 파, 국간장, 다진 마늘, 통깨로 양념한다.

4 소고기는 양념에 버무려 달군 팬에 볶은 후 식힌다.

5 밥 위에 오이나물과 볶은 소고기를 얹고 고추장과 통깨를 올린다.

밥 2공기, 오이 1개, 다진 소고기 50g, 고추장 2큰술,
다진 파·국간장 1큰술씩, 참기름·다진 마늘 1작은술씩, 통깨 ½작은술,
소금 약간

소고기양념 국간장·다진 마늘·참기름 ½작은술씩, 후춧가루 약간

매콤한 자극이 입맛 돋우는
낙지젓갈비빔밥

젓갈은 뜨거운 밥과 함께 먹으면 밥도둑이 따로 없지요. 이렇게 맛있는 젓갈과 김, 풋고추, 마늘, 대파 등을 잘게 썰어 넣고 비빔밥을 만들어 먹으면 밥 한 공기가 금세 없어진답니다.

1 낙지젓갈은 잘게 다진다.

2 돌나물은 차가운 물에 담가 살살 흔들어 씻어 건진다.

3 구운 김은 비닐봉지에 넣고 부순다.

4 풋고추는 송송 썰고 마늘은 곱게 채 썬다. 대파는 반으로 갈라 송송 썬다.

5 뜨거운 밥에 참기름과 통깨를 섞은 다음 젓갈, 돌나물, 김, 풋고추, 마늘채, 대파를 올린다.

> 젓갈은 짠맛이 강하니 너무 많이 올리지 마세요. 대신 신선한 채소를 듬뿍 올려 비벼 먹어요. 낙지 대신 오징어젓갈로 만들어도 맛있어요.

 밥 2공기, 낙지젓갈 2큰술, 돌나물 ½컵, 구운 김 1장, 풋고추 1개, 마늘 2쪽, 대파 5cm 1토막, 참기름·통깨 약간씩

개운한 맛의 부드러운 해초가 듬뿍

해초비빔밥

해초는 평소에 자주 먹지 않지만 비빔밥을 만들어 먹으면 양껏 맛볼 수 있지요. 색도 곱고 씹는 맛도 좋은 해초는 새콤달콤한 양념과 잘 어울리니 레몬, 식초 등을 적절히 활용해 입맛에 맞는 초고추장을 만들어 드세요.

1 해초는 찬물에 담가 **바락바락** 주물러 깨끗하게 씻어 헹군 후 물기를 뺀다.

2 오징어는 껍질을 벗겨 **칼집**을 넣고 짧게 채 썬다.

3 소금을 넣은 끓는 물에 **레몬 슬라이스**를 넣고 해초와 오징어를 살짝 데친 후 해초는 찬물에 헹구고 오징어는 **물기를 뺀다.**

4 래디시는 **얇게** 자르고 무순은 씻어 건진다.

5 밥 위에 해초, 오징어, 무순, 래디시를 올리고 **비빔초고추장**을 곁들인다.

> 해초는 모둠으로 판매하는 것이 있어요. 드레싱을 만들어 오이채와 같이 조물조물 무쳐 먹어도 좋아요.

밥 2공기, 해초 ½컵, 오징어 몸통 ¼마리분, 레몬 슬라이스 1조각, 무순·래디시 약간씩

비빔초고추장 고추장·식초 2큰술씩, 설탕·물엿 1큰술씩, 고춧가루 1작은술, 레몬즙·생강즙 약간씩

비빔밥

세 가지 양념으로 맛을 낸
더덕비빔밥

더덕은 향도 좋지만 자근자근 씹을수록 쌉싸래하면서 달착지근한 감칠맛이 배어나오는 것이 매력이지요. 세 가지 양념으로 맛을 살린 더덕과 볶은 소고기를 올려 내는 비빔밥은 만들기는 간단하지만 손님상에 내도 손색없는 음식이랍니다.

1 더덕은 껍질을 벗겨 길이로 2등분한 다음 편으로 썰어 소금물에 담가 쓴맛을 빼고 물기를 짠다.

2 더덕을 비닐봉지에 넣고 밀대로 밀어 곱게 찢는다.

3 찢은 더덕은 세 덩어리로 나눠 소금양념, 고추장양념, 간장양념으로 각각 무친다.

4 소고기는 곱게 채 썰어 밑간하고 달군 팬에 볶는다.

5 어린잎채소는 찬물에 담갔다가 건져 물기를 뺀다.

6 밥 위에 볶은 고기와 양념한 더덕을 고루 얹고 어린잎채소를 올린 후 비빔장을 곁들인다.

> 더덕을 껍질째 깨끗이 씻어 냉동실에 넣고 살짝 얼리면 껍질을 벗길 때 진액이 나오지 않아 쉽게 껍질을 벗길 수 있습니다.

밥 2공기, 더덕 3뿌리, 소고기 100g, 어린잎채소 약간

소금양념 다진 잣 1작은술, 고운 소금·검은깨 약간씩

고추장양념 고추장 ½작은술, 다진 마늘·설탕·식초 ¼작은술씩

간장양념 간장 ½작은술, 깨소금·참기름 약간씩

소고기밑간 간장 1작은술, 꿀 ½작은술

비빔장 고추장 3큰술, 다시마국물(p.44) 1큰술, 간장·설탕 ¼작은술씩

달걀국

달걀 1개, 다시마국물 2컵, 실파·소금·참기름 약간씩

1 볼에 달걀을 깨뜨려 넣고 젓가락으로 푼다.
2 실파는 송송 썬다.
3 냄비에 다시마국물을 넣고 끓어오르면 달걀물을 흘리듯 부어 넣는다.
4 달걀이 익으면 소금으로 간한다.
5 실파와 참기름을 넣는다.

"달걀을 넣고 한소끔 끓어오를 때 바로 불을 꺼야 달걀이 훨씬 부드러워요."

밥이 꿀꺽 넘어가는
담백한 국물

이 책에 실린 밥 요리는 모두 한 그릇으로 완전한 한 끼가 되지만 더 맛있게, 밥이 술술 넘어갈 수 있는 몇 가지 간단한 국물 요리 비결을 살짝 알려드립니다.

바지락국

바지락 1봉, 청양고추 1개, 부추 3줄기, 물 2컵

1 바지락은 소금물에 담가 쿠킹포일로 덮고 해감을 뺀 다음 물에 헹군다.
2 청양고추는 송송 썰고 부추는 3cm 길이로 자른다.
3 냄비에 찬물과 바지락을 넣고 끓이다가 바지락 껍데기가 벌어지면 청양고추를 넣고 끓인다.
4 떠오르는 거품은 숟가락으로 걷어내고 부추를 넣은 후 불을 끈다.

"매운맛이 부담스러우면 청양고추 대신 풋고추와 붉은 고추를 넣으세요. 국물이 끓어오르면서 표면에 뜬 거품을 숟가락으로 걷어내면 더욱 뽀얗고 깔끔한 국물이 됩니다."

마른 새우미역국

자른 미역 1큰술, 마른 새우 1작은술, 국물용 멸치 5마리, 다진 마늘·국간장 ½작은술씩, 물 2컵

1 미역은 물에 담가 불린다.
2 냄비에 멸치와 물을 넣어 중간 불에서 10분쯤 끓이고 멸치를 건져낸 후 마른 새우를 넣고 끓인다.
3 불린 미역을 넣고 다진 마늘과 국간장을 넣어 간한다.

"국물을 끓일 때 중간 불에서 10분 끓이는 것은 바글바글 끓기 시작하면서부터의 시간을 말합니다."

두부된장국

두부 ⅓모, 팽이버섯 약간, 다시마국물 2컵, 국물용 멸치 5마리, 된장 2작은술

1 두부는 작게 깍둑썰기 하고, 팽이버섯은 밑동을 제거하고 짧게 썬다.
2 냄비에 다시마국물과 멸치를 넣고 끓여 맛이 우러나면 멸치는 건진다.
3 된장을 체에 걸러 넣고 한소끔 끓인다.
3 두부와 팽이버섯을 넣고 불을 끈다.

"된장은 집집마다 짠맛이 많이 다르기 때문에 간을 보며 넣으세요."

맑은 버섯국

표고버섯 1개, 실파 2줄기, 일본된장 2큰술, 가쓰오부시국물 2컵

1 표고버섯은 기둥을 제거하고 한 입 크기로 썰고 실파는 송송 썬다.
2 냄비에 가쓰오부시국물을 넣고 끓으면 표고버섯을 넣고 끓인다.
3 버섯이 다 익으면 일본된장을 풀고 실파를 넣은 후 불을 끈다.

"채소를 넣고 된장국을 끓이면 달큼한 맛이 풍부해집니다. 중간 불에서 뭉근하게 끓이세요."

" 어떤 밥을 짓느냐에 따라 국도 다르게 끓여보세요. 밥과 국의 주재료와 양념이 겹치지 않아야 각각의 맛을 살릴 수 있어요. 해물을 넣어 된장으로 맛을 낸 밥 요리라면 채소를 넣고 간장이나 소금으로 간한 국을 끓이세요. 고기를 넣어 고추장으로 맛을 낸 밥 요리라면 해물을 넣고 된장을 풀어 국을 만들고요. "

명란두붓국

두부 ⅓모, 명란 1쪽, 실파·참기름 약간씩, 물 2컵

1 두부는 한 입 크기로 썰고 실파는 3cm 길이로 썬다.
2 냄비에 물과 두부를 넣고 끓으면 명란을 넣고 끓인다.
3 명란이 다 익으면 실파를 띄우고 참기름을 떨어뜨린 후 불을 끈다.

"명란젓은 구입 후 냉동실에 보관해두면 송송 썬 실파와 참기름을 뿌려 그대로 먹어도 좋고, 국물 요리나 달걀말이 등에 넣어도 맛있답니다. 명란젓은 양념에 무친 것과 그대로 절인 백명란의 짠맛이 다르니 간을 맞출 때 주의하세요."

다섯, 덮밥

다양한 소스와 양념으로 맛을 낸 여러 가지 재료를 밥 위에 얹어 먹는 푸짐한 요리

덮밥은 채소, 고기, 해산물 등을 담백하게 굽거나 여러 가지 양념으로 버무려 건더기 많은 소스를 만들어 밥에 올려 먹는 요리예요. 볶음밥이나 비빔밥은 우리에게 익숙한 반면 덮밥은 커리 외에는 자주 해 먹지 않는 것 같아요. 하지만 의외로 간단하게 조리할 수 있는 한 그릇 요리랍니다. 덮밥은 비벼 먹기보다는 덮밥소스 또는 재료를 밥과 함께 자르듯이 뚝뚝 떠먹는 편이 더욱 맛있답니다.

CONTENTS

152 마늘커리라이스
154 구운 채소소고기덮밥
156 참치덮밥
158 오징어양배추덮밥
160 제육덮밥
162 김치마파두부덮밥
164 양파달걀덮밥
166 두부볶음덮밥
168 돼지등심생강구이덮밥
170 닭고기덮밥
172 소고기덮밥
174 일본식 섞음초밥

---

176 같은 밥이라도 다르게! 컵밥 아이디어

* 덮밥 요리에 쓸 밥은 콩을 넣어 짓지 않아요. 콩은 제각기 독특한 맛을 가지고 있기 때문에 오히려 덮밥 재료와 어울리지 않을 수 있어요. 이 외에 현미, 흑미, 보리, 조 등의 잡곡은 입맛에 맞게 섞어도 좋아요.
* 덮밥 위에 파슬리가루나 파래가루, 검은깨, 통깨 등을 뿌려 장식해보세요. 너무 향이 강하거나 입자가 거칠지 않다면 보기에도 좋고 맛도 좋아진답니다.
* 덮밥에는 여러 가지 건더기가 어우러진 소스가 곁들여지니 밥 양은 조금 적게 잡아도 됩니다.
* 레시피에 제시된 분량보다 밥을 적거나 많게 준비한다면 소스에 들어가는 간장, 소금의 양도 조절해 간을 맞추세요.
* 덮밥소스는 먹기 직전에 밥 위에 얹어 내세요. 미리 내면 국물이 밥 아래로 스며들어 바닥에 양념 국물이 고일 수도 있고, 덮밥소스 표면이 말라 촉촉함을 잃을 수 있어요.

마늘을 듬뿍 넣어 감칠맛 좋은
마늘커리라이스

늘 먹던 커리에 마늘을 넣어 색다르게 요리해보세요.
마늘이 익으면서 번지는 구수한 향과 특유의 달착지근함이 어우러져 커리의 감칠맛이 좋아진답니다.
마늘은 푹 익으면 맵지 않기 때문에 누구라도 거부감 없이 먹을 수 있어요.

1 감자, 피망, 가지, 당근은 모두 **한 입 크기**로 큼직하게 썬다.

2 양파는 다른 채소보다 **조금 더 크게** 썰고, 마늘은 꼭지를 자르고 통으로 준비한다.

3 소고기는 **한 입 크기**로 썬다.

4 달군 팬에 버터 ½큰술을 녹이고 피망과 가지를 넣어 살짝 볶아 덜어둔다.

5 냄비에 남은 버터를 녹이고 마늘을 볶다가 **소고기, 감자, 당근, 양파** 순으로 넣고 볶는다.

6 양파가 **투명**하게 익으면 물을 붓고 끓인다.

7 감자가 익으면 고형 커리를 넣고 섞는다.

8 고형 커리가 충분히 풀어지면 피망과 가지를 넣어 **한소끔** 끓이고 따뜻한 밥 위에 올린다.

밥 2공기, 감자·초록 피망·가지 ½개씩, 당근 ½개, 양파 1개, 마늘 5쪽, 소고기(국거리) 100g, 버터 1큰술, 고형 커리 4조각(2인분), 물 3컵

> 마늘은 속까지 익어도 영양분은 그대로이며, 아리지 않고 달콤한 맛이 납니다. 향이 강한 커리일수록 푹 끓이면 맛있어요.

덮밥

담백하게 곁들인 고기와 채소

구운 채소소고기덮밥

채소를 얇게 썰어 담백하게 구운 후 밥에 얹으면 은은한 향도 좋고 연하고 부드러워 아주 맛있습니다.
달콤짭조름하게 양념한 소고기도 함께 구워 올려 구운 채소와 함께 밥을 감싸듯이 떠서 한 입 한 입 맛보세요.

> " 양파에 꼬치를 끼우는 이유는 모양을 유지하면서 아삭하게 굽기 위해서랍니다. 레시피에서 고기를 빼고 채소만 올려도 맛있어요. 단, 구우면 질겨지거나 뻣뻣해지는 나물류나 팽이버섯처럼 숨이 죽는 채소는 덮밥용으로는 어울리지 않아요. "

1 양파는 굵게 채 썰어 꼬치에 끼우고, 파프리카는 씨와 심을 제거하고 먹기 좋은 크기로 썬다. 새송이버섯은 반으로 잘라 **납작하게** 썬다.

2 가지와 애호박은 4~5cm 길이로 납작하게 썬다.

3 살치살은 **한 입 크기**로 얇게 썰어 소고기양념으로 밑간해 살짝 구워 익힌다.

4 소스 재료를 잘 섞는다.

5 달군 팬에 **올리브유**를 두르고 손질한 채소를 굽는다.

6 그릇에 따뜻한 밥을 담고 구운 채소와 살치살을 올린 뒤 어린잎채소를 얹고 **소스**를 뿌린다.

 밥 2공기, 양파·파프리카·애호박 ¼개씩, 새송이버섯 1개, 가지 ½개, 소고기(살치살) 100g, 올리브유 1큰술, 어린잎채소 약간

소고기양념 간장 1작은술, 설탕·맛술 ½작은술씩, 후춧가루 약간

소스 참기름 1큰술, 발사믹식초 ½큰술, 다진 마늘·통깨 1작은술씩

참치덮밥

냉동 참치로 간단하게 만드는

맛과 질감이 부드러운 냉동 참치는 겉면만 구워 먹거나 잘게 썰어 가벼운 샐러드로 즐겨 먹는데 덮밥 재료로도 좋답니다. 짭짤하고 고소한 양념에 버무려 따뜻한 밥 위에 얹어 먹으면 깔끔한 한 끼가 되지요.

1 냉동 참치는 미지근한 소금물에 **10분** 정도 담갔다 건져 물기를 빼고 랩으로 감싸 냉장실에 넣어 겉이 **말랑말랑할 정도**로만 해동한다.

2 대파는 반으로 갈라 **송송** 썬다.

3 참치는 사방 **1cm 크기**로 깍둑썰기 해 참기름에 먼저 버무린 후 대파, 간장, 맛술, 통깨를 넣어 버무린다.

4 밥 위에 ③을 얹고 **검은깨**를 뿌린다.

밥 2공기, 냉동 참치 1토막(200g), 대파 흰 부분 1대, 간장 2큰술, 참기름·통깨 2작은술씩, 맛술 1작은술, 검은깨 약간

> " 냉동 참치는 속이 덜 녹았을 때 손질해야 모양 잡아 썰기도 쉽고 비린내도 나지 않습니다. 대파의 초록 부분은 진액이 많이 나와 미끈거리니 흰 부분만 다져 씁니다. 대파 대신 실파를 송송 썰어 섞어도 되지요. "

덮밥 157

매콤달착지근한 고추장양념의 맛
오징어양배추덮밥

칼칼하고 개운한 맛을 좋아하는 사람들에게 인기 있는 요리예요.
오징어와 양배추를 큼직하게 썰어 고추장양념에 재운 다음 볶아 밥과 곁들입니다.
오징어와 양배추는 익으면서 달달한 맛이 우러나와 입맛 돋우는 데 그만이지요.

1 오징어는 내장, 뼈, 입을 제거하고 깨끗이 씻어 **안쪽에 칼집**을 내고 한 입 크기로 썬다.

2 양배추는 **한 입 크기**로 썰고 양파는 도톰하게 채 썬다. 대파와 고추는 어슷하게 썬다.

3 손질한 오징어에 양념장을 넣고 버무려 **10분** 정도 재운다.

4 달군 팬에 식용유를 두르고 **센 불**에 양파와 양배추를 볶는다.

5 양파가 **투명**하게 익으면 오징어를 넣고 거의 익으면 고추와 대파를 넣어 살짝 볶는다.

6 따뜻한 밥 위에 ⑤를 얹는다.

> 66
> 오징어 다리는 따로 모아 그대로 튀김을 만들거나 채소와 같이 다져서 오징어볼을 만들어 튀겨도 맛있어요.
> 99

 밥 2공기, 오징어 1마리, 양배추 ⅓통, 양파·붉은 고추 ½개씩, 풋고추 1개, 대파 ⅓대, 식용유 1큰술

양념장 고추장 2큰술, 고춧가루·올리고당 1큰술씩, 간장·다진 마늘·청주·참기름 1작은술씩, 소금·후춧가루 약간씩

1 돼지고기는 한 입 크기로 썰어 청주, 소금, 후춧가루를 뿌려 재운다.

2 양배추는 두꺼운 심 부분은 도려내고 한 입 크기로 썬다. 양파는 굵게 채 썬다. 대파와 풋고추는 어슷하게 썬다.

3 양념장을 만들어 돼지고기에 넣고 버무려 20분 정도 재운다.

4 달군 팬에 식용유를 두르고 양념한 돼지고기를 타지 않게 볶다가 양파, 양배추, 풋고추를 넣고 채소의 숨이 죽도록 볶는다.

5 ④에 대파를 넣고 살짝 볶아 따뜻한 밥 위에 얹고 통깨를 뿌린다.

밥 2공기, 돼지고기(목살) 300g, 양배추 ¼통, 양파 ½개, 대파 1대, 풋고추 1개, 식용유 2큰술, 청주 1큰술, 소금 ½작은술, 후춧가루·통깨 약간씩

양념장 고추장 2큰술, 간장·고춧가루·맛술·참기름 1큰술씩, 설탕·물엿·다진 마늘 1작은술씩, 생강즙·후춧가루·통깨 약간씩

> " 돼지고기 요리에 설탕이나 물엿 대신 매실액을 섞어 쓰면 좋아요. 매실액은 깨끗이 씻은 매실과 동량의 설탕을 켜켜이 담은 후 3개월 지나 국물만 걸러 냉장 보관하고 사용하세요. "

칼칼한 감칠맛이 좋은
제육덮밥

제육덮밥을 집에서 해 먹는 사람들이 많지 않은데, 의외로 재료나 양념이 간단하답니다. 돼지고기를 양념에 충분히 재웠다가 타지 않게 볶아야 고기와 채소가 부드럽게 익어 밥과 잘 어우러져요.

덮밥 161

쉽게 만들어 먹는 중국 별미

김치마파두부덮밥

콩으로 만든 중국식 고추장인 두반장만 있으면 집에서도 중국 요리 특유의 맛을 낼 수 있답니다.
김치, 두부, 돼지고기를 넣고 두반장으로 양념을 하면 알싸한 매운맛이 나면서
달착지근한 맛도 좋아요.

> 고추기름은 팬에 식용유 1컵을 끓이다가 불을 끄고 고춧가루 2큰술, 생강편 2쪽, 어슷 썬 대파를 넣어두었다가 식으면 고운체에 걸러 만들면 됩니다. 녹말물은 녹말가루와 물을 1:1 비율로 섞어 만듭니다.

 1 두부는 사방 **1cm 크기**로 깍둑썰기 하고 김치와 양파는 굵게 다진다.

2 피망은 사방 1cm 크기로 **네모지게** 썰고 대파는 송송 썬다.

3 다진 돼지고기는 돼지고기양념으로 **밑간**한다.

4 달군 팬에 식용유를 두르고 다진 마늘과 대파를 볶다가 **마늘 향**이 나면 고춧가루를 넣고 볶는다.

5 ④에 밑간한 돼지고기를 넣고 볶아 돼지고기가 익으면 김치를 넣고 볶는다.

6 김치가 익기 시작하면 양파, 피망, 두부를 넣고 **살살** 뒤적인다.

7 채소와 돼지고기가 잘 섞이면 채소국물과 양념을 붓고 **한소끔** 끓인다.

8 녹말물을 붓고 **걸쭉하게** 끓인 뒤 소금, 후춧가루로 간한다.

밥 2공기, 두부 ½모, 배추김치 ½컵, 양파·초록 피망·붉은 피망 ½개씩, 대파 ½대, 다진 돼지고기 50g, 다진 마늘 1작은술, 고춧가루 2큰술, 채소국물 1컵, 식용유 3큰술, 소금·후춧가루 약간씩

돼지고기양념 두반장 1큰술, 소금·후춧가루·청주 약간씩

양념 고추기름·녹말물 2큰술씩, 간장·두반장·청주 1큰술씩, 설탕 1작은술

덮밥

양파달걀덮밥

잘 익은 양파의 감칠맛 살린

제가 아주 좋아하고 즐겨 먹는 덮밥요리예요. 재료도 간단하고 요리하는 법도 무척 쉬운데 정말 맛있거든요. 양파를 도톰하게 채 썰어 달달 볶아 덮밥소스를 만드니 양파 익는 고소한 향에 먼저 군침이 돈답니다.

1 양파는 0.5cm 두께로 채 썰고 풋고추는 1cm 길이로 송송 썬다.

2 소스 재료는 **미리** 섞어둔다.

3 달군 팬에 올리브유를 두르고 양파를 넣어 **중간 불**에서 숨이 죽을 때까지 볶는다.

4 볶은 양파에 소스를 넣고 **약한 불**로 줄인 뒤 자작해질 때까지 고루 섞어 볶는다.

5 달걀은 **노른자가 익지 않게** 프라이를 만든다.

6 밥 위에 볶은 양파를 올리고 달걀프라이, 풋고추를 올린 후 **시치미**를 뿌린다.

 밥 2공기, 양파·달걀 2개씩, 풋고추 1개, 올리브유 1큰술, 시치미 약간

소스 간장 2큰술, 물엿 1큰술, 참기름 ½작은술, 통깨·후춧가루 약간씩

> " 달걀프라이는 원하는 만큼 익히면 되는데, 반숙으로 익혀 촉촉하게 비벼 먹어야 맛있어요. 매콤한 향이 나는 시치미 대신 통깨나 검은깨를 뿌려 먹어도 됩니다. "

1 두부는 종이타월로 감싸 **물기**를 제거하고 생강은 껍질을 벗겨 **곱게** 다진다.

2 냉동 새우살은 **옥수수알 크기**로 굵직하게 다진 후 청주, 소금, 후춧가루를 약간씩 뿌려 밑간한다.

3 옥수수와 양파는 굵게 다져 섞는다.

4 무순은 **흐르는** 물에 헹궈 물기를 제거한다.

5 달군 팬에 식용유를 두르고 옥수수와 양파를 넣어 소금, 후춧가루로 간해 **물기가 날아갈 때까지** 볶은 후 접시에 펼쳐 한 김 식힌다.

6 종이타월로 팬을 닦은 후 식용유를 두르고 새우를 넣어 **분홍빛이 돌 때까지** 익혀 한 김 식힌다.

7 다시 팬을 종이타월로 닦고 식용유를 두른 후 두부를 손으로 뜯어 넣고 볶다가 다진 생강을 넣고 물기가 날아갈 때까지 볶은 다음 두부조림장, 통깨, 참기름을 넣고 **고슬고슬하게** 볶아 식힌다.

8 밥 위에 ⑤, ⑥, ⑦을 올리고 **무순**으로 장식한다.

> " 재료를 볶을 때 약한 불에서 수분을 충분히 날려야 나중에 포슬포슬한 느낌이 살아나 밥과 함께 먹었을 때 더욱 맛있답니다. 특히 두부를 볶을 때는 젓가락으로 부지런히 저어가며 볶아야 해요. "

밥 2공기, 두부 ⅓모, 통조림 옥수수 ½컵, 양파 ⅓개, 냉동 새우살 ¼컵, 생강 1톨, 식용유 2큰술, 무순·청주·소금·후춧가루·참기름·통깨 약간씩

두부조림장 간장·맛술 1큰술씩

두부볶음덮밥

포슬포슬 섞어 먹는 재미

새우, 옥수수, 두부를 잘게 썰어 포슬포슬하게 볶아 밥에 얹어 먹는 요리로 담백한 맛이 매력이지요. 맵고 짜고 달지 않아 어른 아이 누구라도 부담 없이 먹을 수 있는 요리예요.

은은한 생강 향이 입맛 돋우는
돼지등심생강구이덮밥

생강 향이 은은하게 밴 양념에 돼지고기를 촉촉하게 볶아 밥과 곁들인 요리예요.
달착지근한 양념 국물이 밥에 촉촉하게 배어 정말 맛있고 먹고 나서도 입안이 개운해요.
버섯이나 꽈리고추 같은 채소는 너무 푹 익으면 오히려 씹는 맛이 줄어드니 살짝 볶아요.

1 생강은 껍질을 벗겨 강판에 갈아 간장, 청주, 맛술, 물과 함께 섞어 양념을 만든다.

2 돼지고기는 한 입 크기로 썰어 청주, 소금, 후춧가루에 10분 정도 재운다.

3 느타리버섯은 먹기 좋게 찢는다. 꽈리고추는 꼭지를 떼어낸다.

4 달군 팬에 식용유를 두르고 느타리버섯과 꽈리고추, 마늘을 구워 덜어둔다.

5 재운 돼지고기를 ①의 양념과 같이 팬에 넣고 볶아 고기가 익으면 불을 끈다.

6 밥 위에 볶은 고기와 채소를 얹고 남은 양념 국물을 끼얹는다.

> "
> 부드러운 쑥갓을
> 준비해 매실청이나
> 유자청에 소금을
> 약간 섞어 버무려
> 덮밥과 곁들이면 잘
> 어울립니다.
> "

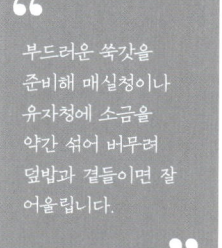
②

④

⑤

 밥 2공기, 돼지고기(등심) 300g, 느타리버섯 1줌, 꽈리고추 4개, 마늘 4쪽, 식용유 1큰술, 청주·소금·후춧가루 약간씩

양념 생강 1톨, 간장·청주·맛술·물 3큰술씩

닭고기덮밥

닭고기와 달걀이 한 그릇에

일본 사람들이 즐겨 먹는 부드러운 덮밥인 '오야코동'입니다. 닭고기와 채소를 국물이 자작하게 끓이듯 볶은 다음 달걀을 풀어 살짝 익혀 밥 위에 올려 먹는 요리예요. 국물이 밥 아래로 촉촉하게 스며들어야 맛있으니 오목한 그릇에 담으세요.

1 닭고기는 사방 1cm 크기로 썬 다음 청주, 소금, 후춧가루를 뿌려 재운다.

2 양파는 얇게 채 썰고 대파는 얇고 어슷하게 썬다. 참나물은 깨끗이 씻어 한 입 크기로 뜯는다.

3 그릇에 달걀을 깨뜨려 넣고 대강 푼다.

4 팬에 국물 재료를 모두 넣고 끓어오르면 닭고기, 양파, 대파 순으로 넣어 익힌다.

5 풀어둔 달걀을 천천히 돌려가며 붓고 참나물을 올린 후 뚜껑을 덮고 달걀 윗면이 반 정도 익을 때까지 끓인 다음 불을 끄고 밥 위에 얹는다.

밥 2공기, 닭고기(안심) 4쪽, 양파 ½개, 대파 10cm 1토막, 달걀 2개, 참나물·청주·소금·후춧가루 약간씩

국물 간장 3큰술, 맛술 2큰술, 청주 1큰술, 다시마국물(p.44) 1컵

> " 칼칼한 맛이 나는 시치미를 뿌리거나 초생강을 곁들여 먹으면 맛있어요. "

덮밥

소고기덮밥

자작한 고기소스에 밥을 적셔 먹는 맛

일본식 소고기덮밥으로 '규동'이라고 부르지요. 다시마국물, 간장, 맛술, 설탕 등을 섞은 달달하고 짭짤한 국물을 만들어 고기와 채소를 자작하게 익혀 밥 위에 얹어 먹습니다. 고기는 부드러운 부위를 택해야 촉촉한 양념 국물도 배고 밥에 얹어 먹기도 좋아요.

1 양파는 **얇게** 채 썰고 대파는 얇고 **어슷하게** 썬다.
표고버섯은 **기둥을** 제거하고 모양을 살려 얇게 썬다.

2 소고기는 종이타월 위에 펼쳐 올려 **한 입 크기**로 썰고
후춧가루를 뿌린다.

3 팬에 국물 재료를 모두 넣고 끓어오르면 **양파, 대파,
소고기, 표고버섯** 순으로 넣고 익혀 밥 위에 얹는다.

> 손질한 재료를 순서대로 넣고
> 재빨리 익혀 국물이 자작하게 남아
> 있을 때 불을 끄고 국물까지 밥
> 위에 부어야 맛있습니다. 시치미를
> 뿌리거나 초생강을 곁들여 드세요.

밥 2공기, 소고기(불고기용) 120g, 양파 ½개, 대파 ¼대,
표고버섯 1개, 후춧가루 약간

국물 간장 3큰술, 맛술 2큰술, 청주 1큰술, 설탕 1작은술,
다시마국물(p.44) 1컵

덮밥

재료의 맛을 살린 깔끔한 덮밥

일본식 섞음초밥

여러 가지 재료를 먹기 좋게 손질하고 양념해 밥 위에 올려 내는 일본 덮밥 요리로
'지라시초밥'으로 불리지요. 지라시는 일본말로 흩뿌린다는 표현이에요. 좋아하는 재료를 선택하되
아삭한 것과 부드러운 것이 섞여야 먹었을 때 입이 즐겁답니다.

1 단촛물 재료를 잘 섞어 소금과 설탕을 녹인다.

2 뜨거운 밥에 배합초를 넣고 섞는다.

3 달걀물을 만들어 달군 팬에 붓고 반쯤 익으면 거품기로 휘저어 익힌다.

4 연근은 껍질을 벗기고 모양을 살려 도톰하게 썬 후 끓는 소금물에 살캉살캉하게 데친다.

5 표고버섯은 기둥을 제거하고 한 입 크기로 썬다.

6 달군 팬에 조림장을 붓고 연근과 표고버섯을 함께 넣어 조린다.

7 칵테일새우는 물에 헹군 후 체를 받쳐 물기를 뺀다.

8 오이는 송송 썰어 단촛물에 재웠다가 손으로 꼭 쥐어 물기를 짠다.

9 밥 위에 볶은 달걀, 연근과 표고버섯, 새우, 오이를 골고루 올리고 무순과 초생강을 얹는다.

> 배합초는 냄비에 현미식초 1컵, 설탕 4큰술, 소금 2작은술, 다시다 사방 5cm 1장을 넣고 끓여 김이 오르기 시작하면 불을 끄고 한 김 식혀서 사용하세요.

밥 2공기, 연근 10cm 1토막, 표고버섯 2개, 칵테일새우 10마리, 오이 ½개, 초생강·구순 약간씩, 배합초 적당량

달걀물 달걀 2개, 다시마국물(p.44)·설탕·맛술 1큰술씩, 소금 ⅓작은술

조림장 간장 2큰술, 설탕·맛술 1큰술씩, 생강 1조각, 가쓰오부시국물 ⅓컵

단촛물 식초 2큰술, 소금 2작은술, 설탕 1작은술, 다시마국물 5큰술

봄나물비빔밥

봄나물비빔밥 레시피는 p.130

봄나물비빔밥은 컵에 담기 전 미리 비벼 밥에도 양념이 충분히 배도록 합니다. 밥을 먼저 담고 나물을 위에 얹으면 밥이 쉽게 마르지 않아요. 봄나물비빔밥을 동글납작하게 빚어 달군 팬에 살짝 지져도 맛있어요. 봄나물을 고루 다져 밥과 함께 비벼 넣고 달걀 지단으로 장식해도 좋아요.

같은 밥이라도 다르게!
컵밥 아이디어

컵밥은 홈 파티를 위한 스타일링 제안입니다. 밥으로 배를 채우기보다는 간단한 끼니로 다른 일품요리와 곁들이기 좋은 아이디어를 담았습니다. 1컵은 ¼인분을 기준으로 했어요.

오이나물비빔밥

오이나물비빔밥 레시피는 p.140

오이의 아삭한 맛이 살아나도록 너무 세게 비비지 마세요. 오이와 소고기가 보이도록 주먹밥으로 동그랗게 뭉쳐놓아도 좋아요. 쉽게 쉬지 않고, 식어도 맛이 좋아 야외에 나갈 때 일회용 컵에 담아 도시락으로 활용해도 좋아요.

두부볶음덮밥

두부볶음덮밥 레시피는 p.166

맛이 부드럽고 담백하며 재료가 잘고 소화가 잘 되어 아이들이 먹기 좋은 요리예요. 아이들 파티 때 활용해보세요.
재료는 새우, 어묵, 오징어, 닭고기, 소시지, 햄, 파프리카 등 다양하게 사용해 맛을 달리해도 괜찮아요. 단, 잘게 썰어 달달 볶아야 해요.

> 컵밥으로 담기 좋은 요리는 여러 가지 재료가 한꺼번에 들어있고, 씹는 느낌도 다양한 것이 좋지요. 작은 그릇에 담아야하니 따로 간을 하거나 양념을 넣어 비벼 먹지 않도록 준비합니다. 비빔장을 따로 내는 요리라면 담기 전에 양념장에 밥을 미리 비비고, 고명만 얹어 내야 먹음직스럽고, 먹기에도 편합니다.

컵밥으로 좋은 책 속 요리

- 콩나물밥(p.68)
- 톳유부밥(p.118)
- 소고기볶음밥(p.182)
- 김치말이밥(p.208)
- 다시마밥(p.92)
- 꼬막콩나물비빔밥(p.136)
- 마늘볶음밥(p.192)
- 묵밥(p.214)
- 장아찌밥(p.94)
- 잔멸치볶음밥(p.180)
- 베이컨볶음밥(p.194)
- 소고기채소죽(p.232)

냉이밥과 낙지젓갈

냉이밥 레시피는 p.86

향이 좋은 냉이밥은 매운 음식과 잘 어울려요. 낙지젓갈을 올려 컵밥으로 활용하면 입맛을 돋우기에 아주 좋지요.
밥에도 간이 되어 있으니 젓갈은 많이 올리지 않아도 됩니다.
비벼 먹기 전에 참기름을 한 방울 넣으면 나물과 젓갈의 맛이 더욱 살아난답니다.

컵밥 아이디어

여섯, 볶음밥

냉장고 속 자투리
재료를 활용해
누구나 근사하게
만들 수 있는
쉬운 밥 요리

볶음밥은 반찬이 없을 때 찬밥으로
가장 손쉽게 만들 수 있는 한 그릇
요리랍니다.
냉동실과 냉장실에 있는 어떤 재료든
두세 가지만 꺼내 작게 썰어 기름에
달달 볶으면 특별한 양념이 없어도
재료의 맛이 살아 있는 구수하고
담백한 요리가 됩니다. 볶음밥에
자신만의 맛을 더하고 싶다면
커리가루, 짜장가루, 고춧가루,
고추기름 같은 맛과 향이 강한 양념을
조금씩 섞어보는 것도 좋습니다.

* 차갑게 식어 약간 마른 밥으로 볶아야
맛있어요. 갓 지은 밥을 볶을 때는
한 김 식혀서 하세요.

* 볶음밥은 센 불에서 하면 재료가 타고,
약한 불에서는 고슬고슬 볶아지지
않으니 중간 불에 놓고 열심히 저어가며
골고루 볶아야 해요.

* 밥은 기름을 많이 먹기 때문에 밥을
볶을 때는 기름을 두르는 대신 부지런히
저어 눋지 않게 볶아요. 기름은
부재료를 볶을 때만 사용하고요.

* 볶음밥에 들어가는 재료는 옥수수알
정도 크기로 써는 것이 적당합니다.
너무 작으면 씹는 맛이 없고 지저분해
보이고 너무 크면 재료가 잘 익지
않거나 한 숟가락에 여러 가지 재료를
얹어 먹기 불편할 수 있어요.

* 재료를 볶을 때 너무 휘저으면 재료가
으깨져 맛과 식감이 떨어져요. 많은
양을 깔끔하게 볶으며 골고루 섞어야
한다면 각각의 재료를 따로
볶아두었다가 먹기 직전에 뜨거운
팬에서 섞으면 됩니다.

CONTENTS

180 잔멸치볶음밥

182 소고기볶음밥

184 달걀새우볶음밥

186 깍두기볶음밥

188 파인애플볶음밥

190 대파날치알볶음밥

192 마늘볶음밥

194 베이컨볶음밥

196 김치오믈렛

198 김치크림리소토

200 해물토마토리소토

202 해물파에야

---

204 두고두고 먹는 맛좋은 장아찌

잔멸치 볶음밥

바삭바삭한 멸치의 고소함

고소하면서 씹는 맛이 좋은 잔멸치와 밥을 고슬고슬 볶아 만들어 굉장히 쉽지만 맛은 아주 좋은 요리예요. 아이들에게 만들어 주기도 좋지요. 볶음밥에 김과 통깨를 섞어 주먹밥을 만들어 먹어도 된답니다.

1 잔멸치는 마른 팬에 바싹 볶아 **비린내를 없앤 다음** 덜어 식힌다.

2 구운 김은 **비닐봉지**에 넣어 부수고 실파는 송송 썬다.

3 팬에 멸치양념을 넣고 끓이면 멸치를 넣어 조린다.

4 ③에 밥과 실파를 넣고 **골고루** 섞으며 볶는다.

5 그릇에 볶음밥을 담고 잘게 부순 김과 통깨를 뿌린다.

 밥 2공기, 잔멸치 3큰술, 구운 김 1장, 실파 2줄기, 통깨 약간

멸치양념 간장·청주·맛술 1작은술씩, 설탕 ½작은술

> " 멸치가 짭짤하고 양념에 간장이 들어가서 별도의 간은 하지 않지만 입맛에 싱겁다면 소금으로 간을 맞추세요. "

담백한 맛의 기본 볶음밥

소고기볶음밥

자투리 채소를 잘게 썰어 넣고 밥을 볶을 때 다진 소고기를 조금 넣으면 맛도 훨씬 고소해지고
보기에도 근사한 요리가 된답니다. 볶음양념 역시 소금만 사용하는 것보다
굴소스와 맛술을 조금 더하면 색다른 별미가 되지요.

1 소고기는 참기름, 소금, 후춧가루로 **밑간**하고 볶음양념은 미리 만들어둔다.

2 당근, 양파, 애호박, 피망은 비슷한 크기로 잘게 썰어 **1큰술씩** 준비한다.

3 팬에 소고기를 먼저 넣고 볶아 익으면 올리브유를 두르고 **당근, 양파, 애호박, 피망 순**으로 넣어 함께 볶는다.

4 채소가 익으면 **볶음양념**과 밥을 넣고 골고루 섞으며 볶는다.

5 소금, 후춧가루로 간하고 **통깨**를 뿌린다.

> **"**
> 채소는 레시피 재료 외에도 집에 있는 것은 무엇이든 활용하세요. 단, 채소는 저마다 익는 시간이 다르니 익히는 데 오래 걸리는 단단한 것부터 팬에 넣고 볶으세요.
> **"**

 밥 2공기, 다진 소고기 100g,
다진 당근·다진 양파·다진 애호박·다진 피망 1큰술씩,
애느타리버섯 적당량, 올리브유 2큰술, 참기름 $\frac{1}{2}$ 작은술,
소금·후춧가루·통깨 조금씩

볶음양념 굴소스·맛술 1큰술씩, 소금 $\frac{1}{2}$ 작은술, 후춧가루 약간

볶음밥

촉촉하고 고슬고슬한 맛
달걀새우볶음밥

중국집 볶음밥 메뉴의 가장 기본이 되는 밥이죠. 중국집 볶음밥처럼 고슬고슬하고 윤기 나게 만들려면
센 불에서 기름을 많이 둘러 볶아야 하지만 집에서는 따라 하기 쉽지 않죠.
대신 달걀을 볶을 때 부지런히 저으면 중국집 못지않게 고슬고슬한 볶음밥을 만들 수 있어요.

1 양파는 다진다. 새우는 물에 헹궈 **체를 받쳐 물기를 빼며** 녹인다.

2 밥에 참기름을 먼저 넣고 **골고루** 비빈 후 간장과 통깨를 넣고 잘 섞는다.

3 달걀은 그릇에 깨뜨려 넣고 **소금과 맛술**을 섞어 푼다.

4 달군 팬에 식용유를 두르고 양파를 넣어 볶는다.

5 양파가 **투명하게 익으면** ③의 달걀물을 천천히 부으면서 거품기로 **저어가며** 익힌다.

6 달걀물이 **반쯤** 익으면 비벼놓은 밥을 넣고 볶은 후 실파를 넣어 뒤적이고 불을 끈다.

 밥 2공기, 달걀 2개, 냉동 새우살 ½컵, 양파 ½개, 송송 썬 실파·식용유 2큰술씩, 간장·맛술 1큰술씩, 소금·통깨 참기름 ½작은술씩

> " 푼 달걀을 중간 불에서 팬에 조금씩 부으면서 거품기나 젓가락 두 벌(4개)을 쥐고 흐트리듯 저으세요. 달걀이 완전히 익기 전에 밥을 넣고 섞어야 부드러워요. "

볶음밥 185

아삭아삭한 깍두기의 간간함

깍두기볶음밥

김치볶음밥만큼 맛있는 것이 바로 깍두기볶음밥이랍니다. 깍두기는 무로 담그는 김치라 특유의 달착지근한 감칠맛이 참 좋거든요. 무를 먹기 좋게 썰어 넣고 김칫국물 간이 배어들면서 물기가 없도록 잘 볶으세요.

1 깍두기 무는 잘게 썰고 김칫국물은 체에 걸러 $\frac{1}{4}$컵만 준비한다.

2 소고기는 **굵게** 다진다.

3 달군 팬에 **들기름**을 두르고 소고기를 넣어 볶는다.

4 소고기가 **익기 시작하면** 깍두기와 김칫국물을 넣고 볶는다.

5 소고기와 깍두기가 모두 익으면 밥을 넣고 **간이 고루 배도록** 뒤적여 볶는다.

6 달군 팬에 식용유를 두르고 달걀프라이를 부쳐 볶음밥 위에 올린 후 **참기름과 통깨**를 뿌린다.

> " 달걀 대신 메추리알을 프라이해 앙증맞게 올려도 좋아요. "

밥 2공기, 깍두기 1컵, 소고기(구이용) 100g, 달걀 2개, 들기름·통깨 1큰술씩, 식용유 2큰술, 참기름 약간

파인애플과 굴소스로 맛을 낸

파인애플볶음밥

맵거나 짭짤한 맛을 즐기지 않는다면 과일을 넣은 볶음밥을 만들어 먹는 것도 좋은 아이디어예요.
파인애플은 통조림보다는 신선한 것을 사용하는 것이 씹는 느낌이 좋아요. 당근과 완두콩,
새우를 넣어 볶으면 색도 고와 아이들도 잘 먹는답니다.

밥과 밥 요리

> 요리에 넣는 파인애플은 통조림 제품보다 생과일을 사용해야 달콤한 맛과 향, 씹는 느낌이 더 살아나요. 완두콩은 통조림 제품을 사용해도 되지만 제철에 구입해 데쳐서 얼려두면 언제든 꺼내 쓸 수 있답니다.

 1 파인애플, 파프리카, 양파는 잘게 썬다.

2 달군 팬에 식용유를 두르고 후춧가루를 뿌린 다음 양파, 새우, 완두콩, 파프리카 순으로 넣고 볶는다.

3 굴소스를 넣어 섞은 다음 밥을 넣고 잘 볶는다.

4 파인애플을 넣고 잘 섞으면서 볶은 후 소금, 후춧가루로 간한다.

 밥 2공기, 파인애플 링 슬라이스 1개, 붉은 파프리카·노란 파프리카·양파 ½개씩, 칵테일새우 200g, 완두콩 5큰술, 굴소스 1큰술, 식용유 적당량, 소금·후춧가루 약간씩

대파의 향긋함과 날치알의 개운함
대파날치알볶음밥

달군 기름에 대파를 넣어 볶으면 양파 볶는 냄새 못지않게 군침 도는 향이 나지요.
대파와 김치를 볶아 맛과 향이 듬뿍 밴 뜨거운 기름에 식은 밥을 넣고 달달 볶아 뜨거울 때
날치알을 올려 섞어 먹으면 고소한 맛이 정말 일품이에요.

1 대파와 실파는 모두 송송 썬다.

2 김치는 물기를 꼭 짠 다음 잘게 썬다.

3 날치알은 체를 받쳐 청주를 뿌리고 물기를 뺀다.

4 달군 팬에 식용유와 참기름을 함께 두르고 김치와 대파를 볶아 향을 충분히 낸다.

5 밥을 넣고 골고루 볶은 후 날치알을 넣어 섞고 소금으로 간한다.

6 통깨와 송송 썬 실파를 뿌린다.

밥 2공기, 대파 1대, 실파 2줄기, 배추김치 ⅓컵, 날치알 6큰술, 청주 2큰술, 식용유·참기름 1작은술씩, 소금·통깨 약간씩

" 배추김치는 빼고 소금간을 더해 요리해도 맛있어요.
대파는 진액이 나오지 않는 흰 부분만 사용해야 맛있지만
실파는 초록색 부분까지 모두 사용해도 됩니다. "

마늘볶음밥

군침도는 마늘 향이 듬뿍 밴

올리브유에 마늘만 넣고 볶아 만드는 맛좋은 파스타 요리가 있지요. 볶음밥도 마찬가지랍니다. 향긋한 마늘을 편으로 썰어 기름에 천천히 볶아 맛과 향을 충분히 우려낸 다음 밥을 볶는 것이에요. 재료는 간단한 데 비해 깊은 풍미가 나는 요리가 된답니다.

> 뜨겁게 달군 팬에 마늘을 넣으면 익기 전에 타요. 중간 불에서 올리브유를 두르고 기름이 달궈지기 전에 마늘을 넣어 노릇하게 볶아야 해요. 냉동 칵테일새우는 볶음밥은 물론 각종 전에도 굵게 다져 넣으면 맛있답니다.

1 마늘은 얇게 편으로 썰고 실파는 송송 썬다.

2 칵테일새우는 찬물에 헹궈 물기를 제거한 다음 굵게 다져 소금, 후춧가루로 밑간한다.

3 달군 팬에 올리브유를 두르고 약한 불에 마늘을 볶아 노릇노릇해지면 덜어낸다.

4 마늘을 볶은 팬에 새우와 밥을 넣고 고슬고슬하게 볶는다.

5 볶아둔 마늘과 송송 썬 실파를 넣고 살살 섞어 볶은 후 소금과 후춧가루로 간한다.

밥 2공기, 마늘 8쪽, 실파 4줄기, 칵테일새우 ½컵, 올리브유 4큰술, 소금·후춧가루 약간씩

1 양파와 표고버섯은 **굵게** 다지고, 대파는 송송 썰고 마늘은 **편**으로 썬다.

2 베이컨은 **2cm** 폭으로 썬다.

3 달군 팬에 올리브유를 두르고 **약한 불**에 마늘을 볶아 향을 낸다.

4 양파를 넣고 볶아 **투명해지면** 베이컨과 표고버섯을 넣어 볶으며 소금으로 간한다.

5 베이컨이 익으면 밥과 대파를 넣어 볶다가 간을 보고 **소금, 후춧가루**로 간을 맞춘다.

> 다진 파슬리를 뿌려 먹어도 맛있어요. 파슬리는 한 번 구입했을 때 남은 것을 모두 다져서 면보자기에 담아 물에 조물조물 빨았다가 물기를 제거하고 한 번 쓸 분량씩 랩에 싸서 냉동 보관하면 초록색을 싱싱하게 살려 쓸 수 있습니다.

밥 2공기, 베이컨 3줄, 양파 ½개, 표고버섯 2개, 대파 10cm 1토막, 마늘 2쪽, 올리브유 1큰술, 소금·후춧가루 약간씩

베이컨 볶음밥

베이컨만 있으면 뚝딱 만드는

짭짤하면서도 구수한 맛이 좋은 베이컨은 밥반찬으로도 아주 훌륭하죠. 따로 구워 곁들여도 좋지만 대파, 마늘 등의 향신채소와 같이 잘게 썰어 밥과 함께 볶아 먹어도 맛있어요. 베이컨은 너무 익어 딱딱해지지 않도록 주의하세요.

김치 오믈렛

먹는 재미까지 더해주는

김치, 피망, 양파를 넣고 토마토케첩을 약간 섞어 김치볶음밥을 만들어 달걀부침으로 깔끔하게 감싸 내면 근사한 요리가 되지요. 달걀부침을 할 때는 약한 불에서 천천히 익혀야 기포가 생기지 않고 바닥 면이 타서 눌어붙는 것도 막을 수 있답니다.

1 피망과 양파는 사방 **0.5cm 크기**로 잘게 썬다. 김치는 속을 털어내고 **잘게** 썬다.

2 달걀을 그릇에 깨뜨려 넣고 **맛술과 소금**을 섞어 곱게 푼다.

3 달군 팬에 **버터**를 녹이고 김치와 양파를 볶는다.

4 양파가 **투명하게** 익으면 밥과 피망을 넣고 고슬고슬하게 볶는다.

5 토마토케첩을 넣고 **골고루** 섞으면서 볶다가 소금, 후춧가루로 간한다.

6 달군 팬에 식용유를 두르고 ②의 달걀물을 **얇게** 부어 달걀이 어느 정도 익으면 불을 끈다.

7 달걀부침 위에 밥을 얹어 반으로 접어 **타원형**으로 만든 다음 다시 불을 **약하게** 켜서 익힌다.

> " 달걀물을 붓고 팬의 손잡이를 기울여 흔들면 달걀물이 고르게 펼쳐집니다. 팬의 크기를 원하는 오믈렛 크기에 맞춰 고르세요. "

밥 2공기, 배추김치 ¼컵, 피망 ⅓개, 양파 ⅓개, 달걀 2개, 토마토케첩·식용유 1큰술씩, 버터 1작은술, 맛술 ⅓작은술, 소금·후춧가루 약간씩

복음밥

생크림과 김치가 만들어 낸 조화

김치크림리소토

'리소토'는 이탈리아의 대표적인 밥 요리예요. 본래 생쌀에 육수를 조금씩 넣어가며 볶아 익혀 먹는 요리지요. 그렇게 하려면 시간도 오래 걸리고 맛내기도 쉽지 않으니 식은 밥을 사용하고 닭육수, 버터, 생크림 등으로 풍미를 더해봅니다.

1 양송이버섯은 반으로 가르고 표고버섯은 슬라이스한다.

2 양파는 다지고 애호박은 얇게 반달 모양으로 썬다.

3 새우는 내장을 제거하고 반으로 가른다.

4 김치는 속을 털어내고 큼직하게 썬다.

5 달군 팬에 버터를 녹이고 김치를 노릇하게 구워 덜어낸다.

6 김치를 구운 팬에 양파를 넣어 볶는다.

7 양파가 익으면 애호박과 버섯, 새우를 넣고 소금, 후춧가루로 간한다.

8 닭육수를 붓고 끓어오르면 밥을 넣고 육수가 잦아들면 생크림, 파르메산치즈가루, 다진 파슬리를 섞는다.

9 그릇에 리소토를 담고 구운 김치를 올린다.

" 밥을 넣은 뒤에는 불을 세게 올려 재빨리 육수를 졸이고, 생크림을 넣고 나서는 중간 불로 줄여 농도를 걸쭉하게 만들어요. "

 밥 2공기, 배추김치 1컵, 양파·애호박 ¼개씩, 양송이버섯 2개, 표고버섯 1개, 새우(중하) 5마리, 버터·생크림·파르메산치즈가루 2큰술씩, 닭육수(p.268) 1컵, 다진 파슬리·소금·후춧가루 약간씩

볶음밥

구수한 육수에 쌀을 볶아 만드는

해물토마토리소토

해산물토마토소스 파스타를 좋아하는 사람은 많은데, 여기에 쌀을 넣어 볶아 먹는 리소토는 맛보기가 쉽지 않지요. 파스타를 자주 만들어 먹는다면 불린 쌀과 육수를 준비해 뭉근하게 끓이며 익혀 먹는 해산물리소토에 도전해보세요. 구수한 맛에 반할 거예요.

1 양파는 굵게 다지고 오징어는 **한 입 크기**로 썬다.

2 달군 팬에 올리브유를 두르고 다진 마늘과 양파, 페페론치노를 넣어 **중간 불에서** 양파가 투명해질 때까지 볶는다.

3 오징어와 새우를 넣고 **센 불에서** 화이트와인을 넣어 볶는다.

4 쌀을 넣고 **익을 때까지** 계속 볶는다. 닭육수는 따뜻하게 데운다.

5 쌀이 **반쯤** 익으면 닭육수를 조금씩 나누어 부으면서 끓인다.

6 쌀이 다 익으면 **토마토소스와 생크림**을 넣고 끓인다.

7 소금, 후춧가루로 간하고 말린 바질과 파르메산치즈가루를 섞어 마무리한다.

> " 리소토에 들어가는 쌀은 씻어 건진 상태로 30분 이상 충분히 불리세요. 페페론치노 대신 마른 고추 1개를 잘라 씨를 빼고 넣어도 됩니다. "

불린 쌀 1컵, 오징어 ½마리, 새우(중하) 8마리, 양파 ½개, 다진 마늘 ½작은술, 올리브유·화이트와인 2큰술씩, 페페론치노 2개, 닭육수(p.268) 2컵, 토마토소스 1컵, 생크림 3큰술, 파르메산치즈가루 1큰술, 말린 바질 ½작은술, 소금·후춧가루 약간씩

해물 파에야

소시지와 해산물이 함께 들어간

파에야는 쌀과 고기, 생선, 채소 등을 넣고 익혀 먹는 스페인식 요리랍니다. 대개 초리소라 불리는 소시지를 얇게 저며 넣어 맛을 내는데, 구하기 쉬운 비엔나소시지로 대신해봅니다. 고운 오렌지빛을 내는 향신료인 사프란은 수입 식재료상에 가면 쉽게 구할 수 있답니다.

1 양파와 마늘은 굵게 다진다.

2 양송이버섯은 반으로 자르고 소시지는 칼집을 낸다.

3 오징어는 껍질을 벗겨 한 입 크기로 썰고 새우, 홍합은 씻어 건진다.

4 닭육수에 사프란과 소금을 섞어둔다.

5 달군 팬에 올리브유를 두르고 다진 양파와 마늘을 볶아 향을 낸다.

6 센 불에서 오징어, 새우, 홍합, 화이트와인을 넣고 볶아 알코올 향이 날아가면 양송이버섯을 넣는다.

7 해물에서 국물이 배어나오면 불린 쌀을 넣고 볶아 소금, 후춧가루로 간한다.

8 ⑦의 볶은 밥을 넓고 납작하게 펼친 후 소시지를 올린다.

9 중간 불로 낮추고 ④의 닭육수를 두 번에 나눠 부어 국물이 자작해지면 약한 불로 줄여 뜸을 충분히 들인다.

10 그릇에 옮겨 담고 다진 파슬리를 뿌린다.

> "
> 사프란 대신
> 강황가루, 커리가루,
> 치자물로 색을 내도
> 좋아요. 강황과 커리
> 가루는 밥을 볶을 때
> 넣고, 치자는 물에
> 불려 쌀 불릴 때
> 사용해요.
> "

불린 쌀 1컵, 오징어 ½마리, 새우 4마리, 홍합 2개, 양송이버섯 4개, 양파 ¼개, 마늘 5쪽, 비엔나소시지 5개, 닭육수(p.268) 2컵, 올리브유·화이트와인 2큰술씩, 사프란 ⅓작은술, 소금·후춧가루·다진 파슬리 약간씩

풋고추장아찌

풋고추 200g
절임물 식초 2컵, 간장 1½컵, 물 1컵, 설탕 ½컵, 소금 1큰술

1 풋고추는 꼭지째 깨끗이 씻어 물기를 제거한다.
2 풋고추를 이쑤시개로 찔러 2~3군데 구멍을 낸다.
3 냄비에 물, 간장, 설탕, 소금을 넣고 한소끔 끓으면 식초를 넣고 다시 한소끔 끓여 식힌다.
4 풋고추를 저장용기에 넣고 떠오르지 않도록 무거운 것으로 누른 후 절임물을 붓고 뚜껑을 덮는다.
5 그늘지고 서늘한 곳에 두어 2주 정도 익힌 후 냉장 보관한다.

두고두고 먹는 맛좋은 장아찌

제철 채소를 넉넉하게 구해 장아찌를 만들어두면 보관하기도 쉽고,
언제 먹어도 입맛을 돋우는 만만한 반찬이 됩니다.
게다가 다양한 채소의 맛이 우러난 장아찌 국물을 잘 활용하면
맛깔스러운 양념장도 뚝딱 만들 수 있답니다.

연근장아찌

연근 1대, 우엉 3줄기
절임물 간장 2컵, 식초·설탕·물 1컵씩, 소금 약간

1 연근은 껍질을 벗겨 0.5cm 두께로 자르고 다시 먹기 좋게 썰어서 준비한다.
2 끓는 소금물에 자른 연근을 넣고 15초 정도 데친 후 물기를 뺀다.
3 우엉은 가는 것으로 준비해 칼등으로 껍질을 긁어 1cm 길이로 자른다.
4 절임물 재료를 냄비에 넣고 한 번 우르르 끓인 후 한 김 식힌다.
5 저장용기에 손질한 연근과 우엉을 담고 식힌 절임물을 붓는다.
6 실온에 하루 두었다가 냉장 보관한다.

양파장아찌

양파 2개, 풋고추 4개, 마늘 3쪽
절임물 간장·설탕·식초·물 ½컵씩

1 양파는 12등분 정도로 굵게 썬다.
2 풋고추는 꼭지를 떼고 2cm 길이로 송송 썬다.
3 마늘은 4등분한다.
4 저장용기에 양파, 풋고추, 마늘을 담는다.
5 냄비에 절임물 재료를 모두 넣고 한 번 우르르 끓으면 한 김 식혀 ④의 저장용기에 붓는다.
6 실온에 하루 재웠다가 냉장 보관한다.

> 봄에는 죽순, 매실, 양파뿐 아니라 여러 가지 나물로도 장아찌를 담가요. 여름에는 오이로 장아찌를 담그세요. 오이장아찌는 잘게 썰어 그대로 먹거나 양념에 무쳐도 맛있고 냉국으로도 즐길 수 있어요. 가을에는 도라지, 더덕, 연근 같은 뿌리채소와 고추, 표고버섯 등으로 장아찌를 담그면 됩니다. 겨울에는 무말랭이로 장아찌를 담그고요.

셀러리간장장아찌

셀러리 2대, 풋고추 6개
절임물 간장·식초 1컵씩, 설탕 ½컵

1 셀러리는 섬유질을 제거하고 1cm 길이로 어슷하게 썬다.
2 고추는 1~1.5cm 길이로 썬다.
3 셀러리와 고추를 병에 꾹꾹 눌러 담는다.
4 냄비에 절임물 재료를 모두 넣고 미지근하게 데워 설탕이 녹으면 바로 불에서 내린다.
5 채소가 담긴 병에 절임물을 붓고 실온에 일주일 정도 익힌 후 냉장 보관한다.

죽순장아찌

죽순통조림 1개
절임물 간장 1컵, 식초·설탕·매실청·물 ½컵씩, 마른 고추 1개

1 죽순은 뜨거운 물을 끼얹고 찬물에서 흔들어 씻어 건진다.
2 절임물 재료를 모두 냄비에 넣고 한 번 우르르 끓여 한 김 식힌다.
3 저장용기에 죽순과 절임물을 넣고 실온에 하루 두었다가 냉장 보관한다.
4 죽순을 꺼내 한 입 크기로 썰어 낸다.

"생죽순도 같은 방법으로 장아찌를 담그면 됩니다."

매실장아찌

청매실(씨를 뺀 무게)·설탕 1kg씩

1 단단한 청매실을 깨끗이 씻어 물기를 닦고 과육만 발라낸 다음 같은 양의 설탕에 버무려 저장용기에 담는다.
2 2~3개월 지난 다음 매실청과 과육을 분리해 보관한다.
3 과육은 먹기 직전에 고추장, 참기름, 통깨에 버무려 낸다.

"방망이나 망치로 매실 꼭지를 수직으로 내려치면 과육이 갈라져 쉽게 씨를 뺄 수 있어요."

일곱, 국밥과 죽

맛있는 국물에 훌훌 말아 먹는 국밥, 밥으로 쉽게 끓이는 간단 죽

추운 날 생각나는 뜨끈한 국밥,
시원하게 훌훌 떠먹는 차가운 국밥,
간단한 아침 식사가 되고 한밤의
허기도 달래주는 죽 역시 밥으로 만들
수 있는 아주 좋은 한 그릇 요리입니다.
찬밥만 있으면 뜨끈한 국물에 넣고
팔팔 끓이거나 국물을 끼얹어 국밥을
만들고, 여러 가지 재료를 넣고
뭉근하게 끓여 죽을 만들 수 있어요.
국밥에는 국물과 건더기가 보태지고,
죽은 넉넉한 물을 붓고 끓이기 때문에
양이 늘어나니 먹을 만큼만 준비하는
것이 좋아요.

CONTENTS

- 208 김치말이밥
- 210 콩나물국밥
- 212 우거지국밥
- 214 묵밥
- 216 장터국밥
- 218 육개장국밥
- 220 닭곰탕
- 222 황태국밥
- 224 소고기구국밥
- 226 굴국밥
- 228 닭죽
- 230 김치달걀죽
- 232 소고기채소죽
- 234 누룽지죽

- 236 맛있는 마무리! 심플 디저트

* 국밥이나 죽으로 요리하기 좋은 밥은 잡곡이 다양하게 들어간 것보다는 쌀, 현미, 보리 등 주식이 되는 곡류로만 지은 것이 좋아요. 그래야 다양한 재료와 맛이 쉽게 어우러지거든요.

* 찬밥이나 고두밥은 토렴을 해야 더욱 맛있게 먹을 수 있어요. 토렴은 그릇에 밥을 담고 뜨거운 국물을 부었다가 국물만 다시 쏟아낸 다음 다시 뜨거운 국물을 붓기를 반복하는 것입니다.

* 죽은 먹을 만큼만 끓이세요. 남아서 두게 되면 처음 끓였을 때보다 많이 퍼져서 제맛이 나지 않아요. 밥 1공기라도 물과 여러 가지 재료를 넣고 죽을 끓이면 양이 1.5배 이상 불어난답니다.

* 남은 죽을 데워 먹을 때는 빈 냄비에 물을 약간 부어 바글바글 끓을 때 죽을 조금씩 넣고 저어가며 데워야 골고루 따뜻해집니다.

김치말이밥

시원하고 찡한 국물에 반하는

찡한 맛이 좋은 동치미국물에 사골국물을 섞어 차게 두고 잘 익은 김장김치와 동치미무를 먹기 좋게 썰어 밥과 함께 말아 먹는 한국의 별미. 여름에는 시원한 맛에 먹고 겨울에는 긴 밤의 허기를 달래는 간식으로 제격이에요.

1 동치미국물에 **설탕**을 넣고 잘 저어서 녹인다.

2 김장김치와 동치미무는 잘게 썬다.

3 대파는 송송 썬다.

4 ①의 동치미국물과 김장김치국물, 사골국물을 섞는다.

5 우묵한 그릇에 밥을 담고 ④의 국물을 부은 후 썰어둔 김치와 동치미무를 섞어 올린다.

6 대파를 올리고 참기름과 통깨를 뿌린다.

> 사골국물은 기름기를 깨끗이 걷어낸 것을 사용해야 개운한 맛이 좋아집니다. 사골국물을 차게 식히면 국물 표면에 굳은 기름이 뜨는데, 이것을 걷어내고 고운체나 면포에 한 번 더 걸러 사용하세요.

①

②

③

 밥 2공기, 대파 10cm 1토막, 동치미국물·사골국물(p.45) 1컵씩, 김장김치국물 ½컵, 설탕 1큰술, 참기름·통깨 1작은술씩, 김장김치·동치미무 적당량씩

국밥과 죽

1 콩나물은 깨끗하게 씻어 건지고 다시마는 물에 살짝 헹군다.

2 청양고추는 꼭지를 떼어내고 송송 썬다.

3 냄비에 물 3컵을 붓고 콩나물과 다시마를 넣어 콩나물을 삶는다.

4 삶은 콩나물을 건져 한 김 식으면 다진 파, 고춧가루, 다진 마늘, 참기름을 넣어 무친다.

5 콩나물 삶은 국물에 멸칫국물 3컵을 더 넣고 국간장으로 간한다.

6 뚝배기에 밥을 담고 무친 콩나물과 청양고추를 올린 후 ⑤의 뜨거운 국물을 붓고 불에 올려 살짝 끓인 다음 양념장과 새우젓을 곁들여 낸다.

> "
> 콩나물은 너무 오래 삶으면 국물 맛은 좋아지지만 콩나물의 수분이 빠져 질겨집니다. 콩나물 삶는 국물에 노르스름하게 색이 돌고 콩나물이 익어 반쯤 투명해지면 바로 건져서 무치세요.
> "

밥 2공기, 콩나물 200g, 다시마 사방 5cm 1장, 청양고추 1개, 다진 파·고춧가루·국간장 1큰술씩, 다진 마늘 1작은술, 참기름 ½작은술, 멸칫국물(p.268)·물 3컵씩, 새우젓 약간

양념장 국간장·물 1큰술씩,
고춧가루·다진 풋고추·깨소금·참기름 1작은술씩

속이 편안한 개운한 국물

콩나물국밥

시원한 국물 맛이 개운한 콩나물국밥을 먹다 보면 종종 질긴 콩나물이 있지요. 진한 국물 내기 위해 너무 오래 삶아서 그렇답니다. 콩나물로 국물을 우리고 바로 건졌다가 마지막에 다시 넣고 한소끔 끓여내면 콩나물의 아삭함도 살고 국물 맛도 시원한 국밥이 된답니다.

양지머리와 우거지의 깊은 맛
우거지국밥

우거지는 주로 배추의 두껍고 질긴 겉대 부분을 말하는데, 이것을 데치면 구수하고 부드러운 맛이 납니다. 우거지를 넣고 국물을 끓이면 채소에서 우러나오는 시원한 감칠맛이 좋답니다.

1 소고기는 먹기 좋은 크기로 썰고 우거지는 두꺼운 줄기와 잎 부분을 나누어 자른다.

2 대파는 어슷하게 썰고 청양고추는 송송 썬다.

3 냄비에 참기름을 두르고 소고기를 볶다가 물과 다시마를 넣고 푹 끓여 국물의 색이 진해지면 불을 끈다.

4 소금을 넣은 끓는 물에 우거지 줄기와 잎 순으로 넣어 줄기가 익을 때까지 삶아 건진 후 찬물에 30분 정도 담가둔다.

5 삶은 우거지는 물기를 짜고 다진 파, 다진 마늘, 참기름으로 무친다.

6 ③의 육수에서 다시마를 건지고 된장을 체에 걸러 풀어 넣어 팔팔 끓인 후 삶은 우거지를 넣고 중간불에서 10분 정도 끓인다.

7 대파와 청양고추를 넣어 한소끔 끓인다.

8 뚝배기에 밥을 먼저 넣고 ⑦이 뜨거울 때 붓는다.

> 된장만으로 부족한 간은 소금으로 맞추세요. 된장을 너무 많이 넣으면 개운함이 가시고 텁텁한 맛이 날 수 있어요. 데친 우거지는 된장, 국간장, 다진 파와 다진 마늘, 고춧가루, 통깨와 참기름을 조금씩 넣어 조물조물 무쳐도 맛있는 나물이 됩니다.

밥 2공기, 소고기(양지머리) 300g, 우거지 200g, 대파 10cm 1토막, 청양고추 1개, 된장 5큰술, 다진 파 2큰술, 다진 마늘 1큰술, 참기름 1작은술, 다시마 사방 5cm 1장, 물 5컵

묵밥

심심하고 개운한 매력

탱탱하면서 부드럽고 향긋한 묵과 함께 밥을 넣어 말아 먹는 요리예요. 국물은 다시마와 멸치로 맛을 내 개운하게 준비하세요. 묵은 도토리, 청포를 비롯해 치자, 클로렐라, 올방개 등 특별한 묵을 섞어 만들어도 좋아요.

1 도토리묵은 **굵게** 채 썰고 오이와 당근은 **묵보다** 약간 짧은 길이로 곱게 채 썬다.

2 구운 김은 **비닐봉지**에 넣어 부순다.

3 김치는 소를 **털어** 송송 썬 다음 양념을 넣어 무친다.

4 냄비에 다시마, 멸치, 물을 넣고 끓어오르면 다시마를 건지고 멸치는 **10분** 뒤에 건진다.

5 ④에 마른 고추를 넣고 국간장과 맛술로 간한 다음 **한소끔** 끓여 장국을 만든다.

6 그릇에 묵을 담고 김치무침, 채 썬 오이와 당근을 올린 후 따뜻한 장국을 붓고 양념장과 부순 김을 올린 다음 **찬밥**을 곁들여 낸다.

> 66 장국의 모자라는 간은 소금으로 맞추세요. 장국은 계절에 따라 겨울에는 따뜻하게, 여름에는 차게 해서 드세요. 색색의 묵을 곱게 채 썰어 담아내면 전채 요리로 먹기에 좋습니다. 99

찬밥 1공기, 도토리묵·클로렐라묵 ⅓팩씩, 배추김치 100g, 오이 ¼개, 당근 ⅓개, 구운 김 1장

김치양념 참기름 1작은술, 설탕 약간

장국 다시마 사방 10cm 1장, 국물용 멸치 5마리, 국간장 3큰술, 맛술 1큰술, 마른 고추 1개, 소금 약간, 물 4컵

양념장 국간장·물 1큰술씩, 고춧가루·다진 풋고추·깨소금·참기름 1작은술씩

진하게 우려낸 고깃국물의 깊은 맛
장터국밥

양지머리와 도가니를 푹 삶아 구수한 국물을 내어 만드는 국밥이에요.
예로부터 지역마다 유명한 장터에는 국밥집이 한두 군데 꼭 있는데 모두 소고기로 맑은 국물을 낸 다음
당면을 넣기도 하고 매콤한 양념을 섞어 먹기도 한 데서 유래해 장터국밥이라고 하지요.

1 소고기 양지머리와 도가니는 덩어리째 **찬물**에 담가 핏물을 빼고 당면은 찬물에 담가 부드럽게 불린다.

2 냄비에 양지머리와 도가니를 담고 육수재료의 대파, 마늘, 생강, **통후추**를 함께 넣고 물을 부어 육수를 끓인다.

3 고기가 익으면 무를 넣어 삶고 무가 익으면 꺼내 식힌 다음 양지머리는 **결대로** 찢고 무는 **나박나박하게** 썬다. 도가니는 건져낸다.

> 끓는 물에 데친 당면을 찬물에 여러 번 헹궈 넣으면 쉽게 붇지 않고 쫄깃하고 매끈한 면발을 유지할 수 있어요.

4 손질한 고기와 무는 양념에 버무려 간이 배도록 둔다.

5 육수 **5컵**을 면포에 걸러 기름을 걷어내고 국간장과 소금으로 간해 장국을 만든다.

6 불린 당면을 끓는 물에 데친 후 **찬물**에 여러 번 헹군다.

7 밥, ④의 고기와 무, 당면을 그릇에 담고 뜨거운 장국을 부은 다음 송송 썬 **대파, 후춧가루, 통깨**를 올린다.

 밥 2공기, 소고기(양지머리)·도가니·무 300g씩, 당면 100g, 송송 썬 대파·후춧가루·통깨 약간씩

육수재료 대파 1대, 마늘·저민 생강 3쪽씩, 통후추 ½작은술, 물 8컵, 국간장 2작은술, 소금 1작은술

양념 다진 파·다진 마늘·참기름 1작은술씩, 집간장 ½작은술, 소금 ¼작은술

육개장국밥

얼큰한 맛이 기운을 북돋는

육개장은 진하고 얼큰한 국물이 맛을 좌우하지요. 소고기와 함께 다시마를 넣고 끓이면 감칠맛이 더욱 좋아져요. 대파를 많이 넣어 시원한 맛을 살리고 숙주를 곁들여 아삭아삭 씹는 재미도 있어요.

1 소고기는 찬물에 20분 정도 담가 핏물을 뺀다.

2 대파는 5cm 길이로 잘라 세로로 반 가르고 숙주는 깨끗하게 씻어 건진다.

3 냄비에 물, 소고기, 통후추, 다시마를 넣고 1시간 정도 푹 삶아 육수를 낸다.

4 삶은 소고기를 건져 잘게 찢거나 먹기 좋게 썰어 고기양념으로 간한다.

5 ③의 육수에 양념한 소고기와 대파, 숙주를 함께 넣고 숙주의 숨이 죽을 때까지 끓인 후 밥과 곁들여 낸다.

 밥 2공기, 소고기(양지머리) 300g, 숙주 150g, 대파 3대, 다시마 사방 10cm 1장, 통후추 ½작은술, 물 5컵

고기양념 고춧가루·다진 마늘·국간장 ½작은술씩, 참기름 ¼작은술, 후춧가루 약간

> " 숙주 대신 콩나물을 넣어도 되는데, 쉽게 익지 않으니 한 번 데쳐 넣으세요. 고구마줄기나 토란대를 삶아 곁들여도 맛있어요. "

닭곰탕

담백하게 때로는 칼칼하게

삼계탕이나 백숙과는 조금 다르게 밥을 말아 먹으면 더욱 맛있는 닭국물 요리지요. 닭고기 국물에 밥을 넣고 살짝 끓인 다음 발라둔 살코기와 매콤한 청양고추, 고춧가루와 마늘을 섞어 만든 매운 양념을 곁들여요.

1 닭은 끓는 물에 한 번 데치고 **찬물**에 씻어 건진다.

2 깊은 냄비에 손질한 닭과 닭이 **완전히 잠길 정도**의 물을 넣고 마늘, 대파, 통후추를 넣어 **센 불**에서 팔팔 끓으면 **중간 불**로 줄여 30~40분 정도 푹 삶는다.

3 닭이 푹 익으면 걸러 살만 발라낸 다음 먹기 좋게 찢어 소금, 후춧가루로 **밑간**한다.

4 닭육수는 면포에 걸러두고, 닭육수 **2큰술**을 덜어 매운 양념을 만든다.

5 대파와 청양고추는 먹기 직전에 송송 썬다.

6 뚝배기에 닭육수 **5컵**을 부어 팔팔 끓으면 밥을 넣고 닭고기, 대파, 청양고추를 올려 **살짝** 끓인 후 소금, 후춧가루, 매운 양념을 곁들여 낸다.

> " 매운 양념 대신 소금으로만 간을 해서 먹고 싶다면 닭으로 육수를 끓일 때 양파와 대파를 더 넉넉하게 넣어 만들어보세요. "

 밥 2공기, 닭 1마리, 마늘 10쪽, 대파 1대, 청양고추 1개, 대파 10cm 1토막, 통후추 1작은술, 소금·후춧가루 약간씩

매운 양념 닭육수·고춧가루 2큰술씩, 다진 마늘 1작은술, 후춧가루 약간

1 황태포는 물에 한 번 헹궈 건져 촉촉하게 적셔둔다.

2 무는 나박나박하게 썰고 대파는 어슷하게 썬다.
청양고추는 송송 썬다.

3 두부는 한 입 크기로 깍둑썰기 하고 달걀은 그릇에
풀어둔다.

4 달군 냄비에 들기름을 두르고 황태와 무를 넣어
달달 볶는다.

5 ④에 북엇국물을 붓고 국간장과 다진 마늘을 넣어 끓인다.

6 무가 익으면 두부, 대파, 청양고추를 넣고 새우젓으로
간해 끓인다.

7 끓는 국물에 풀어둔 달걀을 조금씩 넣어가며 섞은 후
바로 불을 끄고 소금, 후춧가루로 간한다.

8 그릇에 따뜻한 밥을 담고 ⑦을 부어 낸다.

> "
> 달걀을 풀어 넣은
> 다음 오래 끓이지
> 않아야 부드러운
> 맛을 살릴 수 있어요.
> 달걀이 반쯤 익으면
> 바로 불을 끄고 남은
> 열로 익혀 드세요.
> "

 밥 2공기, 황태포 100g, 무 ⅓개, 대파 10cm 1토막, 청양고추 1개,
두부 ½모, 달걀 2개, 들기름 1큰술, 북엇국물(p.45) 4컵,
국간장·새우젓 1작은술씩, 다진 마늘 ½작은술, 소금·후춧가루 약간씩

속 달래주는 일등 해장국

황태국밥

황태는 북어보다 감칠맛이 더욱 좋고, 푹 익혀도 육질이 쫄깃하고 구수한 맛도 좋아요. 무엇보다 속을 편하게 하고 오래 끓이지 않아도 그 맛이 잘 우러나 쉽고 빠르게 끓이는 해장국으로 으뜸이랍니다.

소고기무국밥

맑은 국물이 개운한

양지머리와 다시마국물로 맛을 낸 개운하고 맑은 국밥 요리예요. 무와 고기를 얄팍하게 썰고 버섯이나 대파도 얇게 썰어 밥을 말아 국물을 마시듯이 훌훌 먹는 국밥입니다. 맛이 자극적이지 않아 아이들이 먹기에도 부담이 없어요.

1 표고버섯은 기둥을 제거하고 모양을 살려 도톰하게 썰고 양파는 채 썬다. 무는 나박나박하게 썬다.

2 대파는 어슷하게 썰고 청양고추는 꼭지를 제거하고 송송 썬다.

3 소고기는 한 입 크기로 썬다.

4 냄비에 참기름을 두르고 다진 마늘과 소고기를 넣어 볶는다.

5 고기 겉면이 익으면 다시마국물과 무를 넣고 끓인다.

6 무가 익으면 대파, 표고버섯, 양파, 청양고추를 넣고 한소끔 끓인다.

7 국간장으로 간한 다음 모자라는 간은 소금으로 맞춘다.

8 뚝배기에 밥을 담고 뜨거울 때 ⑦을 부은 다음 후춧가루를 뿌린다.

> " 무는 살캉살캉하게 초벌로 삶아 육수에 넣으면 빠르게 익고 국물이 더 시원해집니다. "

밥 2공기, 소고기(양지머리) 120g, 무 5cm 1토막, 표고버섯·청양고추 1개씩 양파 ¼개, 대파 ⅓대, 다진 마늘·국간장 1큰술씩, 다시마국물(p.44) 4컵, 참기름·소금·후춧가루 약간씩

국밥과 죽 225

오동통한 굴이 주는 시원함
굴국밥

굴과 무가 맛있어지는 겨울철에 꼭 끓여 먹는 요리예요. 특별한 양념을 넣지 않아도 제철 굴과 무에서 우러나오는 맛이 정말 시원하고 개운하답니다. 칼칼하게 먹고 싶다면 청양고추를 송송 썰어 곁들여보세요.

1 굴은 엷은 소금물에 살랑살랑 흔들어 씻어 건져 물기를 뺀다.

2 무는 나박나박하게 썰고 두부는 한 입 크기로 깍둑썰기 한다. 부추는 3cm 길이로 썬다.

3 냄비에 멸치국물과 무를 넣고 끓인다.

4 무가 투명하게 익으면 새우젓, 다진 마늘, 두부 순으로 넣어 끓이고 마지막에 굴과 부추를 넣은 후 불을 끈다.

5 그릇에 따뜻한 밥을 담고 ④를 부어 낸다.

 밥 2공기, 굴 200g, 무 5cm 1토막, 두부 ¼모, 멸칫국물(p.268) 4컵, 다진 마늘·새우젓 ½ 큰술씩, 부추·소금 약간씩

> " 굴은 생으로 먹어도 괜찮고, 살짝만 끓여도 맛과 향이 쉽게 우러납니다. 너무 오래 끓이면 오히려 수분이 빠져나가 질기고 맛이 없어져요. 국밥을 끓이고 남은 굴은 대파와 함께 꼬치에 끼워 굴전을 만들어 먹어도 맛있어요. "

닭죽

부드러운 사계절 보양식

닭고기로 국물을 내고 살코기를 잘게 찢어 죽을 끓이면 영양 만점 별미가 되지요. 닭고기는 너무 오래 삶으면 질겨지니 닭고기가 속까지 익을 정도로만 삶아 맑은 국물을 내세요.

1 닭은 끓는 물에 데쳐 찬물에 씻는다.

2 냄비에 데친 닭과 물, 대파, 마늘을 넣어 30~40분 정도 푹 삶는다.

3 닭이 익으면 건져내 살만 바르고 육수는 체에 거른다.

4 냄비에 닭육수와 불린 쌀을 넣고 주걱으로 저으면서 끓인다.

5 쌀알이 퍼지면 닭고기를 넣고 2~3분간 더 끓여 소금으로 간하고 참기름과 송송 썬 실파를 올린다.

❷

❸

❹

❝ 불린 쌀 1컵이면 닭육수는 5컵 정도가 필요합니다. 체에 거른 닭육수 양이 적으면 물을 더해 요리해도 됩니다. 닭육수를 한꺼번에 사용해 죽을 만들면 양이 꽤 많답니다. 남은 닭육수는 냉동실에 두었다가 한 번 더 죽을 끓여 먹거나 다른 요리해 활용해보세요. ❞

불린 쌀 1컵, 닭 1마리, 마늘 4쪽, 대파 ½대, 참기름 1큰술,
송송 썬 실파·소금 약간씩, 물 10컵

맛깔스러운 초간단 죽

김치명란죽

명란젓으로 요리할 때는 겉에 묻은 양념을 잘 털어내야 짠맛이 덜하고 깔끔한 맛이 좋아져요. 죽을 끓일 때 명란젓을 넣어 끓여도 좋지만 뜨거울 때 얹어 섞어 먹어도 맛있어요.

1 김치는 물에 **살짝 씻어** 물기를 꼭 짠 뒤 송송 썰고 김칫국물은 체에 걸러 따로 받는다.

2 구운 김은 **비닐봉지**에 넣고 부순다.

3 명란젓은 겉에 묻은 양념을 훑어내고 **4~5등분**으로 썬다.

4 실파를 송송 썰어 명란젓에 넣고 버무린다.

5 냄비에 **참기름**을 두르고 김치를 볶다가 다시마국물과 김칫국물을 넣고 한소끔 끓인다.

6 국물에 밥을 넣고 저으면서 밥알이 푹 퍼질 때까지 끓인다.

7 버무린 명란젓을 넣고 **한소끔 끓인 후** 그릇에 담고 부순 김을 올린다.

> 죽 두 그릇을 만들려면 밥은 한 그릇 반 정도가 필요해요. 쌀부터 시작하려면 쌀 1에 물 5, 미음은 쌀 1에 물 7의 비율이 적당합니다. 부순 김이 남으면 비닐봉지에 담아 냉동 보관해두었다가 사용하세요.

밥 1½컵, 배추김치 ¼컵, 명란젓 1쪽, 실파 1줄기, 구운 김 2장, 참기름 1큰술, 김칫국물 3큰술, 다시마국물(p.44) 3컵

입맛 없을 때 만만하게 먹는
소고기채소죽

반찬을 만들고 남은 자투리 채소가 골치라면 채소죽을 끓여보세요.
찬밥에 남은 채소를 잘게 썰어 넣고 물을 붓고 푹 끓여 간장, 참기름으로 살짝 간을 하면 완성되니
정말 간단하지요. 여기에 소고기를 조금 더하고 물 대신 다시마국물로 맛을 내면 더욱 좋지요.

> 여러 가지 다양한 채소를 섞어 죽을 끓여도 되지만 뿌리채소처럼 단단하고 질긴 것과 잎채소처럼 연하고 부드러운 것을 섞어 끓일 경우에는 조리시간 조절이 어려워 죽이 퍼질 수 있어요.

1 다진 소고기는 소고기양념에 버무려 재운다.

2 표고버섯은 기둥을 제거하고 잘게 썰고 당근, 애호박, 감자는 모두 잘게 다진다.

3 실파는 송송 썬다.

4 달군 팬에 참기름을 두르고 소고기와 표고버섯을 넣어 볶는다.

5 소고기가 익으면 다시마국물, 당근, 애호박, 감자를 넣고 끓인다.

6 감자가 익으면 밥을 넣고 저으면서 **밥알이 완전히 퍼지도록** 끓인다.

7 국간장과 소금으로 간하고 실파, 통깨를 올려 낸다.

밥 1공기, 다진 소고기 50g, 표고버섯 1개, 당근·애호박·감자 20g씩, 실파 2줄기, 참기름·국간장 1작은술씩, 다시마국물(p.44) 2½컵, 소금·통깨 약간씩

소고기양념 국간장 ½큰술, 다진 파 1작은술, 다진 마늘·참기름 ½작은술씩, 후춧가루 약간

국밥과 죽

밥도 되고 후식도 되는 누룽지죽

냄비나 솥에 밥을 지어 눌어붙은 누룽지를 바로 먹지 않고 긁어내 말려두었다면 죽을 끓여 즐겨보세요. 그냥 먹는 것보다 구수한 맛이 훨씬 좋답니다. 책 속에 제시된 솥밥을 만들고 남은 누룽지도 박박 긁어내지 말고 두툼하게 남겨 죽을 끓여 먹으면 맛있어요.

1 마른 표고버섯은 미지근한 물에 담가 부드럽게 불린 후 물기를 꼭 짜고 곱게 다진다.

2 다진 표고버섯에 국간장과 참기름을 넣고 조물조물 무친다.

3 냄비에 누룽지와 물을 넣고 중간 불에 올려 끓인다.

4 누룽지가 퍼지면 약한 불로 줄이고 양념한 표고버섯을 넣어 잘 어우러지도록 끓인다.

누룽지 1컵, 마른 표고버섯 1개,
국간장·참기름 ½작은술씩, 물 4컵

> 따뜻하게 끓여 먹으면 속이 편하면서 든든한 아침으로 좋고, 소화가 잘되니 부담 없는 야식으로 활용해도 됩니다.

과일요구르트

플레인 요구르트 1개, 딸기 6개, 아가베시럽 1작은술

1 딸기는 깨끗이 씻어 꼭지를 떼고 한 입 크기로 썬다.
2 플레인 요구르트에 딸기를 넣고 아가베시럽을 뿌린다.

"딸기 외에 단단하지 않은 과일은 무엇이든 가능해요. 아가베시럽이 없다면 메이플시럽, 꿀, 올리고당으로 대신하세요. 아몬드 슬라이스와 콘플레이크를 더해도 맛있고요."

맛있는 마무리!
심플 디저트

밥을 먹고 난 다음 입가심 요리까지 준비하기는 쉽지 않죠. 매일 과일만 깎아 먹을 수는 없으니 시판 제품을 활용해 간단하게 만들 수 있는 가정용 초간단 디저트 아이디어를 알려드립니다.

율란

밤 10톨, 꿀 2큰술, 계핏가루 1작은술, 잣 약간

1 밤은 껍데기째 푹 삶아 속껍질까지 모두 벗긴다.
2 삶은 밤을 으깬 다음 계핏가루, 꿀을 넣고 골고루 섞는다.
3 ②를 밤 한 톨 정도 크기로 떼어내 랩으로 감싸 돌돌 말아 모양을 잡는다.
4 잣을 꽂아 장식한다.

"삶은 밤과 꿀, 계핏가루를 커터에 넣고 섞으면 쉽게 골고루 섞을 수 있어요. 잣은 모양을 내기 위한 것이니 없어도 괜찮아요. 완성된 율란에 계핏가루를 묻혀 모양을 내도 좋아요."

말린 과일

귤 2개, 사과 1개

1 귤과 사과는 껍질째 깨끗이 씻어 0.5cm 두께로 모양을 살려 썬다.
2 식품건조기에 넣고 75℃로 온도를 맞춰 7~8시간 이상 말린다.

"바람이 좋을 때에는 얇게 썬 과일을 채반에 넣어 2~3일 정도 말리면 됩니다. 귤과 사과처럼 껍질째 먹는 것은 옅은 식촛물에 담가두거나 베이킹소다를 이용해 깨끗이 씻은 다음 말리세요."

단팥아이스크림

팥 200g, 설탕 160g, 물 750ml

1 팥은 찬물을 넉넉히 붓고 한 번 우르르 끓여 물을 버린다.
2 다시 냄비에 초벌로 삶은 팥과 물을 넣고 중간 불에서 2시간 정도 팥알이 터질 때까지 삶는다.
3 물기가 잦아들면 설탕을 넣고 저어가며 윤기 나게 조린 후 차게 식힌다.
4 아이스크림을 그릇에 담고 단팥을 올린다.

"우유를 얼려서 빙수로 만들어 그 위에 조린 팥을 올려도 맛있어요. 크림치즈와 섞어 냉장실에 두었다가 잘라서 빵이나 담백한 크래커 등과 곁들여 먹어도 좋고요."

아이스홍시

홍시 적당량

1 가을철에 거둔 홍시를 껍질째 살살 깨끗이 씻는다.
2 랩으로 홍시를 잘 감싸서 냉동실에 두고 얼린다.

"얼린 홍시는 그대로 반 갈라 숟가락으로 떠먹어도 맛있고, 과육만 발라내 달콤한 소스를 만들어 담백한 빵이나 쿠키, 아이스크림에 곁들여도 맛있어요."

아몬드캔디

아몬드 ½컵, 꿀 1큰술, 황설탕 2큰술, 버터 ½작은술, 물 4큰술

1 팬에 꿀, 황설탕, 물을 넣고 약한 불에 끓인다.
2 갈색이 돌면 아몬드를 넣고 윤기 나게 조린다.
3 버터를 넣고 잘 버무린 후 불에서 내려 식힌다

"아몬드에 피스타치오, 캐슈너트, 헤이즐넛, 볶은 콩 등을 섞어 같은 방법으로 조려도 맛있답니다. 완성된 캔디는 밀봉해서 냉장고에 보관하세요."

> ## 식사와 어울리는 후식 준비
>
> 디저트는 식사가 끝난 다음에 먹기 때문에 입맛을 깔끔하게 정리할 정도로 자극이 있는 맛이어도 좋아요. 양은 조금씩 준비하고요. 기름진 음식을 먹은 다음이라면 유지방이나 다른 기름이 들어가지 않은 담백한 맛의 차가운 디저트가 어울려요. 차가운 음식을 먹은 뒤에는 따뜻하고 느낌이 부드러운 것이 좋고요. 말린 과일 같은 것은 식사 전에 내어 입맛을 살리는 용도로도 활용할 수 있어요.

여덟, 별미 밥 요리

예쁘게 모양 내
도시락으로도 좋고
두루두루
나눠 먹을 수 있는
다양한
밥 요리 모둠

가끔 밥을 짓는 일에 지겨워질 때가 있습니다. 이럴 때면 요리하는 나를 위해서, 먹는 누군가를 위해서 재미있는 밥 요리를 만들어봅니다. 특별한 날이 아니어도 조금만 몸을 움직여 부지런 떨면 보기에도 좋고 먹기도 좋은 한 끼가 완성되니까요. 별미 밥 요리는 주로 한 입에 먹을 수 있는 것, 나들이 갈 때 좋은 것, 여럿이 모였을 때 나눠 먹기 좋은 음식으로 구성했습니다.

CONTENTS

240 매운 멸치김밥

242 쌈밥

244 나물밥전

246 현미주먹밥

248 유부초밥

250 참치삼각주먹밥

252 캘리포니아롤

254 밥크로켓

256 스팸무스비

258 파티초밥

260 밖에서도 빛나는 도시락 아이디어

쉽고 맛있는 간단 김밥

매운 멸치김밥

잔멸치를 바삭하게 볶아 매콤하게 양념한 다음 밥에 섞어 김에 말면 끝. 실파를 넣어 상큼한 맛과 색감을 살려도 좋고 깻잎을 적당한 크기로 썰어 넣어도 맛있어요.

1 잔멸치는 체에 담아 흔들어 **부스러기를 없애고** 실파는 깨끗이 씻는다.

2 달군 팬에 식용유를 두르고 잔멸치를 넣어 **중간 불**에 바삭하게 볶아 불을 끈다.

3 볶은 잔멸치에 고추장, 맛술, 설탕, 후춧가루를 넣고 버무린다.

4 밥에 통깨와 참기름, 볶은 멸치를 넣고 섞는다.

5 김발 위에 김을 깔고 밥을 **얇게** 펼쳐 올린 다음 실파 한 줄기를 올려 돌돌 만다.

밥 2공기, 잔멸치 ⅓컵, 실파 2줄기, 고추장·식용유 2큰술씩, 맛술·설탕·통깨·참기름 1큰술씩, 후춧가루 약간, 김밥용 김 2장

" 김밥에 들어가는 밥을 지을 때는 마른 다시마를 한 장 얹어서 지으면 밥에 윤기가 흐르고 맛도 좋아져요. 김밥 속에 넣는 실파는 흰 대보다 매운맛이 적은 푸른 줄기 부분만 사용합니다. "

1 케일과 양배추, 다시마는 깨끗이 씻어 끓는 물에 소금을 넣고 살짝 데친 후 찬물에 바로 헹군다.

2 데친 채소와 다시마는 체를 받쳐 물기를 뺀다.

3 밥을 한 입 크기로 덜어 쌈된장을 조금씩 넣고 뭉친다.

4 데친 잎과 다시마를 펼쳐 밥을 감싼다.

5 남은 쌈된장을 쌈밥과 곁들여 낸다.

 밥 2공기, 쌈케일·양배추·쌈다시마 4장씩, 소금 약간

쌈된장 된장 3큰술, 다진 마늘·다진 파·참기름 1작은술씩, 통깨 $\frac{1}{2}$ 작은술

> " 깻잎, 머위잎, 곰취, 미역 등 활용 가능한 재료가 많으니 제철 채소를 다양하게 준비해보세요. "

쌈밥

정갈함이 한 입에 쏙

밥에 쌈된장을 조금씩 넣고 뭉쳐 데친 쌈채소와 다시마에 돌돌 말아 먹는 요리예요. 개운하고 담백한 맛이 좋고 여름에도 쉽게 상하거나 맛이 변하지 않아 좋지요.

별미 밥 요리

짭짤하고 고소한 밥 구이
나물밥전

남은 밥과 나물 요리 등을 활용하기 더없이 좋은 메뉴랍니다. 잡곡밥은 남았을 때 골칫거리가 될 수 있는데 나물과 고추장을 섞어 지글지글 지져 먹으면 아주 맛있어요.

1 모든 나물을 잘게 다져 밥, 고추장, 통깨와 함께 골고루 비빈다.

2 그릇에 달걀을 깨뜨려 넣고 청주를 섞어 체에 거른다.

3 ①의 밥을 손으로 쥐어 한 입 크기로 동글납작하게 모양을 잡는다.

4 ③에 달걀물을 입힌 후 달군 팬에 식용유를 두르고 양면을 노릇하게 굽는다.

> 명절 차례나 제사를 지내고 남은 나물을 활용한 밥 요리예요. 애호박처럼 무른 나물은 피하고 냉이처럼 억센 나물은 좀 더 잘게 잘라 사용하세요.

 밥 2공기, 나물(시금치나물, 도라지나물, 고사리나물, 콩나물무침) 1컵, 고추장 2큰술, 달걀 2개, 통깨·청주 1작은술씩, 식용유 적당량

고소한 밥 속에 메추리알장조림

현미주먹밥

구수한 맛과 씹는 느낌이 좋은 현미밥 속에
짭조름한 메추리알장조림을 넣고 주먹밥을 만들어요.
한두 개만 먹어도 든든한 한 끼가 된답니다.

1 메추리알은 끓는 물에 삶아 **찬물**에 헹군 후 껍데기를 벗긴다.

2 삶은 메추리알을 팬에 넣고 **간장, 맛술, 청주, 설탕**을 넣어 약한 불에서 색이 나도록 조린다.

3 현미밥을 따뜻하게 데워 **소금과 통깨**를 섞어 양념한다.

4 양념한 현미밥을 **손**으로 쥐고 조린 메추리알을 가운데 넣은 후 모양을 잡아 뭉친다.

5 **검은깨**를 솔솔 뿌려 장식한다.

현미밥 2공기, 메추리알 6개, 간장·맛술·청주 1작은술씩, 설탕 $\frac{1}{2}$ 작은술, 소금 $\frac{1}{4}$ 작은술, 통깨 1큰술, 검은깨 약간

> "
> 메추리알은 찬물에서부터 넣고 끓으면 3분 정도 후에 불을 끈 다음 남은 열로 조금 더 익히세요. 많은 양의 메추리알 껍데기를 벗길 때는 비닐봉지에 모두 넣고 흔들면 껍데기끼리 부딪혀 고르게 금이 가 벗기기 쉬워요.
> "

손수 조린 유부로 만드는

유부초밥

유부초밥은 밥보다 유부가 맛있어야 하지요. 조미되어 판매되는 유부보다는 사각형의 조미되지 않은 유부를 사용해 직접 조려 초밥을 만들면 건강에도 좋고 훨씬 맛있어요.

1 쌀은 깨끗하게 씻은 후 체를 받쳐 **30분 동안** 불린 다음 물에 담가 **10분 동안** 더 불린다.

2 불린 쌀과 밥물, 다시마, 청주를 넣어 밥을 짓는다.

3 갓 지은 뜨거운 밥에 **배합초를** 먼저 섞은 후 검은깨, 다진 오이, 다진 생강을 섞는다.

4 유부는 뜨거운 물에 한 번 데쳐 **기름을 제거**한다.

5 팬에 데친 유부와 조림장을 넣고 **약한 불**에 조려 그대로 식힌다.

6 조린 유부를 반으로 잘라 ③의 밥을 넣고 모양을 잡는다.

멥쌀·밥물 1컵씩, 유부 10장, 다시마 사방 5cm 1장, 청주·다진 생강 1작은술씩, 배합초 3큰술, 검은깨·다진 오이 1큰술씩

유부조림장 간장·청주·맛술 1큰술씩, 설탕 1작은술, 다시마국물(p.44) $\frac{1}{2}$컵

> 배합초는 현미식초 1컵, 설탕 4큰술, 소금 2작은술, 다시마 사방 5cm 1장을 냄비에 넣고 끓여 김이 오르기 시작하면 불을 끄고 그대로 식혀 만듭니다. 조미되지 않은 유부는 사각형으로 냉동 포장되어 판매됩니다.

양념에 볶은 참치를 가득 넣은
참치삼각주먹밥

'오니기리'라고 불리는 일본식 주먹밥이에요. 양념한 참치를 밥 속에 가득 넣고 삼각형으로 큼직하게 만들어 김을 양쪽에 붙여 먹는데 담백한 맛이 아주 좋지요.

1 참치는 체를 받쳐 기름을 제거하고 김밥용 김은 반으로 자른다.

2 달군 팬에 참치를 넣고 고슬고슬하게 볶는다.

3 ②에 간장, 맛술, 청주를 넣고 잘 볶은 후 통깨를 섞고 그릇에 덜어 펼쳐 식힌다.

4 작은 그릇에 랩을 깔고 밥 $\frac{1}{2}$ 공기를 담은 후 볶은 참치를 넣고 다시 밥 $\frac{1}{2}$ 공기를 올린다.

5 랩을 뭉쳐 주먹밥 모양을 잡고 랩을 벗긴 다음 김으로 감싼다.

6 주먹밥을 그릇에 담고 볶은 참치를 위에 조금 올린다.

> " 주먹밥 위에 참치를 올리는 이유는 모양을 내기도 하지만 안에 무엇이 들어 있는지 알려주기 위해서입니다. "

밥 2공기, 참치통조림 1개(150g), 간장 3큰술, 맛술 2큰술, 청주 1큰술, 통깨 1작은술, 김밥용 김 2장

별미 밥 요리

김밥의 색다른 변신

캘리포니아롤

김으로 속 재료를 감싸고 밥으로 겉을 싸서 일명 누드김밥이라고 불리는 요리지요.
부드러운 질감과 풍부한 맛이 좋은 아보카도와 톡톡 터지는 날치알의 조화가 캘리포니아롤의 백미랍니다.

1 밥은 **뜨거울 때** 배합초를 넣고 뒤적인다.

2 아보카도는 **씨를 도려내고 과육만 4~5cm** 길이로 굵직하게 채 썬다.

3 오이는 **씨를 도려내고** 아보카도와 비슷한 길이로 곱게 채 썬다.

4 게맛살은 **오이와 비슷한 길이**로 잘게 찢는다.

5 김발에 랩을 깔고 밥을 **얇게** 펼친 다음 김을 올린다.

6 아보카도, 게맛살, 오이를 김 위에 가지런하게 올리고 마요네즈를 **한 줄**로 뿌린다.

7 김발로 눌러가며 밥을 말고 **한 입 크기**로 자른 후 날치알과 무순을 올린다.

 밥 2공기, 배합초 3큰술, 아보카도·오이 ½개씩, 게맛살 4개, 마요네즈 2큰술, 날치알·무순 약간씩, 김밥용 김 2장

> 배합초는 현미식초 1컵, 설탕 4큰술, 소금 2작은술, 다시마 사방 5cm 1장을 냄비에 넣고 끓여 김이 오르기 시작하면 불을 끄고 그대로 식혀 만듭니다.

별미 밥 요리

> " 토마토케첩이나 머스터드, 타르타르소스를 곁들여 먹으면 맛있어요. "

 1 당근, 감자, 애호박, 햄은 모두 잘게 다진다.

2 달군 팬에 식용유를 두르고 당근, 감자, 햄, 애호박 순으로 넣어 볶는다.

3 ②에 밥을 넣고 소금, 후춧가루, 커리가루를 잘 섞어 간해 한 김 식힌다.

4 달걀은 그릇에 깨뜨려 넣고 푼다.

5 밥을 한 입 크기로 동그랗게 뭉친 후 밀가루, 달걀, 빵가루 순으로 묻힌다.

6 180℃로 달군 튀김기름에 ⑤를 넣고 노릇하게 튀긴다.

 밥 2공기, 당근 ½개, 감자 ½개, 애호박 ¼개, 햄 50g, 커리가루 ½작은술, 달걀 2개, 밀가루·빵가루 ½컵씩, 식용유 1큰술, 소금·후춧가루 약간씩, 튀김기름 적당량

자투리 채소와 밥을 활용한
밥 크로켓

아이들의 간식으로 좋고 어른들 술안주로도 제격인 요리랍니다.
잘게 썬 채소와 밥으로 반죽을 만들고 바삭한 튀김옷을 입혀
한 입에 쏙 들어가는 크로켓을 만들어요.

스팸무스비

한 입 가득 맛보는 즐거움

따끈한 밥에 스팸 한 조각도 좋지만 조금 더 정성을 들여보세요.
칼칼하고 신선한 재료도 더하고 담백한 달걀도 도톰하게 부쳐
밥·구운 스팸과 함께 김에 싸면 별미가 완성됩니다.

1 풋고추는 꼭지와 씨를 제거하고 곱게 다져 통깨와 같이 밥에 섞는다.

2 스팸은 4등분하고 깻잎은 반으로 잘라 3장씩 겹쳐 스팸 크기로 썬다.

3 김은 반으로 자른다.

4 달걀은 그릇에 깨뜨려 넣고 알끈을 제거한 후 맛술, 설탕, 간장을 넣고 잘 푼다.

5 달군 팬에 식용유를 두르고 달걀물을 부어 도톰하게 익힌 다음 스팸 크기로 썬다.

6 팬에 스팸을 노릇하게 굽는다.

7 빈 스팸 통에 랩을 깔고 밥, 스팸, 달걀, 깻잎, 밥 순으로 쌓아 모양을 잡고 랩으로 감싸 꺼낸다.

8 랩을 벗기고 반으로 썬 후 김으로 감싼다.

> 아보카도나 돈가스, 김치를 다져 넣어 만들어도 맛있어요. 이 외에도 좋아하는 재료를 넣어 취향껏 만들어 먹어요.

밥 2공기, 스팸 1캔, 풋고추·달걀 2개, 깻잎 6장, 통깨·맛술 1큰술씩, 설탕·간장 1작은술씩, 식용유 적당량, 김밥용 김 1장

재료를 곱게 올려 정갈한
파티초밥

밥에 새콤한 양념을 한 다음 여러 가지 재료를 예쁘게 손질해 얹어 먹는 요리예요.
별다른 양념을 하지 않은 토핑 재료와 밥을 함께 떠서 드레싱에 콕콕 찍어 먹는 별미지요.

1 쌀은 깨끗하게 씻은 후 체를 받쳐 **30분 동안** 불린 다음 물에 담가 **10분 동안** 더 불린다.

2 불린 쌀과 물, 다시마, 청주를 넣고 밥을 지어 **뜨거울 때** 배합초를 섞는다.

3 칵테일새우는 뜨거운 물에 데치고 오이는 **동그랗고 얇게** 썰어 소금물에 살짝 절인 후 물기를 꼭 짠다.

4 아보카도, 래디시, 어묵은 **먹기 좋은 크기**로 얇게 썬다.

5 게맛살은 먹기 좋게 썰고 블랙올리브는 **동그랗게 3~4등분**한다.

6 밥 모양을 잡을 틀 안쪽에 배합초를 살짝 바른다.

7 양념한 밥을 틀에 **2~3cm 높이**로 채운다.

8 밥 위에 준비한 토핑 재료를 고루 올리고 두 가지 **드레싱**을 만들어 곁들인다.

> "
> 배합초는 현미식초 1컵, 설탕 4큰술, 소금 2작은술, 다시마 사방 5cm 1장을 냄비에 넣고 끓여 김이 오르기 시작하면 불을 끄고 그대로 식혀 만듭니다.
> "

멥쌀·밥물 1컵씩, 다시마 사방 5cm 1장, 청주 1작은술, 배합초 ⅓컵

토핑 칵테일새우 8마리, 오이·아보카도 ½개씩, 래디시·삶은 어묵 1개씩, 게맛살·블랙올리브 2개씩, 생강절임·무순·단무지 약간씩

드레싱 1 마요네즈 3큰술, 고추냉이 1작은술, 꿀 약간

드레싱 2 간장 3큰술, 고추냉이 ½작은술, 꿀 약간

별미 밥 요리

스팸무스비 포장 | p.256

스팸무스비는 물기가 없어 포장하기도 쉽고, 야외에서 먹기도 편리한 요리입니다. 스팸무스비를 랩으로 한 번 감싼 후 유산지로 돌돌 말아 양쪽 끝을 사탕처럼 묶습니다. 유산지로 포장하면 용기의 무게도 없고, 다 먹고 나서 버리고 오면 되니 편리하답니다.

"매운 멸치김밥(p.240)이나 월남쌈(p.398)도 같은 방법으로 포장해보세요."

밥전 포장 | p.244

뜨거운 밥전은 채반이나 종이타월에 올려 한 김 식힌 다음에 포장해요. 뜨거울 때 포장하면 열기로 인해 물기가 생겨 눅진눅진해진답니다. 유리병에 깻잎과 밥전을 한 장씩 켜켜이 쌓아 담으면 하나씩 꺼내 먹기 쉽고, 손에 기름도 묻지 않기 때문이지요.

"크로켓(p.254), 주먹밥(p.246, p.344)을 담아도 좋고, 차갑게 먹는 파스타(p.362)를 담기에도 좋아요."

밖에서도 빛나는
도시락 아이디어

별미 밥 요리로 도시락을 싸면 다른 반찬도 필요 없고, 여러 가지 도시락 용기도 필요하지 않아요. 집에 있는 포장지나 빈 병, 음식 구입 후 남은 용기 등을 잘 활용하는 것도 알뜰한 살림법이지요.

↑ 삼각주먹밥 포장 | p.246, p.250

주로 샌드위치를 포장하는 데 사용하는 일회용 용기에는 주먹밥을 담아보세요. 세 가지 주먹밥을 담고 절인 채소를 옆에 약간 곁들이면 적당해요. 가볍고 튼튼하기 때문에 보관과 휴대가 편리합니다.

"스팸무스비(p.256), 김밥이나 롤(p.252), 파티초밥(p.258)을 담기에도 좋습니다."

↑ 유부초밥 포장 | p.248

네모난 유부에 밥을 보이지 않게 넣고, 분홍색 초생강을 곁들여요. 밥을 통째로 감쌌기 때문에 쉽게 마르지 않아 오랫동안 보관할 수 있어 좋아요. 나무용기는 가볍고 여러 번 사용할 수 있어 좋지만 국물의 간이나 색이 밸 수 있으니 될 수 있으면 주먹밥이나 유부초밥 같은 음식을 담으세요. 튀김이나 전 등 기름으로 익힌 요리를 담을 때는 유산지를 한 장 까는 게 좋아요.

"유부 속에 넣는 밥으로 여러 가지 볶음밥을 활용해도 맛있답니다."

" 포장하기 좋은 밥이란?

도시락은 밥이 질면 나중엔 덩어리가 져서 먹기 힘들어요. 다른 밥을 지을 때도 마찬가지지만 물에 씻어 건진 상태로 불리는 과정을 꼭 지켜주세요. 반드시 한 김 식은 후에 용기에 담아 포장하세요.

메뉴에 따른 포장 재질이나 형태는?

야외로 나가는 도시락'라면 손수건으로 포장해 두었다가 깔개로 사용하는 것도 좋습니다. 여러 가지 반찬을 담아야 할때는 작은 일회용 머핀 틀을 사용하세요. 밥에 반찬 물이 들지 않고 깔끔한 모양도 보기 좋습니다.

나의 단골 포장용기 구입처?

을지로 4가역 근처에 있는 방산시장에 가면 다양한 제품을 구경하고 구입할 수 있답니다. 온라인 쇼핑몰로는 www.rainbow-fish.co.kr, www.package119.com를 추천합니다. "

밥을 대신하는 가장 맛있는

한 끼 국수

다양한 종류의 국수를 활용한

특별한 요리

국수와 국수 요리

탄력 있게 쫄깃하면서 고소한 맛이 나도록 국수를 삶기 위해서는 몇 가지 알아야 할 것이 있습니다. 국수마다 삶고 헹구는 시간과 방법이 다르겠지만 가정에서 가장 즐겨 먹는 소면과 중면 삶는 법에 대해 알려드릴게요.

국수 요리
기본 정보

국수 맛있게 삶는 기본기

물과 소금 준비하기

냄비는 국수 양에 비해 깊고 넓고 큰 것으로 준비하세요. 국수를 넣었을 때 물의 온도가 떨어지지 않아야 쫄깃한 면발을 즐길 수 있으니 물을 넉넉하게 부어야 해요. 물이 넉넉해야 국수에서 전분이 우러나와도 서로 들러붙지 않는답니다. 소금은 국수에 약간의 간도 배게 하지만 물의 온도를 순간적으로 올리기 때문에 국수가 퍼지지 않고 맛있게 삶아지는 데 도움이 됩니다.

국수 넣기

국수를 끓는 물에 넣을 때는 뭉쳐서 담그지 않고, 가장자리에 둘러가며 부채처럼 둥글게 펼쳐 넣어야 합니다. 국수가 뭉쳐져서 물에 들어가면 무게에 눌려 아래는 퍼지고 위는 설익을 수 있어요. 불이 너무 세서 냄비 바깥까지 번져 올라오면 국수의 끄트머리가 탈 수 있으니 주의하세요. 국수를 펼쳐 넣고는 재빨리 젓가락으로 저어 국수가 모두 물에 잠기게 하고, 끓이는 동안에는 젓지 않아도 됩니다.

국수 삶기

국수를 넣고 얼마 지나지 않으면 넘칠 듯이 부글부글 끓어오르게 됩니다. 이때 차가운 물을 아주 조금만 넣으면 거품이 가라앉고 다시 끓어오릅니다. 찬물 붓는 과정을 3~4번 정도 반복하며 국수를 속까지 삶아 익힙니다. 국수는 굵기에 따라 익는 시간이 다르니 한두 가닥 건져 확인해보세요.

국수는 굵기에 따라 익는 시간이 다르니 한두 가닥 건져 확인해보세요.

헹구기

국수가 익으면 냄비째 개수대로 옮겨 찬물을 부어가며 국수를 건집니다. 국수를 체에 건져 옮기는 동안에도 남은 열로 국수가 익고 불 수 있기 때문이지요. 찬물에 담가 손으로 비벼가며 국수가 차가워지도록 충분히 헹군 다음 물기를 뺍니다. 헹구는 도중 열기에 물이 데워지면 바로 찬물로 바꾸고, 여름에는 얼음을 넣고 헹궈도 좋습니다.

여름에는 얼음을 넣고 헹구면 좋습니다.

국수 요리
기본 정보

2

식탁이 다채로워지는 여러 가지 국수

국수 종류는 굉장히 다양하기 때문에 같은 양념장과 육수라도 여러 가지 요리를 만들어 낼 수 있습니다.

❶ 소면

밀가루로 만든 국수로 굵기가 0.1cm 내외이며 1인분이 100g 정도 됩니다. 맛이 구수하고 담백해 다양한 재료와 양념, 국물과 두루 어울리지요. 대부분 마른 국수로 구입하지만 유통기한이 있으니 남은 것을 보관할 때는 유통기한을 기입하고 밀봉해서 건조한 곳에 두어야 합니다. 끓는 물에 삶아 찬물에 헹궈두면 30분 정도까지 보관할 수 있습니다.

❷ 중면

소면과 맛과 모양, 삶고 보관하는 방법은 같은데 굵기가 약간 더 굵은 국수로 1인분이 90g 정도 됩니다. 중면은 비빔국수처럼 비빔장이 맵고 짭짤하거나 국물이 걸쭉하고 간이나 맛이 진한 요리에 잘 어울립니다.

❸ 칼국수

칼국수는 이름처럼 반죽을 밀고 칼로 썰어 만든 국수입니다. 면이 도톰하고 넓적하며 쫄깃함보다는 부드럽고 담백한 맛으로 즐긴답니다. 1인분 양은 마른 칼국수가 90~100g, 생칼국수는 180~200g 정도입니다. 칼국수에는 밀가루가 많이 묻어 있으니 반드시 넉넉한 물에 삶아야 국수끼리 들러붙지 않고 면발이 살아나요.

❹ 우동

우동은 일본의 대표적인 국수로 반죽을 숙성시켜 국수를 뽑는답니다. 두툼하면서 쫄깃하고 탄력이 좋은 우동은 생면으로 쉽게 구할 수 있는데 대부분 인분 수가 포장지에 표기되어 있습니다. 생우동은 물에 살짝 데쳐 찬물에 헹구고, 마른 우동은 덧밀가루가 많이 뿌려져 있으니 삶고 나서 물에 여러 번 헹궈야 맛이 좋아집니다.

당면은
요리하기 전에
물에 담가
부드럽게 불려
사용합니다.

❺ 당면
감자나 고구마 등의 녹말을 원료로 만드는 국수로 전골이나 탕 요리 등에 곁들여 먹지요. 고유의 맛이나 향이 거의 없고 면발이 가늘고 투명하며 아주 부드럽지만 쉽게 끊어지지 않는 독특한 성질이 있어요. 비빔양념이나 샐러드드레싱에 가볍게 버무려 먹기 좋으며, 여러 가지 재료와 섞어 잡채로 많이 즐기지요. 요리하기 전에 물에 담가 부드럽게 불려 사용합니다.

메밀국수는
전분기가 많지 않아
삶고 나서
오랫동안 헹굴
필요가 없답니다.

❻ 메밀국수
메밀가루로 만든 국수로 쌉싸래한 맛과 향, 툭툭 끊어지는 느낌이 좋습니다. 마른 국수와 생국수 모두 쉽게 구할 수 있는데, 다른 국수처럼 전분기가 많지 않아 삶고 나서 오랫동안 헹굴 필요가 없답니다. 주로 장국에 적셔 먹지만 비빔국수나 국물국수로 만들어도 맛있고, 열량은 밀가루 국수보다 낮답니다.

쌀국수는
굉장히 빨리 익는
대신 쉽게 퍼지기
때문에 재빨리
조리하는 것이
중요합니다.

❼ 쌀국수
동남아시아 지역에서 즐겨 먹는 국수로 멥쌀가루와 전분을 섞어 만든 것입니다. 아주 가늘어 샐러드로 즐겨 먹는 버미첼리, 육수에 말아 먹는 일반적인 굵기의 국수, 볶아 먹는 넓적한 국수, 여러 가지 재료를 싸 먹을 수 있는 라이스페이퍼 등이 있지요. 뽀얀 색의 투명한 쌀국수는 굉장히 빨리 익는 대신 쉽게 퍼지기 때문에 재빨리 조리하는 것이 중요합니다.

건조 파스타는 일반
국수보다 훨씬 오래
삶아야 하니 물을
넉넉하게 붓고
포장지에 적힌
시간만큼 삶으세요.

❽ 파스타
이탈리아의 대표적인 반죽 요리로 세몰리나라는 밀가루와 달걀, 올리브유를 넣고 반죽해 만듭니다. 국수처럼 길쭉한 것도 있고, 손가락처럼 짧은 것, 동그란 모양, 조개 모양 등 종류가 매우 다양합니다. 주로 딱딱하게 건조된 것을 구할 수 있지만 직접 반죽해 생면으로 만들어 즐길 수도 있답니다. 건조 파스타는 일반 국수보다 훨씬 오래 삶아야 하니 물을 넉넉하게 붓고 포장지에 적힌 시간만큼 삶으세요. 삶고 나서 물에 헹구지 않고 소스에 볶거나 오븐에 넣어 한 번 더 익히고 샐러드로 만들어 먹기도 하지요.

국수 요리 기본 정보 **3**

국수 맛 좋아지는 기본 국물 만들기

맛국물은 국수 국물 외에 여러 가지 소스나 양념을 만들고 국수를 볶을 때도 활용합니다. 뿐만 아니라 국, 찌개, 조림 등을 만들때도 유용하지요.

멸칫국물

멸칫국물은 구수한 감칠맛이 좋아 어떤 요리와도 두루 잘 어울립니다. 단, 차게 먹는 국수 요리에 국물로 쓸 때는 김칫국물처럼 맛이나 간이 강한 것과 섞어야 비린내가 나지 않아요.

국물용 멸치 10마리, 다시마 사방 5cm 1장, 마른 표고버섯·마른 고추 1개씩, 물 5컵

1 국물용 멸치는 아무것도 두르지 않은 팬에 볶고 다시마는 젖은 면포로 살짝 닦는다.
2 마른 표고버섯은 미지근한 물에 담가 부드럽게 불린다.
3 냄비에 물과 함께 모든 재료를 넣고 20분 동안 그대로 두었다가 센 불에 끓인다.
4 팔팔 끓으면 다시마는 건지고 15분 동안 더 끓인 후 불을 끈다.
5 한 김 식으면 면보자기에 걸러 국물만 사용한다.

가쓰오부시국물

주로 우동의 맛을 내기 위해 활용하는데, 해물이나 닭고기가 들어간 요리의 국물로도 알맞답니다. 가쓰오부시는 오래 끓이면 깊은 맛보다는 비린내가 나니 레시피대로 요리하세요.

가쓰오부시 10g, 다시마 사방 10cm 1장, 물 5컵

1 냄비에 물과 다시마를 넣고 끓어오르면 다시마를 건진다.
2 가쓰오부시를 넣고 불을 끈 후 가라앉으면 면보자기에 걸러 국물만 사용한다.

닭육수

닭육수는 면보자기를 활용해 기름기를 말끔하게 걷어내면 어떤 요리와도 잘 어울립니다. 해물, 고기, 채소 등과 두루 어울리며 다른 국물과 섞어 사용하기도 좋습니다.

방법 1 닭 1마리, 대파 1대, 마늘 10쪽, 통후추 10알, 물 15컵

냄비에 물을 붓고 깨끗이 씻은 닭과 나머지 재료를 넣어 센 불에서 끓어오르면 중간 불로 줄여 뼈와 살이 떨어질 때까지 삶는다. 한 김 식으면 면보자기에 거른다.

방법 2 닭뼈 1마리분, 대파 1대, 마늘 10쪽, 통후추 10알, 물 1.5L

냄비에 물을 붓고 깨끗이 씻은 뼈와 나머지 재료를 넣고 중간 불에서 1시간 동안 푹 끓인다. 한 김 식으면 면보자기에 거른다.

방법 3 닭가슴살 1쪽, 생강 1톨, 월계수잎 1장, 물 3컵

냄비에 물을 붓고 깨끗이 씻은 닭가슴살과 나머지 재료를 넣어 중간 불에 25분 정도 끓여 고운 체에 거른다.

조갯국물

조갯국물은 시원한 감칠맛이 좋아요. 해물, 닭고기, 소시지나 햄 등을 넣은 국수 요리와 잘 어울립니다. 조갯국물은 쉽게 상할 수 있으니 먹을 만큼씩 끓이는 것이 좋아요.

바지락(모시조개) 2컵, 물 6컵

1 옅은 소금물에 바지락을 담가 해감을 뺀다.
2 바지락을 물에 담가 바락바락 비벼 씻는다.
3 냄비에 물과 바지락을 넣고 끓인다.
4 바지락 껍데기가 벌어지면 불을 끄고 바지락은 건진다.
5 한 김 식으면 면보자기에 걸러 국물만 사용한다.

마른 새우국물

멸칫국물처럼 구수한 맛이 좋으면서 달착지근한 감칠맛이 납니다. 간이 세지 않은 담백한 국수 요리나 국, 찌개 등을 끓일 때 두루 활용하면 좋아요.

마른 새우·청주 ½컵씩, 다시마 사방 10cm 1장, 마른 표고버섯 3개, 물 5컵

1 냄비에 물을 붓고 다시마와 마른 표고버섯을 넣어 끓인다.
2 끓어오르면 다시마는 건지고 마른 새우와 청주를 넣어 약한 불에 30분 동안 끓인다.
3 한 김 식으면 면보자기에 걸러 국물만 사용한다.

소고기육수

구수하고 깊은 맛이 나는 육수로 본연의 맛이 강해 그대로 국수 국물로 사용해도 됩니다. 고춧가루, 간장, 된장과 같은 한국식 양념뿐 아니라 피시소스나 칠리소스 등의 동남아시아풍 양념과도 잘 어울립니다.

소고기(양지머리) 120g, 무 80g, 양파 ½개, 대파 1대, 마른 고추 1개, 마늘 3쪽, 청주 1큰술, 통후추 10개, 물 1.5L

1 소고기는 큼직하게 썰어 찬물에 1시간 정도 담가 핏물을 뺀다.
2 냄비에 물을 붓고 소고기와 무를 넣어 끓기 시작하면 중간 불로 줄이고 국물 표면에 뜨는 거품과 기름기를 걷어가며 40~50분 동안 끓인다.
3 나머지 재료를 넣고 30분 정도 끓인다.
4 한 김 식으면 면보자기에 걸러 국물만 사용한다.

부드러운 면발과
구수한 맛으로
두루두루
사랑받는 국수

하나, 소면과 중면

소면은 밀가루로 만든 0.1cm 내외 굵기의 건면이고, 중면은 이보다 약간 더 굵습니다. 두 가지 국수 모두 맛이 구수하고 담백하며 면발이 부드러워 사람들이 두루 좋아하지요. 게다가 값도 저렴하며 구하기도 쉽고 보관도 용이해 구입해두면 언제든지 맛있는 한 끼, 특별한 간식을 만들 수 있답니다. 소면과 중면은 입맛에 따라 골라 사용하지만 비빔국수처럼 비빔장이 맵고 짠 국수 요리에 중면을 쓰는 것이 맛과 식감의 조화가 더 좋아요.

CONTENTS

- 272 잔치국수
- 274 김치비빔국수
- 276 두부국수
- 278 김치말이국수
- 280 과일비빔국수
- 282 골뱅이비빔국수
- 284 고기국수
- 286 간장비빔국수
- 288 통깨잣국수
- 290 낙지비빔국수
- 292 장국수

- 294 맛과 멋을 더하는 고명 아이디어

---

* 소면 1인분은 100g, 중면 1인분은 90g 정도로, 손으로 쥐었을 때 지름 3cm, 500원 동전 크기 정도입니다.

* 국수를 삶는 시간은 제품마다 차이가 있을 수 있으니 포장에 적혀 있는 조리법을 꼭 확인하세요. 넉넉한 물에 소금을 넣어 삶고 헹굴 때도 넉넉한 찬물에 담가 2~3번 흔들어가며 헹궈야 매끈하고 탄력 있는 면발을 즐길 수 있어요.

* 소면과 중면은 삶아서 바로 요리해야 가장 맛있지만 부득이한 경우 포장에 기입된 시간대로 삶아 얼음물에 충분히 식혀 건져두면 30분 정도 두었다 먹어도 됩니다.

* 대부분 건면을 구입하는데, 유통기한이 있으니 사용하고 남은 것을 보관할 때는 밀봉해서 유통기한을 기입하고 건조한 곳에 보관하세요.

소담스러운 기본 국수
잔치국수

깔끔한 멸치국물에 삶은 소면을 넣고 몇 가지 고명을 얹어 훌훌 말아 먹는 국수예요. 쫑쫑 썬 김치와 김가루를 섞어 그대로 먹기도 하고 갖은 양념을 넣어 만든 장을 넣어 먹기도 하지요.

1 냄비에 멸치, 표고버섯, 무, 다시마를 넣고 물을 부어 끓기 시작하면 다시마를 건지고 **중간 불**에서 **30분** 정도 끓인 다음 체에 걸러 **국간장**으로 간해 멸칫국물을 만든다.

2 국물을 내고 건져둔 표고버섯과 다시마는 각각 **곱게** 채 썬다.

3 배추김치는 **소**를 **털고** 김칫국물을 꼭 짠 뒤 송송 썰어 참기름, 설탕으로 무친다.

4 대파는 5cm 길이로 곱게 채 썰고 애호박은 **도톰하게** 채 썬다.

5 달군 팬에 식용유를 두르고 애호박을 볶아 식힌다.

6 소면은 삶아 **찬물**에 헹궈 물기를 빼고 그릇에 담는다.

7 멸칫국물을 뜨겁게 끓여 국수에 붓고 양념한 김치와 **애호박, 대파, 표고버섯, 다시마, 김가루**를 올린 후 양념장을 곁들인다.

> 66
> 국물용 멸치는 주로 냉동실에 보관해두는데 국물 내기 전에 아무것도 두르지 않은 팬에 살짝 볶으면 비릿한 냄새가 날아가 더욱 깔끔하고 구수한 국물을 낼 수 있어요.
> 99

소면 200g, 배추김치 ⅓컵, 대파 10cm 1토막, 애호박 5cm 1토막, 김가루·참기름·설탕·식용유 약간씩

멸칫국물 국물용 멸치 10마리, 표고버섯 1개, 무 3cm 1토막, 다시마 사방 10cm 1장, 국간장 1⅓큰술, 물 5컵

양념장 국간장·멸칫국물 1큰술씩, 청양고추 1개, 다진 파·다진 마늘·고춧가루 1작은술씩, 참기름 약간

매콤새콤 개운한 맛

김치비빔국수

김치가 익으면 어떤 양념으로도 낼 수 없는 매콤새콤한 감칠맛이 나지요. 말끔하게 거른 김칫국물로 비빔장을 만들면 아주 개운한 맛을 낼 수 있어요. 국물을 빼고 남은 김치도 송송 썰어 함께 넣어요.

1 실파는 송송 썰고 치커리는 잎 부분만 먹기 좋은 크기로 뜯어둔다.

2 배추김치는 소를 털고 김칫국물을 꼭 짠 뒤 송송 썰어 설탕과 참기름, 실파에 무쳐놓는다.

3 김칫국물은 체에 한 번 거른 다음 나머지 재료와 섞어 비빔장을 만든다.

4 소면은 삶아 찬물에 여러 번 헹궈 물기를 뺀다.

5 소면에 비빔장을 넣고 골고루 버무려 그릇에 담은 다음 김치와 치커리잎을 올리고 통깨를 뿌린다.

소면 200g, 배추김치 1컵, 실파 4줄기, 치커리 2줄기, 설탕 1큰술, 참기름 1작은술, 통깨 약간

비빔장 김칫국물 3큰술, 고추장·올리고당 1큰술씩, 고춧가루·참기름·통깨 1작은술씩, 다진 마늘 ½작은술

" 비빔장은 넉넉하게 만들어 입맛에 맞게 넣어 먹을 수 있도록 따로 담아내는 것이 좋아요. 비빔장에 넣는 김칫국물은 잘 익은 김치의 국물을 사용해야 감칠맛이 풍부하고 체에 걸러 넣어야 깔끔해요. "

두부국수

담백하고 든든한 한 끼

조금은 낯선 음식일 수 있지만 개인적으로 아주 좋아하는 요리랍니다. 멸치, 버섯, 무, 다시마로 깊은 맛이 나는 맑은 국물을 낸 다음 삶은 소면과 부드러운 두부를 툭툭 떠 넣어 함께 먹는 요리예요. 자극 없는 맛이라 먹고 나면 속이 편하면서 아주 든든하지요.

1 냄비에 멸치, 표고버섯, 무, 다시마를 넣고 물을 부어 끓기 시작하면 다시마를 건지고 **중간 불**에 **30분** 정도 끓인 다음 체에 걸러 **국간장**으로 간해 멸치국물을 만든다.

2 국물을 내고 건져둔 표고버섯은 **굵게** 다진다.

3 실파는 송송 썬다.

4 ①의 멸치국물을 덜어 나머지 재료와 섞어 양념장을 만든다.

5 소면은 삶아 **찬물**에 헹궈 물기를 빼고 그릇에 담는다.

6 멸치국물에 두부를 숭덩숭덩 잘라 넣고 끓인다.

7 **한소끔** 끓으면 국물을 ⑤에 살살 붓고 두부를 떠 올린다.

8 표고버섯, 김가루, 송송 썬 실파, 후춧가루를 올리고 양념장을 곁들인다.

> 두부는 너무 단단하지 않은 부드러운 것을 사용하세요. 봄에는 달래를 듬뿍 썰어 넣어 만든 달래양념장(p.124)을 두부국수와 곁들여보세요.

녹차소면 180g, 두부 1모, 실파 2줄기, 통깨 1작은술, 김가루·후춧가루 약간씩

멸치국물 국물용 멸치 10마리, 표고버섯 1개, 무 3cm 1토막, 다시마 사방 10cm 1장, 국간장 1큰술, 물 5컵

양념장 멸치국물 1큰술, 국간장 2큰술, 다진 파·다진 마늘·고춧가루 1작은술씩, 참기름 약간

소면과 중면

1 배추김치는 **소를 털고** 국물을 꼭 짠 뒤 송송 썰어 참기름과 설탕으로 조물조물 무친다.

2 볼에 김칫국물, 동치미국물, 멸칫국물을 부은 뒤 **식초와 설탕**을 넣고 골고루 섞어 냉장실에 넣어둔다.

3 동치미무와 오이는 **곱게** 채 썰고 실파는 송송 썬다.

4 삶은 달걀은 껍데기를 벗겨 **반**으로 썬다.

5 소면은 삶아 **찬물**에 헹궈 물기를 빼고 그릇에 담는다.

6 **차게 준비한** 국물과 얼음을 소면에 붓고 김치, 동치미무, 오이, 달걀, 실파, 무순, 통깨를 올린다.

> " 집집마다 김치 간도 다르고 익은 정도도 다르니 국물에 들어가는 식초와 설탕은 맛을 보아가며 맞추세요. "

 소면 200g, 배추김치 1컵, 동치미무 3cm 1토막, 오이 ¼개, 실파 2줄기, 삶은 달걀 1개, 참기름 1작은술, 설탕·통깨 ½작은술씩, 무순 약간

국물 김칫국물·동치미국물·멸칫국물(p.45)·얼음 1컵씩, 식초 2큰술, 설탕 1큰술

김치말이국수

가슴까지 시원한 국물 맛

김칫국물, 동치미국물, 멸칫국물을 섞어 차게 두었다가 삶은 소면에 아삭한 김치와 동치미무를 잘게 썰어 넣고 먹는 국수입니다. 삶은 달걀 반 쪽 넣고 국물까지 훌훌 마시면 든든하고 시원한 한 끼가 되지요.

과일의 상큼함이 살아 있는

과일 비빔국수

아삭하고 달콤한 맛이 좋은 사과와 배를 활용해 깔끔한 맛이 나는 비빔국수를 만들어보세요. 매콤하면서도 과일의 단맛이 들어가 입맛 돋우기 아주 좋은 요리랍니다. 고기 요리를 먹고 난 후에 입가심으로 제격이지요.

1 양파를 곱게 다진 다음 나머지 재료와 섞어 비빔장을 만들어 냉장실에 **1시간 이상** 둔다.

2 사과는 깨끗이 씻어 **껍질째** 채 썰고 배는 껍질을 벗겨 채 썬다. 깻잎과 오이도 채 썬다. 래디시는 둥근 모양을 살려 **얇게** 썬다.

3 소면은 삶아 **찬물에** 헹궈 물기를 뺀 다음 참기름과 간장으로 먼저 버무린다.

4 버무린 국수에 **사과, 배, 오이, 깻잎과 비빔장을** 넣어 살살 비빈다.

5 비빔국수를 그릇에 담고 래디시, 통깨, 어린잎채소를 올린다.

> 비빔장은 전날 만들어 냉장 보관하면 숙성되어 더 맛있습니다. 단, 고춧가루가 불어 되직해지니 이럴 땐 과일즙이나 물을 넣어 농도를 조절하세요. 배즙이나 사과즙이 없을 때는 다시마국물(p.44)로 대신하세요.

소면 200g, 사과 ¼개, 배·오이 ½개씩, 깻잎 5장, 참기름·간장 ½작은술씩, 통깨·어린잎채소·래디시 약간씩

비빔장 양파 ¼개, 고추장 3큰술, 식초·올리고당 2큰술씩, 고춧가루·사과즙·배즙 1큰술씩, 다진 마늘 1작은술

끼니도 되고 간식도 되는
골뱅이비빔국수

골뱅이를 넣고 매콤하게 비벼 먹는 국수는 식사로도 좋지만 다 함께 나눠 먹는 요리로 낼 때가 많지요.
국수와 함께 모든 재료를 비벼 내는 것보다는 국수와 골뱅이를 각각 양념에 버무리고
채소를 보기 좋게 따로 담아 먹고 싶은 만큼씩 덜어 먹도록 준비해보세요.

> 모든 재료를 한꺼번에 섞고 버무려 담아낼 때에도
> 여분의 채소를 남겨두었다가 맨 위에 장식처럼
> 올리면 보기에 좋아요. 레몬즙이 없다면 레몬즙 분량의
> 절반만큼 식초를 넣으세요.

1 양파와 양배추, 깻잎은 깨끗이 씻은 후 각각 채 썬다.

2 골뱅이는 물기를 빼고 먹기 좋은 크기로 썬다.

3 비빔장 재료를 고루 섞는다.

4 소면은 삶아 찬물에 헹궈 물기를 뺀 다음 참기름과
비빔장 절반을 덜어 넣고 버무린다.

5 남은 비빔장에 골뱅이를 버무려 국수, 손질한 채소와 함께
그릇에 담아낸다.

소면 180g, 골뱅이통조림 1개(140g), 양파 ¼ 개, 양배춧잎 3장,
깻잎 4장, 참기름 1작은술

비빔장 고추장·고춧가루·식초 2큰술씩, 맛술·다진 마늘 1큰술씩,
설탕 2작은술, 레몬즙·통깨·참기름 1작은술씩

깊고 진한 고깃국물 국수
고기국수

돼지고기로 구수한 국물을 내어 국수를 말고 고기 고명을 얹어 먹는 요리로 제주도에서 유명한 음식입니다.
돼지고기국물이지만 향신채소를 넣고 깔끔하게 기름을 걷어내면 전혀 느끼하지 않아요.
진한 국물을 제대로 맛보려면 중면을 삶아 곁들이세요.

1. 돼지고기는 통째로 물에 헹궈 냄비에 넣고 물, 양파, 마늘, 생강, 된장, 마른 고추, 통후추를 넣어 **센 불**에서 팔팔 끓어오르면 **중간 불**로 줄여 **1시간** 정도 끓인다.

2. 돼지고기를 건지고 육수는 체에 걸러두었다가 식으면 표면에 뜬 **기름**을 걷어내고 한 번 더 끓인 뒤 국간장과 소금으로 간해 국물을 만든다.

3. 삶은 돼지고기는 **얇게 편으로** 썬다.

4. 대파와 청양고추는 송송 썰고 달걀은 **황백으로 나눠** 지단을 부치고 채로 썬다.

5. 중면은 삶아 **찬물에 헹궈** 물기를 빼고 그릇에 담는다.

6. 양념 재료를 섞어둔다.

7. 국물을 뜨겁게 데워 국수에 붓고 **대파와 청양고추를** 넣은 뒤 얇게 썬 돼지고기와 달걀지단을 얹고 양념을 곁들여 낸다.

> 뜨거운 면에 국물을 부었다가 쏟고 다시 끓여 붓는 것을 토렴이라고 하는데, 이 과정을 거치면 국수를 먹는 내내 따끈한 국물을 즐길 수 있어요.

중면 180g, 대파 흰 부분 1대, 청양고추·달걀 1개씩

국물 돼지고기(삼겹살) 200g, 양파 ¼개, 마늘 3쪽, 생강편 2쪽, 된장 2큰술, 마른 고추 1개, 통후추 ½작은술, 국간장 1큰술, 소금 약간, 물 1.5L

양념 고춧가루·국간장 2큰술씩, 다시마국물(p.44)·들깻가루 1큰술씩, 다진 마늘 1작은술

소면과 중면

깔끔하고 정갈한 맛
간장비빔국수

군더더기 없이 깔끔한 맛의 간장양념으로 비벼내는 정갈한 국수입니다.
담백한 맛에 어울리는 고명으로 맛과 향이 강하지 않은 소고기, 오이, 달걀지단, 버섯 등을 준비하세요.
가지런하게 올려 내면 씹는 맛이 다른 여러가지 재료가 어우러져 더욱 맛있답니다.

> 숙주 대신 삶은 콩나물을 넣어도 돼요. 숙주는 냄비에 물을 자작하게 붓고 뚜껑을 덮어 익혀도 되지만 끓는 물에 데쳐 찬물에 씻어 건지면 훨씬 식감이 아삭합니다.

1 오이는 길이로 반 가르고 어슷하게 썰어 소금에 살짝 절인 뒤 물기를 짠다. 붉은 고추는 반으로 갈라 씨를 털고 곱게 채 썬다.

2 소고기는 채 썰고 표고버섯은 기둥을 떼고 곱게 채 썰어 각각 양념에 버무린다.

3 숙주는 끓는 물에 살짝 데쳐 찬물에 씻어 건진다.

4 소면은 삶아 찬물에 헹궈 물기를 뺀다.

5 달군 팬에 소고기와 표고버섯을 각각 볶아 식히고 달걀은 황백으로 나눠 지단을 부친 뒤 채 썬다.

6 간장양념 재료를 섞어둔다.

7 소면과 숙주나물을 섞어 간장양념에 버무린 뒤 그릇에 담고 오이, 소고기, 표고버섯, 붉은 고추, 달걀지단을 올린다.

소면 200g, 오이 ½개, 소고기(구이용) 50g, 표고버섯 2개, 숙주 100g, 붉은 고추·달걀 1개씩, 소금 약간

소고기·표고버섯 양념 설탕 ½큰술, 간장·참기름·다진 파·다진 마늘·깨소금 1작은술씩, 후춧가루 약간

간장양념 간장·다시마국물(p.44) 2큰술씩, 올리고당 1½큰술, 참기름 1큰술, 통깨 1작은술

소면과 중면

깔끔하게 고소한 국물 맛
통깨 잣국수

여름에 인기 있는 콩국수를 대신할 만한 요리입니다. 여름에 흔히 삶아 먹는 닭고기 육수를 조금 남겨 두었다가 간단하게 활용해 만들 수 있지요. 닭육수에 볶은 통깨와 잣을 넣어 곱게 갈면 고소한 맛이 좋아 입맛 돋우는 데 최고랍니다.

1 국수는 삶아 찬물에 헹궈 물기를 빼고 그릇에 담는다.

2 통깨는 아무것도 두르지 않은 팬에 살짝 볶아 식히고 잣은 **고깔을 떼어낸다.**

3 믹서에 **통깨, 잣, 물 1컵,** 닭육수를 넣고 곱게 갈아 체에 걸러 냉장실에 차게 보관한다.

4 오이는 **돌려깎기** 한 후 곱게 채 썬다.

5 차가워진 국물에 소금을 넣어 녹이고 **남은 물로** 농도를 조절한다.

6 국수에 국물을 붓고 **오이와 검은깨, 얼음을** 넣는다.

다시마국수 200g, 통깨 2컵, 잣 ½컵, 오이 ½개, 소금 2작은술, 검은깨 약간, 닭육수(p.268) 2컵, 물 1~2컵, 얼음 적당량

> 66 냉장고에 보관했던 잣은 아무것도 두르지 않은 팬에 살짝 볶아 요리하세요. 검은깨를 넣고 싶을 때는 통깨와 반반 섞어서 사용하세요. 99

칼칼한 감칠맛이 입맛 돋우는

낙지비빔국수

입맛 없는 날에는 야들야들한 낙지 한 마리를 큼직하게 썰어 매콤한 양념에 여러 가지 채소와 함께 볶아 국수를 비벼 먹습니다. 함께 나눠 먹는 술안주도 되고, 허기도 달랠 수 있으며, 때로는 스트레스를 한 방에 날려주기도 합니다.

1 양념 재료를 잘 섞어둔다.

2 낙지는 먹물과 내장을 제거하고 밀가루를 뿌려 바락바락 주물러 씻은 뒤 흐르는 물에 여러 번 깨끗하게 헹군다.

3 씻은 낙지를 한 입 크기로 자른 다음 양념을 약간 덜어 버무린다.

4 양파는 채 썰고 미나리는 깨끗이 씻은 뒤 5cm 길이로 썬다. 대파와 풋고추, 붉은 고추는 어슷하게 썬다.

5 중면은 삶아 찬물에 헹궈 물기를 뺀다.

6 달군 팬에 참기름을 두르고 양파를 넣어 볶다가 반쯤 익으면 대파와 남은 양념을 넣고 볶는다.

7 양념이 끓으면 낙지를 넣어 볶다가 미나리와 고추를 넣고 불을 끈 다음 뒤적인다.

8 그릇에 삶은 소면과 낙지볶음을 담고 통깨를 뿌린다.

> 낙지에 밀가루를 뿌려 주물러 씻으면 빨판 사이사이에 낀 이물질을 쉽게 제거할 수 있어요. 주꾸미를 요리할 때도 밀가루로 씻으면 좋지요. 끓는 양념에 낙지를 넣은 후에는 센 불에서 빠르게 요리해야 질겨지지 않아요.

중면 200g, 낙지 1마리, 양파·풋고추·붉은 고추 1개씩, 미나리 5줄기, 대파 ¼대, 참기름 1큰술, 통깨 ½작은술, 밀가루 2큰술

양념 고추장 3큰술, 고춧가루 2큰술, 간장·청주·맛술·설탕·다진 마늘 1큰술씩, 후춧가루 약간

1 냄비에 다시마, 마른 표고버섯, 물을 넣고 끓어오르면 다시마를 건져내고 다시 팔팔 끓으면 불을 끄고 가쓰오부시를 넣어 **10분** 정도 우린 후 국물을 면포에 걸러 **냉장실**에 넣고 차게 식힌다.

2 차가운 국물에 간장, 청주, 맛술, 설탕을 넣고 냉동실에 **1시간** 정도 두어 장국을 만든다.

3 소면은 삶아 **찬물**에 **헹궈** 물기를 뺀다.

4 오이와 깻잎은 채 썰고 무순은 깨끗이 씻어 물기를 뺀다. 방울토마토는 반으로 썰고 칵테일새우는 **반으로 저며** 썬다. 실파는 **송송** 썬다.

5 메추리알은 삶아 건져 껍데기를 벗긴다.

6 그릇에 삶은 소면을 담고 채소와 새우, 메추리알, 간 무와 실파를 올린 뒤 국물을 **자박하게** 붓는다.

> 66
> 간 무는 무를 강판에 갈아 체를 받쳐 무즙을 빼면 됩니다. 더운 여름날에는 면과 고명만 먼저 담아내고 장국은 냉동실에 살얼음이 끼도록 얼려두었다가 먹기 직전에 부어 내면 좋아요.
> 99

소면 200g, 오이 ½개, 방울토마토 3개, 무순 30g, 깻잎 3장, 실파 1줄기, 칵테일새우 8마리, 메추리알 2개, 간 무 2큰술

장국 다시마 사방 10cm 1장, 마른 표고버섯 1개, 가쓰오부시 20g, 간장 2큰술, 청주·맛술 1큰술씩, 설탕 ½작은술, 물 3컵

장국수

개운하면서 깊이 있는 맛

여름에 즐겨 먹는 차가운 국수 요리입니다. 다시마와 가쓰오부시, 표고버섯으로 맛을 내 심심하면서도 개운한 국물에 차갑게 헹궈둔 소면과 신선한 여름 채소를 썰어 넣고 훌훌 말아 먹으면 더위가 한풀 꺾인답니다.

맛과 멋을 더하는
고명 아이디어

국수에 사용하는 고명은 대부분 요리에 맛을 더하기 위해 올립니다.
달걀은 담백한 맛을 내고, 고추는 칼칼하고 개운한 맛을 내지요. 파는 알싸한 맛과 향으로 입맛을
돋우고, 다시마는 쫄깃쫄깃 씹는 맛이 좋아요.

달걀지단
달걀은 노른자와 흰자를 나눠 지단을 만들면 색이 정말 고와요. 번거롭다면 잘 섞어서 지단을 만들어도 됩니다.

• 지단은 불 조절이 관건이에요. 먼저 팬을 달구고 기름을 넉넉히 부어 불을 줄인 다음 종이타월로 기름을 조금만 남기고 닦아냅니다. 달걀물을 적당량 붓고는 바로 팬을 좌우로 기울여 고르고 넓게 펼치고 윗면이 익으면 젓가락 한 짝을 이용해 가운데를 들어올려 뒤집으면 됩니다.

• 달걀지단은 색이 짙은 고기 요리나 간장양념으로 맛을 낸 요리에 올리면 고운 색이 음식을 더욱 먹음직스럽게 살려줍니다.

• 고기 요리에는 마름모꼴로 조금 크게, 비빔밥에는 도톰한 채 썰어 올리고, 여러 가지 모양낸 것은 장식으로 쓰면 좋아요.

"달걀은 노른자와 흰자를 나눠
지단을 부치면 색이 정말 고와요.
번거롭다면 잘 섞어서 지단을
부쳐도 됩니다."

풋고추와 붉은 고추

- 고추로 요리에 맛을 내려면 불에서 내리기 전에 넣고 장식으로 올리는 것은 따로 준비합니다.
- 요리의 색에 따라 풋고추와 붉은 고추를 골라 쓰는데 고추장이 들어간 요리라면 풋고추를, 간장양념이 들어간 요리라면 붉은 고추가 더 잘 어울립니다. 씨는 털어내거나 물에 담가 헹궈내서 사용합니다.

"요리에 따라 매운 고추가 어울리는 것도 있지만 고명으로 올리는 고추는 너무 맵지 않은 것을 사용해야 요리의 맛을 해치지 않아요."

다시마

- 다시마를 국수 요리에 담아낼 때는 3cm 길이로 곱게 채 썰어 올리면 국수와 함께 후루룩 먹기 좋답니다. 마름모꼴로 썬 것은 국물 요리에 고명으로 올리면 좋고, 곱게 다진 다시마는 밥 요리에 곁들여 섞어 먹어요.

"다시마는 국물을 내고 건져낸 것이나 밥 지을 때 넣었던 것을 버리지 않고 찬물에 씻어 활용하면 됩니다."

실파와 쪽파

- 실파는 뿌리부터 잎까지 굵기가 일정하고 진액이 적어 고명으로 쓰기 좋아요. 쪽파는 진액이 많이 나오니 물에 담갔다 건져 사용하세요. 뿌리가 굵은 쪽파는 줄기와 잎 부분만 고명으로 사용합니다.
- 송송 썬 파는 각종 요리에 두루 어울리고, 맑은 국물 요리에는 3cm 길이로 썬 것을, 건더기가 많은 국물 요리에는 어슷하게 썬 것을 곁들여요.

"매콤한 맛과 향이 입맛을 돋우는 실파와 쪽파는 익히지 않고 먹어도 부담이 없어 고명으로 활용하기 좋습니다."

칼국수는 대부분 '제물국수'로 끓이지만 취향에 따라
깔끔한 국물 맛을 내기 위해 '건진국수'로 끓이기도 합니다.
'제물국수'는 국수를 삶은 물에 그대로 요리하는 것으로
국수의 녹말기가 그대로 들어 있어 국물이 걸쭉하지요.
국수가 익으면서 국물의 양이 줄어들기 때문에 여분의
국물도 조금 더 필요하고요. '건진국수'는 국수를 삶은
다음 물에 헹궈 요리하는 것으로 면발이 더욱 쫄깃한 것이
특징입니다. 제물국수로 요리할때는 겉면에 묻은 여분의
가루를 털어내는 것도 잊지 마세요. 건진국수는 삶아 건진
뒤 찬물에 한 번 헹구면 면발이 탱탱해집니다.

담백하고
차진 맛으로
언제 먹어도
든든한 면 요리

둘, 칼국수

CONTENTS

298 바지락칼국수

300 버섯칼국수

302 감자칼국수

304 김치칼국수

306 된장칼국수

308 들깨칼국수

310 냉이칼국수

312 팥칼국수

314 닭칼국수

316 매생이칼국수

318 낙지칼국수

320 입맛 살리는 간단 겉절이

* 칼국수 1인분은 마른 국수 90~100g, 생면은 180~200g 정도입니다. 이 책의 레시피는 마른 국수 기준입니다. 칼국수는 국물과 함께 먹는 경우가 많아 평균보다 국수 양을 조금 적게 잡고 남은 국물에 밥을 말아 먹거나 죽을 끓여 먹기도 하지요.

* 칼국수는 멸치와 다시마로 기본 국물을 끓여 맛을 냅니다. 국물용 멸치를 달군 팬에 살짝 볶아 사용하면 더욱 구수하고 깔끔한 국물을 만들 수 있답니다.

기본 국물을 만드는 과정은 각 레시피마다 조금씩 다릅니다. 한 가지 국물을 만들어 응용해도 됩니다.

* 칼국수는 마지막에 어떤 양념을 섞어 먹느냐에 따라 맛이 천차만별입니다. 레시피에 얽매이지 말고 취향에 맞게 국간장, 된장, 고추장, 다진 마늘, 다진 파, 마른 고추 등을 넣고 조금씩 다른 맛으로 즐겨보세요.

바지락 칼국수

시원한 조개의 맛이 우러난

탱글탱글한 조갯살에 김이 모락모락 나는 바지락칼국수를 보면 없던 허기도 찾아오는 것 같아요. 국물이 시원하면서도 담백하고 깔끔해 어른 아이 누구라도 부담 없이 먹기 좋은 요리랍니다.

1 냄비에 멸치와 다시마를 넣고 물을 부어 끓기 시작하면 다시마를 건지고 중간 불에서 **30분 정도** 끓인 다음 체에 걸러 **국간장**으로 간해 국물을 만든다.

2 바지락은 옅은 소금물에 담가 **해감**하고 씻어 건진다.

3 애호박은 반으로 갈라 **반달 모양**으로 도톰하게 썬다. 당근은 도톰하게 채 썬다. 붉은 고추는 길이로 반 갈라 **씨를 빼고** 채 썬다.

4 실파는 3~4cm 길이로 썬다.

5 삭힌 고추의 **꼭지를 제거**하고 잘게 다진 뒤 나머지 재료와 섞어 양념장을 만든다.

6 ①의 국물을 팔팔 끓인 다음 바지락을 넣고 **껍데기가 벌어지면** 바로 바지락을 건진다.

7 ⑥에 칼국수면을 넣고 끓여 **반쯤 익으면** 애호박, 당근, 붉은 고추, 실파를 넣고 국수가 익으면 소금, 후춧가루로 간을 맞춘다.

8 그릇에 칼국수를 담고 건져둔 바지락을 얹은 뒤 **양념장을** 곁들여 낸다.

칼국수면 180g, 바지락 1봉, 애호박 ¼개, 당근 5cm 1토막, 붉은 고추 1개, 실파 4줄기, 소금·후춧가루 약간씩

국물 국물용 멸치 10마리, 다시마 사방 5cm 1장, 국간장 2큰술, 물 5컵

삭힌고추양념장 삭힌 고추 2개, 장아찌간장 2큰술, 참기름·통깨 1작은술씩, 다진 마늘 ½작은술

> 봉지에 담겨 판매되는 바지락은 대부분 해감을 뺀 것이지만 한 번 더 해감을 빼면 깔끔하답니다. 냄비에 넣기 전에 바락바락 주물러 씻는데, 이때 모래가 가라앉으면 상한 조개가 있는 것이니 골라내야 해요. 칼칼한 맛을 내고 싶다면 청양고추를 송송 썰어 넣으세요.

칼국수

얼큰한 국물에 버섯이 듬뿍

버섯 칼국수

대개 버섯칼국수는 맑게 끓이거나 들깻가루를 풀어 먹는데 고추장을 넣어 얼큰하게 즐겨도 맛있답니다.
부드럽고 쫄깃한 버섯과 칼국수를 걸쭉한 국물과 함께 먹는 맛이 아주 좋아요.

1 냄비에 멸치와 다시마를 넣고 물을 부어 끓기 시작하면 다시마를 건지고 중간 불에서 **30분** 정도 끓인 다음 체에 걸러 국물을 만든다.

2 표고버섯은 기둥을 잘라낸 뒤 도톰하게 썰고 백년송이버섯은 먹기 좋게 찢는다.

3 양파는 도톰하게 채 썰고 감자는 껍질을 벗겨 **1cm 두께**로 큼직하게 썬다. 부추는 **5cm** 길이로 썬다.

4 칼국수면은 삶아 건져 찬물에 한 번 헹구고 물기를 빼둔다.

5 양념장 재료를 고루 섞는다.

6 ①의 국물을 팔팔 끓인 다음 감자를 넣고 익으면 양파와 버섯, 양념장을 풀어 넣은 후 국수를 넣어 끓인다.

7 국수가 다 익으면 **부추를 넣고 불을 끈 다음** 소금, 후춧가루로 간한다.

> **"** 버섯은 취향대로 준비해도 되지만 팽이버섯은 많이 익으면 질겨지니 불에서 내리기 직전에 넣으세요. **"**

칼국수면 180g, 표고버섯 5개, 백년송이버섯 1팩, 양파 ½개, 감자 1개, 부추 1줌, 소금·후춧가루 약간씩

국물 국물용 멸치 10마리, 다시마 사방 5cm 1장, 물 5컵

양념장 고추장 2큰술, 된장·고춧가루·다진 마늘·국간장 1큰술씩

칼국수

군더더기 없는 구수함이 일품

감자칼국수

별다른 재료 없이 감자와 양파만 넣고 끓이는 소박한 칼국수예요. 국물은 멸치와 다시마로 만드는데 마른 고추를 한 개 넣어 은은한 감칠맛을 더하지요. 양념장을 넣지 않고 그대로 먹어야 제맛인데 심심하다면 고추나 파를 썰어 넣어 드세요.

> 감자는 넉넉히 넣어도 좋지만 이럴 땐 면의 양을 줄이는 것도 기억하세요. 남은 칼국수는 금세 면발이 불어서 제맛을 잃어요. 입맛에 따라 청양고추를 송송 썰어 곁들여요.

1 냄비에 멸치와 다시마, 마른 고추를 넣고 물을 부어 끓기 시작하면 다시마를 건지고 중간 불에서 **30분 정도** 끓인 다음 체에 걸러 국간장과 소금으로 간해 국물을 만든다.

2 감자는 껍질을 벗겨 **한 입 크기**로 납작하게 썰고 양파는 도톰하게 채 썬다. 실파는 송송 썬다.

3 ①의 국물을 팔팔 끓인 다음 감자와 양파를 넣고 **살짝 익으면** 칼국수면을 넣는다.

4 국수가 **투명하게** 익으면 다진 마늘을 넣고 모자라는 간은 소금으로 한다.

5 실파를 넣은 다음 **불을 끄고 뒤적여** 그릇에 담는다.

칼국수면 180g, 감자 1개, 양파 ½개, 실파 5줄기, 다진 마늘 1작은술, 소금 약간

국물 국물용 멸치 10마리, 다시마 사방 10cm 1장, 마른 고추 1개, 국간장 1큰술, 소금 약간, 물 5컵

김치의 시원한 맛이 우러난

김치칼국수

감기 기운이 있을 때면 배추김치와 멸치, 다시마 등을 넣고 푹 끓여 국물을 먹는데, 그것과 비슷한 요리예요. 멸칫국물에 송송 썬 김치, 마른 새우, 김칫국물을 함께 넣고 바글바글 끓이면 칼칼하면서도 구수하고, 시원하면서도 담백한 요리가 됩니다.

1 냄비에 멸치와 다시마를 넣고 물을 부어 끓기 시작하면 다시마를 건지고 중간 불에서 **30분 정도** 끓인 다음 체에 걸러 국물을 만든다.

2 국물을 내고 건져낸 다시마를 **길게** 채 썰고 대파는 **어슷하게 썬다.**

3 배추김치는 속을 대강 털어내고 **국물을 꼭 짠 뒤** 잘게 썬다. 김칫국물은 체에 한 번 거른다.

4 칼국수면은 삶아 건져 **찬물**에 한 번 헹구고 물기를 빼둔다.

5 ①의 국물에 마른 새우와 김칫국물을 넣고 끓으면 김치, 다진 마늘, 국간장을 넣는다.

6 삶은 국수를 넣고 **끓어오르면** 대파와 고춧가루, 다시마를 넣고 불을 끈다.

> " 국물을 낼 때 국물용 멸치만큼 유용한 재료가 바로 마른 새우입니다. 보관하기도 편리하고 멸치와는 또 다른 감칠맛을 주지요. 종류에 따라 볶음용, 조림용, 밥에 섞는 것 등으로 나뉘어 유용하게 쓰입니다. "

칼국수면 180g, 배추김치·김칫국물 1컵씩, 대파 ⅓대, 마른 새우 3큰술, 다진 마늘 1작은술, 국간장 ½작은술, 고춧가루 약간

국물 국물용 멸치 10마리, 다시마 사방 10cm 1장, 물 5컵

된장칼국수

된장 특유의 구수함이 깃든

칼국수를 끓일 때 된장을 풀어 넣으면 색다른 감칠맛과 시원한 맛을 낼 수 있어요. 된장찌개에 주로 넣는 호박, 고추, 버섯, 대파 등을 넣되 찌개처럼 오래 끓이는 것이 아니라 채소가 익을 정도로만 끓여 개운한 맛을 살리는 요리예요.

1 냄비에 멸치와 다시마, 대파를 넣고 물을 부어 끓기 시작하면 다시마를 건지고 중간 불에서 **30분** 정도 끓인 다음 체에 걸러 국물을 만든다.

2 바지락은 옅은 소금물에 담가 **해감**하고 씻어 건진다.

3 애호박은 **1cm** 두께의 반달 모양으로 썰고 청양고추와 대파는 송송 썬다. 팽이버섯은 **밑동을 잘라내고** 반으로 썬다.

4 칼국수면은 삶아 건져 **찬물에 한 번 헹구고** 물기를 빼둔다.

5 된장을 체에 걸러 ①의 국물에 풀고 **한소끔** 끓으면 애호박과 다진 마늘을 넣고 끓인다.

6 애호박이 **살짝 익으면** 바지락과 청양고추, 대파를 넣고 끓인다.

7 삶은 국수를 넣고 **한소끔** 끓어오르면 팽이버섯을 넣고 그릇에 담은 후 청양고추를 얹어 낸다.

칼국수면 180g, 바지락 1컵, 애호박 ⅓개, 청양고추 1개, 대파 10cm 1토막, 팽이버섯 ½봉, 된장 2큰술, 다진 마늘 1작은술, 소금 약간

국물 국물용 멸치 10마리, 다시마 사방 10cm 1장, 대파 ½대, 물 5컵

> 66
> 된장은 집집마다 짠맛의 정도가 다르기 때문에 국물에 풀 때 간을 보며 넣으세요. 특히 집된장은 건더기가 많은 편이니 체에 담아 풀어 넣으세요.
> 99

칼국수

향긋한 들깨와 버섯의 조화
들깨 칼국수

버섯과 들깨는 맛과 향이 잘 어울리는 재료예요. 들깻가루를 풀어 넣은 걸쭉한 국물이
칼국수의 거친 면발과 도톰한 버섯에 듬뿍 묻어 한 입 한 입 풍성한 맛을 그대로 전해주지요.

> 포장을 뜯은 들깻가루는 적당량을 덜어 냉장 보관하며
> 사용하고 나머지는 밀봉해서 냉동 보관하세요.
> 들깻가루는 나물무침이나 탕에 고루 활용하면 좋습니다.

  1 냄비에 멸치와 다시마를 넣고 물을 부어 끓기 시작하면 다시마를 건지고 중간 불에서 **30분 정도** 끓인 다음 체에 걸러 소금과 국간장으로 간해 국물을 만든다.

2 칼국수면은 삶아 건져 **찬물**에 한 번 헹구고 물기를 빼둔다.

3 표고버섯은 **기둥을 제거**하고 모양을 살려 도톰하게 썬다.

4 애느타리버섯은 **먹기 좋게** 찢고 팽이버섯은 밑동을 자르고 반으로 썬다.

5 ①의 국물에 들깻가루를 풀어 끓이다가 삶은 면을 넣고 **한소끔 끓으면** 모든 버섯과 다진 마늘을 넣는다.

6 모자라는 간은 **국간장**으로 맞추고 송송 썬 실파를 넣은 다음 불을 끈다.

칼국수면 180g, 표고버섯 3개, 애느타리버섯 ½팩, 팽이버섯 1봉, 들깻가루 1컵, 다진 마늘 1작은술

국물 국물용 멸치 10마리, 다시마 사방 5cm 1장, 소금 ½작은술, 국간장 약간, 물 6컵

1 냄비에 멸치와 다시마를 넣고 물을 부어 끓기 시작하면 다시마를 건지고 중간 불에서 **30분** 정도 끓인 다음 체에 거르고 된장과 고추장을 잘 풀어 국물을 만든다.

2 냉이는 뿌리에 붙은 흙을 깨끗이 씻어내고 **잘게 썬다.**

3 감자는 껍질을 벗겨 **1cm 두께**의 반달 모양으로 썰고 대파는 송송 썬다.

4 청양고추는 반으로 갈라 **씨를 빼고** 송송 썬다.

5 칼국수면은 삶아 건져 **찬물**에 한 번 헹구고 물기를 빼둔다.

6 ①의 국물을 팔팔 끓인 다음 감자를 넣고 **반쯤 익으면** 냉이, 삶은 국수, 다진 마늘, 대파, 청양고추, 고춧가루를 넣고 한소끔 끓인다.

7 모자라는 간은 **국간장**으로 맞춘다.

> 언 땅을 뚫고 올라오는 냉이를 두고두고 맛보려면 제철에 깨끗이 손질한 냉이를 끓는 소금물에 데친 후 손으로 물기를 짜서 한 번 먹을 만큼씩 비닐봉지에 담아 얼려두면 돼요. 된장찌개를 끓일 때 된장을 풀고 마지막에 얼어 있는 상태의 냉이를 넣어 끓이면 향이 그대로 살아나요.

❷

❸

❹

칼국수면 200g, 냉이 1줌, 감자 ½개, 청양고추 1개, 대파 5cm 1토막, 다진 마늘 1작은술, 고춧가루 ½ 작은술

국물 국물용 멸치 10마리, 다시마 사방 10cm 1장, 된장 1큰술, 고추장 ½큰술, 물 5컵

냉이칼국수

봄의 향기를 듬뿍 맛보는

봄의 향기를 듬뿍 머금고 올라오는 냉이는 주로 된장찌개에 많이 넣어 먹지만 칼국수로 끓여 먹어도 아주 맛있답니다. 된장, 고추장, 고춧가루로 맛을 낸 국물에 잘게 썬 냉이를 듬뿍 넣어 먹으면 입안 가득 봄을 만끽할 수 있답니다.

팥칼국수

정성으로 만든 깊은 구수함

팥칼국수는 정성이 필요한 음식입니다. 팥을 삶고, 갈고, 걸러서 국물을 만든 다음 삶은 칼국수를 넣고 골고루 저어가며 끓여야 합니다. 팥칼국수를 그릇 바닥이 보이도록 말끔히 먹어치우는 것은 들인 정성만큼 맛있기 때문이지요.

> 팥 삶은 첫 물을
> 버리는 이유는 팥
> 특유의 떫은맛을
> 줄이기 위해서랍니다.
> 칼국수 생면을
> 팥물에 넣고 삶으면
> 팥물이 줄어들어 너무
> 뻑뻑해지거나 바닥에
> 눌어붙으니 따로
> 삶아서 넣으세요.

1 팥은 깨끗이 씻은 다음 냄비에 넉넉한 물과 함께 넣고 센 불에 우르르 끓여 **첫 물은 버린다**.

2 냄비에 초벌로 삶은 팥과 **물 6컵**을 넣고 뚜껑을 덮어 센 불에서 끓으면 중간 불, 약한 불로 줄여가며 **1시간** 정도 푹 삶는다.

3 손으로 눌러보아 팥이 뭉개지고 물이 거의 졸아든 상태가 되면 **물 1컵**을 더 넣고 믹서에 갈아 체에 내린다.

4 체에 남은 건더기에 **물 1컵**을 붓고 다시 체에 내려 팥물을 준비한다.

5 칼국수면은 끓는 물에 넣고 한소끔 끓어오르면 건져서 **찬물**에 헹궈 물기를 뺀다.

6 냄비에 팥물을 넣고 끓기 시작하면 삶은 국수를 넣고 바닥에 **눋지 않게 저으며** 중간 불에서 끓인다.

7 면이 익으면 불을 끄고 그릇에 담은 후 **설탕과 소금**을 함께 낸다.

칼국수면 200g, 팥 1컵, 설탕·소금 적당량씩
물 8컵

1 냄비에 닭이 잠길 정도로 물을 붓고 끓여 닭을 애벌로 살짝 삶은 뒤 건져 **찬물**에 헹군다.

2 냄비에 분량의 물과 닭, 양파, 대파, 마늘을 넣고 **센 불**에서 끓어오르면 중간 불로 줄여 **1시간** 정도 끓인 뒤 닭을 건지고 국물은 **체에 걸러** 닭국물을 만든다.

3 애호박은 도톰하게 채 썰고 부추는 **5cm** 길이로 썬다. 목이버섯은 물에 담가 불린다.

4 풋고추와 청양고추를 **곱게 다진 뒤** 나머지 재료와 섞어 양념장을 만든다.

5 삶은 닭은 **살만 발라** 고기양념으로 무친다.

6 닭국물 표면에 뜬 기름을 걷어내고 팔팔 끓인 다음 **칼국수면, 호박, 부추, 목이버섯 순**으로 넣어 끓인다.

> 닭 반 마리는 2인분인데 중닭을 사용할 경우 한 마리를 그대로 삶아 반 마리분만 사용하고 남은 국물과 살은 따로 담아 보관해두었다가 닭곰탕이나 커리를 만들 때 활용하세요.

❷

❸

❺

칼국수면 200g, 닭 ½마리, 대파 ½대, 애호박·양파 ½개씩, 부추 30g, 마늘 5쪽, 목이버섯 약간, 물 10컵

양념장 풋고추·청양고추 1개씩, 간장 4큰술, 고춧가루 2큰술, 맛술·다진 마늘 1큰술씩, 통후추 약간

고기양념 국간장·참기름 ¼작은술씩, 후춧가루 약간

깔끔한 맛의 보양 요리

닭칼국수

개운하고 담백한 국물에 양념에 조물조물 무친 살코기를 곁들이고 칼칼한 양념장까지 풀면 평소에 먹던 닭고기 요리와는 아주 다른 매력이 살아난답니다.

칼국수 315

매생이 칼국수

놓칠 수 없는 겨울 별미

겨울 한철 잠깐 맛볼 수 있는 매생이를 듬뿍 먹을 수 있는 요리입니다. 미리 만들어둔 국물에 칼국수를 삶고, 맛과 영양이 찰떡궁합인 매생이와 굴을 넣고 살짝 끓여 신선한 바다의 맛을 만끽해봅니다.

1 냄비에 멸치와 다시마를 넣고 물을 부어 끓기 시작하면 다시마를 건지고 중간 불에서 **30분** 정도 끓인 다음 체에 걸러 **국간장**으로 간해 국물을 만든다.

2 큰 그릇에 물을 담은 후 매생이를 체에 넣고 **살살 흔들어** 두세 번 헹군다.

3 굴은 옅은 소금물에 담가 흔들어 **한두 번** 씻어 건진다.

4 대파는 **어슷 썰고** 붉은 고추는 반으로 갈라 **씨를** 제거하고 송송 썬다.

5 ①의 국물에 칼국수면을 넣고 삶는다.

6 국수가 거의 다 익으면 대파, 붉은 고추, 생굴, 매생이를 넣고 **한소끔 끓여** 그릇에 담고 참기름을 두른다.

칼국수면 200g, 매생이 2컵, 생굴 1봉, 대파 10cm 1토막, 붉은 고추 ½개, 참기름 ½작은술

국물 국물용 멸치 10마리, 다시마 사방 5cm 1장, 국간장 1큰술, 물 6컵

> " 살만 발라놓은 생굴에도 껍데기 조각이 붙어 있을 수 있으니 잘 확인하세요. 남은 매생이는 전을 부쳐도 되고 냉동 보관해도 됩니다. "

칼국수

달큼하게 우러난 바다의 맛
낙지칼국수

낙지는 여러 가지 요리에 활용하기 좋은 해산물이지요. 단, 오래 익히면 질겨져 제맛을 볼 수 없어요. 칼국수를 끓일 때도 큼직하게 썰어 마지막에 넣고 살짝 익혀 먹어야 탱탱하게 씹히는 맛과 향긋함을 즐길 수 있어요.

> 낙지를 넣은 후 오래 끓이지 않아야 낙지가 부드러워요. 통으로 넣어 끓인 후에는 주방가위를 이용해 잘라 담으면 먹기 편해요. 초여름 밀이 날 즈음에 잡는 낙지를 밀국낙지라고 하는데, 이때 잡히는 낙지는 육질이 연하고 감칠맛이 좋아 통째로 넣고 끓여도 맛있습니다.

1. 냄비에 국물 재료를 모두 넣고 물을 부어 끓기 시작하면 다시마를 건지고 중간 불에 **30분** 정도 끓인 다음 체에 걸러 국물을 만든다.

2. 낙지는 **밀가루**를 뿌려 바락바락 주물러 씻은 뒤 깨끗하게 헹군다.

3. 부추는 **10cm** 길이로 썰고 배춧잎은 **한 입 크기**로 썬다. 대파와 붉은 고추는 **어슷하게** 썰고 무는 **나박나박하게** 썬다.

4. 칼국수면은 삶아 건져 **찬물**에 한 번 헹구고 물기를 빼둔다.

5. ①의 국물을 끓여 다진 마늘과 국간장을 넣고 모자라는 간은 **소금**으로 맞춘다.

6. ⑤에 무와 배춧잎을 넣고 끓어오르면 대파와 낙지를 넣어 살짝 끓인 뒤 부추와 붉은 고추를 넣고 불을 끈다.

❷

❸

칼국수면 200g, 낙지 2마리, 부추 ½단, 배춧잎 2장, 대파 10cm 1토막, 붉은 고추 1개, 무 3cm 1토막, 다진 마늘 2큰술, 국간장 1큰술, 밀가루 ½컵, 소금 약간

국물 마른 새우 ½컵, 국물용 멸치 5마리, 다시마 사방 5cm 1장, 무 3cm 1토막, 마른 고추 1개, 물 6컵

봄동사과겉절이

봄동 1포기, 사과 ½개, 대파 5cm 1토막, 소금 ½작은술
양념 고춧가루 2큰술, 멸치액젓·다진 마늘 1큰술씩, 설탕·참기름 1작은술씩, 통깨 ½작은술

1 봄동은 한 잎씩 뜯어 물에 씻어 건진 뒤 물기가 남았을 때 소금을 뿌려 절인다.
2 양념 재료를 고루 섞는다.
3 사과는 껍질째 부채꼴로 얇게 썬다.
4 대파는 길이로 반 갈라 얇게 썬다.
5 준비한 재료를 모두 양념에 살살 버무린다.

"봄동 대신 상추를 살살 버무려도 좋아요."

입맛 살리는
간단 겉절이

겉절이는 싱싱한 채소에 양념을 넣고 바로 버무려 먹는 것입니다. 김치나 무침과 달리 훨씬 간단하게 맛을 낼 수 있지요. 계절에 따라 제철 채소를 활용해 만들어 즐기세요.

배추속대겉절이

배추속대 ½포기분, 쪽파 6줄기, 통깨 1큰술
소금물 소금 ½컵, 물 5컵
양념 고춧가루 3큰술, 설탕·유자청·멸치액젓·다진 마늘 2큰술씩, 생강즙 1작은술, 소금 약간

1 배추속대는 한 입 크기로 썰어 소금물에 1시간 정도 절인다.
2 쪽파는 5cm 길이로 썬다.
3 양념 재료를 고루 섞는다.
4 절인 배추는 물기를 털어내고 큰 그릇에 담아 쪽파와 양념을 넣고 살살 버무린다.
5 모자라는 간은 소금으로 맞추고 그릇에 담아 통깨를 뿌린다.

"소금물에 절일 시간이 부족하면 배추를 어슷하게 썰어 무치세요."

오이겉절이

오이 1개, 양파 ½개, 소금 ⅓작은술,
굵은소금 약간
양념 간장·고춧가루 1큰술씩, 다진 마늘·설탕
1작은술씩, 참기름 ½작은술

1 오이는 굵은소금으로 문질러 씻은 뒤 길이로 반 갈라 어슷하게 썬 다음 소금을 뿌려 살짝 재우고 물기가 배어 나오면 손으로 쥐어 물기를 짠다.
2 양파는 얇게 채 썬다.
3 양념 재료를 고루 섞는다.
4 오이와 양파를 섞어 양념에 살살 버무린다.

"오이는 백오이가 껍질이 더 얇아서 먹기 좋아요."

> **겉절이 만들기 좋은 채소**
>
> 겉절이는 풍성한 제철 채소라면 무엇이든 활용해보세요. 봄에는 봄동, 얼갈이배추, 돌나물, 참나물, 유채, 달래, 깻잎순 등이 있지요. 여름에는 상추, 열무, 쑥갓, 부추, 깻잎, 오이가 있고, 가을에는 배추가 맛있습니다. 채소에 제철 과일을 섞어 새콤달콤한 맛을 더하면 더욱 감칠맛이 좋아져요. 두어 가지 채소를 섞고 싶다면 열무와 얼갈이배추, 달래와 부추, 돌나물과 참나물이 잘 어울려요. 양념장에 설탕 대신 유자청, 매실청, 오미자청 등으로 단맛을 내면 건강에도 좋겠지요.

부추겉절이

부추 ½단, 양파 ¼개, 붉은 고추 1개, 통깨 1큰술
양념 고춧가루·간장 2큰술씩, 다진 마늘·식초·물엿 1큰술씩, 참기름 1작은술, 생강즙 약간

1 양념 재료를 고루 섞는다.
2 부추는 손으로 모아 쥐고 물에 흔들어 씻어 5cm 길이로 썬다.
3 양파는 얇게 채 썬다.
4 붉은 고추는 반으로 갈라 씨를 제거하고 곱게 채 썬다.
5 부추, 양파, 붉은 고추를 섞어 양념에 살살 버무린 뒤 그릇에 담고 통깨를 뿌린다.

"부추는 손이 많이 가면 풋내가 나요. 재빠르게 손질하고 살살 뒤적여가며 버무리세요."

탱글탱글
탄력 있는 면발의
묵직한 맛과
깔끔한 국물의 조화

셋, 우동

우동은 일본의 대표적인 국수 요리로 지역에 따라 만드는 재료와 국물을 내는 방법이 다양하다고 합니다. 최근에는 일본 전통 방식으로 수타 우동을 만드는 식당이 우리나라에도 생겨나 다양한 맛을 즐길 수 있게 됐지요. 시중에서 판매하는 우동면도 종류가 다양해져 집에서도 쉽게 만들 수 있게 됐고요. 다른 국수 요리에 비해 우동은 면 자체를 즐기는 맛이 좋지요. 그렇기 때문에 면을 삶고 헹구는 물의 양과 온도, 시간을 지키는 것이 면발과 맛을 좌우한답니다. 집에서 요리할 때는 구입한 면의 포장지에 제시되어 있는 조리 방법만 지키면 실패할 일이 없을 거예요. 입맛에 따라 시치미나 후춧가루, 고춧가루, 통깨, 검은깨, 송송 썬 실파 등을 뿌려 먹어도 맛있어요.

CONTENTS

324 어묵우동
326 유부우동
328 튀김우동
330 얼큰우동
332 김치우동
334 샤부샤부우동
336 커리우동
338 볶음우동
340 베이컨크림우동
342 해물우동샐러드

344 **국수와 어울리는 스피드 주먹밥**

* 우동면은 생면과 건면, 냉동면이 있습니다. 각각 조리법과 1인분의 무게가 다르기 때문에 레시피에서는 2인분으로 표기를 통일했습니다.
* 삶은 면을 헹궈내는 물의 온도가 차갑고 헹구는 시간이 짧을수록 면발이 탱탱해지니 헹굼물에 얼음을 넉넉하게 넣어 식혀보세요.
* 삶은 면에 물기가 많이 남아 있으면 국물이 싱거워질 수 있으니 물이 잘 빠지는 성긴 채반에 올려 물기를 충분히 빼세요.
* 우동은 가쓰오부시국물을 많이 사용하는데 진한 맛을 내고 싶다면 국물을 끓이는 중간에 가쓰오부시를 넣고 끓이세요. 깔끔한 맛과 향을 원한다면 가쓰오부시를 넣고 바로 불을 끈 다음 10~20분 후에 걸러내고요. 두 가지 방식으로 끓인 국물을 섞어 사용해도 맛있어요.
* 국물용 멸치는 대개 냉장실이나 냉동실에 보관하기 때문에 습기를 머금고 있습니다. 국물을 내기 전에 아무것도 두르지 않은 팬에 볶아 사용하면 비린내가 나지 않는답니다.

어묵우동

가장 기본이 되는 우동 요리

우동하면 가장 먼저 생각나는 것이 바로 어묵우동이에요. 우동과 어묵 두 가지를 한꺼번에 먹을 수 있어 좋은 데다 우동 국물에 어묵을 넣고 삶으면 또 다른 맛이 우러나 감칠맛도 좋아져요.

1 냄비에 멸치와 다시마를 넣고 물을 부어 끓기 시작하면 다시마를 건지고 **중간 불에 15분** 정도 끓인 뒤 불을 끄고 가쓰오부시를 넣어 **10분간** 두었다가 **면포에 걸러** 청주, 맛술, 국간장을 넣어 국물을 만든다.

2 쑥갓은 깨끗이 씻어 **억센 줄기**를 잘라내고 손질한다. 대파는 **흰 대 부분만** 송송 썬다.

3 어묵은 종류별로 준비해 **한 입 크기**로 잘라 꼬치에 끼운다.

4 우동면은 끓는 물에 삶아 건져 물기를 뺀다.

5 ①의 국물을 팔팔 끓여 삶은 우동면, 어묵꼬치를 넣고 **한소끔 끓인다**.

6 그릇에 삶은 우동과 어묵꼬치를 담고 국물을 부은 뒤 대파와 쑥갓을 올리고 시치미를 뿌린다.

우동면 2인분, 어묵 100g, 대파 ½대, 쑥갓 2줄기, 시치미 약간

국물 국물용 멸치 10마리, 다시마 사방 5cm 1장, 가쓰오부시 20g, 청주·맛술 ½컵씩, 국간장 1큰술, 소금 약간, 물 4컵

> 66
> 국물 요리에는 간장과 소금을 같이 쓰는 경우가 많습니다. 간장은 감칠맛을 더해주지만 요리의 색을 어둡게 하고 소금은 깔끔하지만 짠맛이 강하니 색과 맛을 적당히 고려하며 조절하세요.
> 99

유부우동

쫄깃한 유부를 곁들인

씹을 때마다 맛있는 국물이 배어나오는 유부를 참 좋아해서 우동을 만들 때도 즐겨 사용합니다. 본래의 쫄깃쫄깃한 맛이 좋아 잘게 썰지 않고 통째로 넣어 요리해 먹지요.

1 냄비에 다시마를 넣고 물을 부어 **끓어오르기 시작하면** 다시마를 건진 뒤 불을 끄고 가쓰오부시를 넣어 가라앉으면 체에 거른 다음 **청주, 간장, 맛술**을 넣고 다시 한소끔 끓여 국물을 만든다.

2 유부를 체에 담아 끓는 물을 끼얹어 **기름기를 뺀다.**

3 데친 유부는 반으로 잘라 유부조림장에 넣어 **약한 불에** 조린다.

4 쑥갓은 깨끗이 씻어 **억센 줄기**를 잘라내고 손질한다. 쪽파는 송송 썬다.

5 어묵은 어슷하게 **2등분**한다.

6 우동면은 끓는 물에 삶아 건져 물기를 뺀다.

7 ①의 국물에 **삶은 우동면과 어묵**을 넣고 끓어오르면 불을 끈다.

8 그릇에 삶은 우동과 조린 유부, 어묵을 담고 국물을 부은 뒤 쪽파와 쑥갓을 올린다.

> 우동에 넣는 유부는 초밥용으로 조미된 것이 아닌 조미되지 않은 사각형 유부를 사용했습니다. 주로 냉동 상태로 판매되는데 우동을 만들고 남은 것은 초밥을 만들거나 다른 국수나 국물 요리 등에 넣어 드세요.

우동면 2인분, 유부 4장, 링 모양 어묵 1개, 쑥갓 2줄기, 쪽파 8대

유부조림장 가쓰오부시국물(p.268) ½컵, 청주 1큰술, 간장·맛술·설탕 ⅓큰술씩

국물 다시마 사방 10cm 1장, 가쓰오부시 25g, 청주 3큰술, 간장·맛술 2큰술씩, 물 5컵

1 냄비에 다시마를 넣고 물을 부어 **끓어오르기 시작하면** 다시마를 건진 뒤 가쓰오부시를 넣고 불을 끈다. 가쓰오부시가 가라앉으면 **체에 거른 다음** 청주, 간장, 맛술을 넣고 다시 한소끔 끓여 국물을 만든다.

2 새우는 이쑤시개를 이용해 등 쪽의 **내장을 빼고** 머리와 꼬리는 남긴 채 몸통의 껍데기만 벗겨 소금, 후춧가루로 밑간한다.

3 쑥갓은 깨끗이 씻어 **억센 줄기**를 잘라내고 손질한다. 대파는 송송 썬다.

4 **얼음물**에 튀김가루와 달걀을 넣고 살살 섞어 튀김옷을 만든다.

5 새우와 쑥갓에 각각 튀김옷을 입혀 **170℃**의 기름에 튀긴다.

6 남은 반죽은 실리콘 솔에 묻힌 후 털어내듯이 튀김기름에 떨어뜨려 튀기고 체로 건져 ***텐카스**를 만든다.

7 우동면은 끓는 물에 삶아 건져 물기를 뺀다.

8 ①의 국물을 끓여 삶은 우동면과 대파를 넣고 **한소끔** 끓인다.

9 면과 대파를 건져 그릇에 담고 국물을 부은 뒤 새우튀김과 쑥갓, 텐카스를 듬뿍 올린다.

 우동면 2인분, 새우(중하) 4마리, 쑥갓 2줄기, 대파 흰 부분 1대, 소금·후춧가루 약간씩, 튀김용 기름 적당량

튀김옷 얼음물·튀김가루 1컵씩, 달걀 1개

국물 다시마 사방 10cm 1장, 가쓰오부시 25g, 청주 3큰술, 간장·맛술 2큰술씩, 물 5컵

> ❝
> '텐카스'란 일본어로 튀김 부스러기라는 말인데, 튀김을 만들고 남은 반죽을 잘게 튀긴 것입니다. 우동 같은 국물 요리나 매콤한 볶음 요리, 커리, 떡볶이 등에 두루 뿌려 먹으면 맛있답니다. 손질한 새우의 배 부분에 칼집을 넣으면 튀길 때 새우가 덜 휘어요.
> ❞

튀김우동

바삭한 튀김을 국물에 적셔 먹는 매력

푸짐한 우동 요리라면 튀김우동을 빼놓을 수 없지요. 새우와 쑥갓을 바삭하게 튀겨 우동 위에 올린 다음 튀김옷이 푹 젖도록 국물에 적셔 먹는 맛이 일품이랍니다.

얼큰우동

고춧가루로 맛을 낸 칼칼한 우동

시원한 우동 국물에 칼칼한 양념을 풀어 얼큰하게 즐기는 우동이에요. 포장마차에서 맛볼 수 있는 고춧가루 넣은 한국식 우동 국물이 먹고 싶을 때 만들어 먹지요.

1 냄비에 멸치, 마른 새우, 다시마를 넣고 찬물을 부어 끓기 시작하면 다시마를 건지고 중간 불에서 15분 정도 끓인 뒤 불을 끄고 10분 동안 그대로 두었다가 면포에 걸러 맛술, 청주, 국간장을 섞어 국물을 만든다.

2 양파는 도톰하게 채 썰고 대파는 3cm 길이로 잘라 다시 반으로 가른다.

3 표고버섯은 기둥을 제거하고 도톰하게 썰고 느타리버섯은 먹기 좋게 찢는다.

4 팽이버섯은 밑동을 자르고 다시 길이로 반 자른다.

5 쑥갓은 깨끗이 씻어 억센 줄기를 잘라내고 손질한다.

6 ①의 국물에 우동면과 양파를 넣고 끓인다.

7 양파가 익으면 모든 버섯과 대파, 매운 양념을 넣고 소금으로 간한다.

8 그릇에 ⑦을 담고 쑥갓을 올린다.

> 매운 양념은 한꺼번에 넣지 않고 입맛에 따라 조금씩 넣어 드세요. 참치액젓이 없다면 멸치나 까나리액젓을 사용하세요.

우동면 2인분, 양파 ½개, 대파 ½대, 표고버섯 2개, 느타리버섯 1컵, 팽이버섯 1봉, 쑥갓 2줄기, 소금 약간

국물 국물용 멸치 5마리, 마른 새우·맛술·청주 ½컵씩, 다시마 사방 5cm 1장, 국간장 1작은술, 물 4컵

매운 양념 고춧가루 2큰술, 다진 마늘·맛술 2작은술씩, 참치액젓 ½작은술, 후춧가루 약간

우동 331

김치의 시원한 맛이 우러난
김치우동

가쓰오부시 대신 김치와 잘 어울리는 멸치, 다시마를 이용해 국물을 낸 우동 요리예요.
김치를 넣고 살캉살캉하게 한소끔만 끓여 개운하고 시원한 맛을 살려 먹는 것이 포인트랍니다.

1 냄비에 멸치와 다시마를 넣고 물을 부어 끓기 시작하면 다시마를 건지고 **중간 불**에서 **15분** 정도 끓인 뒤 체에 걸러 국물을 만든다.

2 배추김치는 **속을 털어내고** 국물을 짠 뒤 **한 입 크기**로 썰어둔다.

3 대파는 **어슷하게** 썰고 팽이버섯은 밑동을 잘라내고 길이로 **반** 자른다.

4 우동면은 끓는 물에 삶아 건져 물기를 뺀다.

5 ①의 국물에 김치와 다진 마늘을 넣고 끓으면 삶은 면, 대파, 팽이버섯을 넣고 **한소끔 끓여** 소금으로 간한다.

" 국물이 싱거울 경우 소금 대신 김칫국물을 넣고 한소끔 끓이면 간도 맞고 맛도 더욱 시원해집니다. 김치를 넣고 끓일 때 국물 표면에 뜨는 거품을 숟가락으로 걷어내면 국물이 훨씬 깔끔해요. "

우동면 2인분, 배추김치 1컵, 대파 10cm 1토막, 팽이버섯 ½ 봉, 다진 마늘 1작은술, 소금 약간

국물 국물용 멸치 10마리, 다시마 사방 10cm 1장, 물 5컵

야들야들한 고기를 함께 먹는

샤부샤부우동

부드러운 소고기와 채소를 탱탱한 면발과 함께 건져 먹는 맛이 좋아요. 국물에 고기를 넣어 살짝 익히면 구수함이 우러나 국물 맛이 더욱 깊고 좋아진답니다.

> 샤부샤부우동은 얇게 데친 고기와 면을 같이 먹어야 맛있어요. 고기를 좋아하면 면의 양을 조금 줄이고 고기 양을 늘려 준비하세요. 고기를 국물에 넣은 다음에는 오래 끓이지 않아야 부드러운 식감을 유지할 수 있어요.

1 냄비에 멸치와 다시마를 넣고 물을 부어 끓기 시작하면 다시마를 건지고 중간 불에서 **15분** 정도 끓인 뒤 불을 끄고 가쓰오부시를 넣어 **10분** 동안 두었다가 **면포에 거르고** 청주, 맛술, 국간장을 섞는다.

2 우동면은 끓는 물에 삶아 건져 물기를 뺀다.

3 새송이버섯은 길이로 **반** 잘라 얇게 썰고 양파는 도톰하게 채 썬다. 대파는 **어슷하게** 썬다.

4 ①의 국물을 끓여 손질한 채소를 모두 넣고 **한소끔 끓인다.**

5 삶은 면을 넣고 **끓어오르면** 고기를 넣고 불을 끈 다음 그릇에 담고 **시치미를** 뿌린다.

우동면 2인분, 소고기(불고기용) 50g, 새송이버섯 2개, 양파 ½개, 대파 10cm 1토막, 시치미 ½작은술

국물 국물용 멸치 10마리, 다시마 사방 5cm 1장, 가쓰오부시 20g, 청주·맛술 ½컵씩, 국간장 1큰술, 소금 약간, 물 5컵

커리를 즐기는 색다른 방법

커리 우동

자투리 채소나 고기가 있을 때 즐겨 해 먹는 커리에 우동을 섞으면 금세 별미로 변신하지요. 밥과 함께 먹을 때보다 약간 묽게 만들어야 우동을 넣고 한소끔 끓였을 때 알맞은 농도가 된답니다.

> 닭가슴살 대신 소고기나 돼지고기의 살코기 부분을 넣어도 돼요. 채소는 양파, 당근, 감자 이외에 단호박이나 아스파라거스를 넣어도 되는데 채소에 따라 오래 익혀야 하는 순서대로 넣으세요.

1 양파, 당근, 감자는 모두 사방 **1cm 크기**로 깍둑썰기 하고 닭가슴살은 채소보다 약간 큼직하게 썬다.

2 대파는 **송송** 썬다.

3 달군 팬에 식용유를 두르고 닭가슴살을 넣어 볶다가 **반쯤 익으면** 양파, 당근, 감자를 넣고 볶는다.

4 우동면은 끓는 물에 삶아 건져 물기를 뺀다.

5 냄비에 물을 붓고 끓으면 **고형 커리**를 넣어 잘 푼다.

6 ③의 볶은 재료를 냄비에 넣고 채소가 익을 때까지 끓인다.

7 삶은 우동면을 넣어 **한소끔** 끓이고 완두콩을 넣어 섞은 다음 불을 끄고 그릇에 담아 대파를 올린다.

우동면 2인분, 닭가슴살 ½쪽, 양파 1개, 당근 3cm 1토막, 감자 ½개, 대파 10cm 1토막, 고형 커리 2인분, 완두콩 2큰술, 식용유 적당량, 물 4컵

매콤달콤한 양념에 볶아 먹는
볶음우동

우동면과 채소를 매콤한 양념에 달달 볶아 먹는 요리예요.
매운 양념이 밴 두툼한 우동 가닥에 향긋한 가쓰오부시를 듬뿍 올려 한 입 가득
우물우물 먹는 맛이 그만이지요.

1 우동면은 끓는 물에 삶아 건져 물기를 뺀다.

2 표고버섯은 기둥을 제거하고 도톰하게 썰고 느타리버섯은 먹기 좋은 크기로 찢는다.

3 피망은 채 썰고 고추는 어슷하게 썬다. 양파는 0.3cm 두께로 채 썬다.

4 숙주는 머리와 꼬리를 떼어내고 깨끗이 씻어 건진다.

5 양념 재료를 고루 섞는다.

6 달군 팬에 식용유를 두르고 손질한 버섯과 양파, 피망, 숙주를 넣어 볶는다.

7 채소가 살짝 익으면 멸치국물을 붓고 끓어오르면 양념과 삶은 면을 넣어 잘 어우러지게 볶은 다음 고추를 넣고 소금, 후춧가루로 간한다.

> "
> 해물을 좋아하면 새우, 오징어 등을 손질해 넣고 고기를 좋아하면 샤부샤부용으로 얇게 썬 것을 넣어도 맛있어요. 뜨거운 볶음우동 위에 가쓰오부시를 올리면 남은 열기로 숨이 죽으면서 맛과 향이 고스란히 요리에 배어 맛있답니다.
> "

우동면 2인분, 표고버섯 2개, 느타리버섯 ½팩, 초록 피망·붉은 고추 1개씩, 양파 ½개, 숙주 ½봉, 식용유 1큰술, 멸치국물(p.268) ½컵, 소금·후춧가루 약간씩

양념 고춧가루·맛술 2큰술씩, 고추장·굴소스·간장·올리고당·다진 마늘 1큰술씩

우동

1 우동면은 끓는 물에 삶아 건져 물기를 뺀다.

2 페페론치노는 가위로 잘라 씨를 턴다. 마늘은 편으로 썬다.

3 베이컨은 2cm 폭으로 썰어 달군 팬에 넣고 볶다가 기름이 나오면 종이타월로 살짝 닦는다.

4 ③에 마늘과 페페론치노를 넣고 살짝 볶아 향을 낸다.

5 센 불로 올려 화이트와인을 넣고 알코올을 날린다.

6 삶은 면과 생크림을 넣고 소금, 후춧가루로 간한 다음 약한 불에서 볶듯이 골고루 젓는다.

7 면과 소스가 잘 어우러지면 그릇에 담고 파르메산치즈가루와 쑥갓을 올린다.

> " 쑥갓 대신 송송 썬 실파나 다진 파슬리, 말린 파슬리가루 등을 뿌려 먹어도 맛있어요. 페페론치노는 작은 조각도 씹으면 맵고 질기기 때문에 그릇에 담을 때는 빼는 것이 좋아요. "

우동면 2인분, 페페론치노 3개, 마늘 3쪽, 베이컨 3줄, 화이트와인 1큰술, 생크림 1컵, 파르메산치즈가루 2큰술, 쑥갓 적당량, 소금·후춧가루 약간씩

생크림으로 맛을 낸 구수함

베이컨 크림우동

파스타 만들 때 즐겨 사용하는 크림소스를 우동에 활용해보세요. 면발이 거칠고 굵어 크림소스가 훨씬 많이 묻어나고 면발 특유의 구수함까지 어우러져 정말 맛있고 색다른 우동 요리예요.

우동　341

개운한 드레싱과 해물이 함께

해물우동샐러드

차갑게 먹는 우동 요리로 한 끼 식사도 되지만 입맛 돋우는 애피타이저로 활용해도 좋을 만큼 상큼한 맛이 좋답니다. 탱탱하고 매끈한 면발이 중요한데 삶은 우동은 열심히 헹궈 물기를 잘 빼야 제맛을 살릴 수 있어요.

> "
> 차게 먹는 샐러드우동의 드레싱은 조금 넉넉히 준비해서 냉장고에 미리 넣어두면 차가운 기운이 면에도 전해져 훨씬 맛있게 먹을 수 있어요.
> "

1 우동면은 끓는 물에 삶아 **찬물에 헹궈** 건진다.

2 칵테일새우와 그린홍합은 끓는 소금물에 레몬과 함께 넣고 데친다.

3 어린잎채소는 물에 씻어 건지고 래디시는 **얇게 슬라이스**한다.

4 블랙올리브와 방울토마토는 **반**으로 가르고 양파와 파프리카는 **도톰하게** 썬다.

5 오징어는 껍질을 벗겨 몸통은 **링 모양**으로, 다리는 **한 입 크기**로 썬다.

6 드레싱 재료를 섞어 냉장실에 넣어 **차게** 준비한다.

7 그릇에 삶은 우동면과 손질한 해물, 채소를 골고루 담은 뒤 **드레싱**을 뿌린다.

우동면 1½인분, 칵테일새우 6마리, 그린홍합 4개, 오징어 ½마리, 어린잎채소 1팩, 블랙올리브·방울토마토 3개씩, 노란 파프리카·붉은 파프리카 ½개씩, 래디시 1개, 양파 ¼개, 레몬 1조각, 소금 약간

드레싱 가쓰오부시국물(p.268)·간장 2큰술씩, 설탕·맛술 1큰술씩, 고추냉이 1작은술

매실장아찌주먹밥

현미밥 1공기, 매실고추장장아찌 2큰술, 참기름 ½작은술, 통깨 약간

1 매실고추장장아찌는 잘게 다진다.
2 현미밥과 다진 장아찌, 참기름을 골고루 섞어 먹기 좋은 크기로 뭉쳐 주먹밥을 만든다.
3 통깨로 장식한다.

"밥은 흰쌀밥도 괜찮아요. 장아찌는 무장아찌나 고춧잎장아찌로 대신해도 되고요. 여름에는 특히 살균 작용을 하는 매실을 추천합니다. 매실장아찌만 있다면 고추장을 넣고 같이 버무리면 돼요."

김주먹밥

밥 1공기, 구운 김 1장, 통깨 1큰술, 소금·참기름 약간씩

1 김은 비닐봉지에 넣어 잘게 부순다.
2 밥에 통깨, 소금, 참기름을 넣고 잘 섞는다.
3 ②에 김을 살살 섞어 뭉쳐 주먹밥을 만든다.

"김은 조미된 김을 써도 되지만 그럴 땐 소금과 참기름을 빼세요. 밥은 한 김 식은 것을 사용해야 잘 뭉쳐집니다. 밥을 뭉칠 때 힘을 너무 많이 주어 누르듯이 만들면 밥이 식었을 때 떡처럼 되어 먹을 때 좋지 않아요. 손의 힘을 적당히 고르게 쥐어야 형태가 유지되면서도 밥알이 으깨지지 않아요."

국수와 어울리는 스피드 주먹밥

식당에 가서 우동을 주문하면 앙증맞은 주먹밥을 함께 주기도 합니다. 국수만 먹기 심심하다면 초간단 주먹밥을 만들어 함께 곁들여보세요. 배도 든든하게 차지만 정성 어린 마음도 듬뿍 전할 수 있답니다.

참치주먹밥

밥 1공기, 통조림 참치 ½컵, 맛술 1큰술,
다진 단무지·시치미 1작은술씩

1 참치는 체를 받쳐 기름을 제거한다.
2 팬에 참치와 맛술을 넣고 물기를 날리는 정도로 볶는다.
3 볶은 참치에 다진 단무지와 시치미를 넣고 섞는다.
4 밥에 모두 섞고 손으로 쥐어 뭉친다.

"참치를 볶을 때는 중간 불에서 맛술의 수분이 날아가도록 골고루 고슬고슬하게 볶아야 맛있어요."

마른 새우주먹밥

밥 1공기, 밥새우 ½컵, 다진 풋고추 1큰술,
올리브유 1작은술, 검은깨 ½작은술

1 달군 팬에 올리브유를 넣고 새우, 다진 풋고추를 넣어 볶는다.
2 밥에 볶은 새우와 고추, 검은깨를 넣고 골고루 섞은 후 먹기 좋은 크기로 뭉쳐 주먹밥을 만든다.

"검은깨는 통깨로 대체해도 돼요. 아이들이 먹을 것이라면 고추는 빼세요. 대신 파프리카를 곱게 다져 팬에 살짝 볶아 식힌 뒤 색이 고운 주먹밥을 만들어도 좋아요. 밥새우는 팬에 볶아 가루를 낸 다음 국물 맛을 낼 때 천연 조미료로 사용하면 좋아요."

> **" 맛있는 주먹밥 요령**
>
> 주먹밥을 만들 밥은 고슬고슬하게 지은 것이 좋은데, 질게 지어졌다면 식혀서 주먹밥을 만들면 됩니다. 주먹밥 재료는 입맛에 맞는 것은 무엇이든 섞어도 좋지만 곱게 다져 물기가 없도록 볶거나 조려야 밥이 잘 뭉쳐지고, 시간이 지나도 부서지지 않아요. 밥을 뭉칠 때 손에 너무 힘을 주면 떡처럼 될 수 있으니 주의하세요. **"**

모양에 따라
여러 가지 소스와
환상적인
궁합을 이루는
이국의 맛

넷,
파
스
타

파스타는 이탈리아의 주식이며 서양의 대표적인 국수 요리예요. 종류가 다양한데 이 책에서는 우리에게 익숙하며 국수처럼 긴 면인 스파게티 위주로 레시피를 구성하고 이 외에 링귀네, 카펠리니, 페투치네도 활용했습니다. 긴 면 대신 펜네, 주실리, 파르팔레 등의 짧은 면으로 요리해도 맛있는 레시피에는 어울리는 파스타를 팁으로 적어두었어요. 맛있는 파스타를 만들려면 올리브유, 페페론치노, 몇 가지 허브 등을 준비해두면 좋습니다. 올리브유는 버진이나 엑스트라 버진으로 준비하세요. 페페론치노는 크기가 작고 매운 이탈리아 고추를 말린 것으로 매콤한 맛을 냅니다. 허브는 로즈메리, 파슬리, 바질 등을 주로 사용하는데 신선한 것이 맛과 향이 좋지만 구하거나 보관하기 어려울 때는 말린 허브를 구입해 써도 됩니다.

CONTENTS

- 348 할라피뇨파스타
- 350 알리오올리오
- 352 해산물토마토스파게티
- 354 토마토브로콜리파스타
- 356 카르보나라
- 358 버섯크림파스타
- 360 리코타치즈파스타
- 362 콜드파스타
- 364 봉골레스파게티
- 366 미트볼파스타
- 368 명란스파게티
- 370 소시지오븐스파게티

372 새콤달콤 입맛 돋우는 피클

* 파스타 1인분은 보통 80~100g 정도인데, 파스타 1봉지는 대개 500g씩 포장되어 있으니 5~6인분이라고 보면 됩니다. 사용하고 남은 파스타는 밀봉해 건조한 곳에 두세요. 책 속 레시피는 2인분, 160g 기준입니다.

* 파스타는 저마다 삶는 시간이 달라요. 처음 요리하는 제품이라면 봉지에 적혀 있는 조리 시간을 꼭 지키세요. 그대로 조리하면 알덴테(국수 가운데 심이 약간 남는 정도)가 되는데, 팬에 한 번 더 볶으면 먹기에 알맞은 상태가 됩니다. 샐러드로 먹을 거라면 제시된 시간보다 30초~2분 정도 더 삶아야 부드러워요.

* 파스타 삶는 냄비는 파스타가 충분히 물에 잠길 수 있도록 깊고 바닥이 넓은 것으로 준비하세요. 물이 팔팔 끓으면 소금을 넣으세요. 물의 온도가 순간적으로 올라가 파스타를 넣어도 온도가 떨어지지 않고 간도 배어 맛있답니다.

* 파스타를 삶을 때 올리브유는 넣지 않아도 됩니다. 단, 삶아두었다가 나중에 요리할 때는 올리브유를 약간 뿌려 버무려 두면 파스타가 서로 붙거나 표면이 마르지 않아요.

* 파스타 삶은 물은 버리지 않고 요리에 활용하고, 삶은 파스타는 찬물에 헹구지 않고 그대로 건져 사용합니다.

* 올리브유는 양이 너무 많지 않은 것으로 유리병에 든 것을 택하세요. 올리브유에 로즈메리, 마른 고추, 통후추 등을 넣어두면 향신 오일이 되어 샐러드 등에 두루 활용할 수 있어요.

멕시코 고추의 매콤함이 입맛을 돋우는

할라피뇨 파스타

할라피뇨는 짧고 통통하며 톡 쏘는 매운맛을 가진 멕시코 고추인데 피클로 만든 것을 쉽게 구할 수 있어요. 할라피뇨피클을 잘게 썰어 파스타 소스로 활용하면 알싸한 맛이 강렬한 색다른 요리가 된답니다.

1 끓는 물에 소금을 넣고 스파게티를 삶아 건진 후 삶은 물 $\frac{1}{4}$컵을 따로 담아둔다.

2 할라피뇨피클과 마늘은 굵게 다지고 페페론치노는 가위로 송송 자른 후 씨를 털어낸다.

3 달군 팬에 올리브유를 두르고 마늘과 앤초비를 넣어 중간 불에 살짝 볶는다.

4 마늘 향이 나면 할라피뇨와 페페론치노를 넣고 약한 불에 타지 않게 1분 정도 볶은 후 소금, 후춧가루로 간한다.

5 스파게티 삶은 물을 넣고 끓어오르면 삶은 스파게티를 넣고 버무리듯 볶아 소스와 면이 어우러지면 그릇에 담는다.

스파게티 160g, 할라피뇨피클 10개, 마늘 6쪽, 페페론치노 2개, 앤초비 1개, 올리브유 4큰술, 소금·후춧가루 약간씩

> 스파게티니나 링귀네로 만들어도 맛있어요!
> 스파게티를 삶을 때 소금을 넣었고 앤초비가 짭짤하기 때문에 간이 맞을 거예요. 그릇에 담기 직전에 간을 보고 싱거우면 그때 소금을 넣어 한두 번 더 섞으세요.

파스타

1 끓는 물에 소금을 넣고 스파게티를 삶아 건진 후 삶은 물 $\frac{1}{4}$컵은 따로 담아둔다.

2 마늘은 0.3cm 두께의 편으로 썰고 페페론치노는 가위로 송송 자른 후 씨를 털어낸다.

3 달군 팬에 올리브유를 두르고 마늘을 넣어 중간 불에 볶아 향을 낸다.

4 페페론치노를 넣고 약한 불에서 타지 않게 1분 정도 볶은 후 소금, 후춧가루로 간한다.

5 스파게티 삶은 물을 넣고 끓어오르면 삶은 스파게티를 넣고 버무리듯 재빨리 섞어 그릇에 담는다.

6 파르메산치즈가루와 다진 파슬리를 뿌리고 바질을 올린다.

> 스파게티니나 링귀네로 만들어도 맛있어요! 이탈리안 파슬리는 일반 파슬리와 달리 잎이 넓적하면서 꼬불거림이 덜하고 색도 연한 초록색이랍니다. 단, 맛과 향은 훨씬 풍부해요. 이탈리안 파슬리를 구하지 못했다면 일반 파슬리를 다져 사용하거나 말린 파슬리를 팬에 넣고 한 번 뒤섞어 담아내면 됩니다. 파슬리가 남으면 잎만 다지고 면포에 싸서 물에 한 번 헹군 다음 종이타월로 물기를 제거하고 적당량씩 나누어 냉동해 두었다가 사용하세요.

스파게티 160g, 마늘 10쪽, 페페론치노 4개, 올리브유 4큰술, 파르메산치즈가루 2큰술, 다진 이탈리안 파슬리 1작은술, 바질·소금·후춧가루 약간씩

마늘과 올리브유로 맛을 내는 기본 파스타

알리오올리오

이탈리아어로 알리오는 마늘, 올리오는 오일이랍니다. 오일과 마늘로만 맛을 내는 가장 기본적인 파스타 요리예요. 간단해도 제맛 내기가 쉽지는 않아 한번 익혀두면 언제든 솜씨를 발휘할 수 있는 별미가 되지요.

토마토소스와 해물은 최고의 궁합
해산물토마토스파게티

우리나라 사람들이 가장 선호하는 파스타 메뉴는 토마토소스 해산물스파게티라고 합니다.
신선한 해물과 홀토마토통조림만 있으면 집에서도 레스토랑 부럽지 않은
베스트셀러 메뉴를 만들어 먹을 수 있어요.

1 끓는 물에 소금을 넣고 스파게티를 삶아 건진다.

2 오징어는 깨끗하게 씻어 **1cm** 폭의 링으로 썬다.

3 그린홍합은 물에 헹궈 건진다. 마늘은 **편으로** 썰고 양파는 **굵게** 다진다.

4 홀토마토는 **손으로** 주물러 대강 으깬다.

5 **중간 불로** 달군 팬에 올리브유를 두르고 마늘, 양파, 페페론치노를 넣고 볶아 향을 낸다.

6 해물을 모두 넣고 소금, 후춧가루로 간한 뒤 **센 불**에서 **화이트와인**을 뿌린다.

7 알코올 향이 날아가고 해물이 익으면 으깬 토마토를 붓고 **걸쭉해질 때까지** 끓인다.

8 삶은 스파게티를 넣고 **골고루** 버무려 그릇에 담고 바질을 올린다.

> 링귀네나 펜촉처럼 생긴 짧은 파스타인 펜네로 만들어도 맛있어요! 신선한 바질이 없다면 말린 바질이나 이탈리안 파슬리로 대신해도 괜찮아요. 오징어는 내장을 제거하고 종이타월을 이용해 껍질을 벗기면 수월해요. 파스타 만들고 남은 오징어는 녹인 버터를 발라 구운 다음 그대로 먹거나 샐러드에 곁들이면 맛있어요.

스파게티 160g, 오징어 몸통 ½마리분, 칵테일새우 8마리, 냉동 그린홍합·페페론치노 4개씩, 마늘 4쪽, 양파 ¼개, 홀토마토통조림 1개, 화이트와인 4큰술, 올리브유 2큰술, 바질·소금·후춧가루 약간씩

채소의 신선함을 그대로 맛보는

토마토브로콜리파스타

신선한 채소를 넣고 살짝 볶아 먹는 깔끔하고 가벼운 느낌의 파스타예요.
토마토와 브로콜리는 푹 익히지 않고 살짝 볶아야 본래의 맛이 살아나요. 도톰한 스파게티면 대신
얇은 카펠리니로 만들어 가벼운 느낌을 더했답니다.

> 펜촉처럼 생긴 펜네나 나사처럼 생긴 푸실리로 만들어도 맛있어요!
> 카펠리니는 이탈리아어로 머리카락이라는 뜻으로 아주 얇은 파스타랍니다. 볶거나
> 끓이는 요리에는 퓨어나 버진 올리브유를 사용해도 되지만 샐러드나 열을 거의 가하지
> 않고 먹는 요리에는 엑스트라 버진 올리브유가 적합해요.

1. 끓는 물에 소금을 넣고 카펠리니를 삶아 건진다. 면 삶은 물 ½컵은 따로 둔다.

2. 방울토마토는 깨끗이 씻어 **꼭지를 뗀 후** 반으로 썰고 브로콜리는 **한 입 크기**로 송이송이 자른다.

3. 마늘은 **편으로 썬다**.

4. 달군 팬에 올리브유를 두르고 마늘을 넣어 **노릇하게** 볶는다.

5. 방울토마토와 브로콜리를 넣고 **살짝 볶은 후** 삶은 카펠리니와 면 삶은 물을 넣어 볶는다.

6. 국물이 자작해지면 소금, 후춧가루로 간한 후 엑스트라 버진 올리브유를 뿌려 버무리고 그릇에 담는다.

카펠리니 160g, 방울토마토 20개, 브로콜리 ½송이, 마늘 4쪽, 올리브유 3큰술, 엑스트라 버진 올리브유 1큰술, 소금·후춧가루 약간씩

카르보나라

달걀과 생크림으로 맛을 낸 진짜 카르보나라

대개 집에서 카르보나라를 해 먹을 때는 달걀노른자를 잘 넣지 않는데 한번 시도해보면 후회 없을 거예요. 베이컨 특유의 구수함과 어울려 입에 착착 감기는 고소한 맛에 반한답니다.

1 끓는 물에 소금을 넣고 스파게티를 삶아 건진 후 삶은 물 **5큰술**은 따로 둔다.

2 베이컨은 **1cm** 폭으로 썬다. 마늘은 **편**으로 썰고 양파는 **굵게** 다진다.

3 달걀과 달걀노른자를 풀어 **파르메산치즈가루**와 함께 잘 섞은 뒤 **소금**으로 간하고 생크림을 넣어 잘 섞는다.

4 달군 팬에 올리브유를 두르고 마늘과 양파를 볶아 향을 낸다.

5 베이컨을 넣고 **노릇노릇**하게 볶다가 스파게티와 스파게티 삶은 물을 넣어 고루 섞는다.

6 불을 끄고 ③을 넣어 골고루 섞은 뒤 **소금, 후춧가루**로 간하고 다진 파슬리를 뿌린다.

> " 넓적한 페투치네나 면에 구멍이 뚫린 부카티니로 만들어도 맛있어요!
> 달걀과 달걀노른자는 불을 끈 다음 섞으면 달걀이 천천히 익어 덩어리지지 않고 부드러운 크림처럼 면과 어우러진답니다. 다진 생파슬리나 말린 파슬리를 뿌려도 맛있어요. "

 스파게티 160g, 베이컨 4줄, 마늘 4쪽, 양파 ½개, 달걀 1개, 달걀노른자 1개분, 파르메산치즈가루·올리브유 2큰술씩, 생크림 ⅓컵, 다진 파슬리·소금·후춧가루 약간씩

고소한 크림과 향긋한 버섯의 조화
버섯크림파스타

크림소스 파스타는 면에 소스가 많이 묻어야 더 맛있기 때문에 면적이 넓거나 구멍이 있는 것 또는 고운 선처럼 줄무늬가 있는 파스타를 사용하면 좋아요. 버섯은 크림소스와 아주 잘 어울리는 재료니 좋아하는 버섯이라면 무엇이든 요리해 드세요.

> **"**
> 탈리아텔레로 만들어도 맛있어요!
> 반죽에 먹물을 넣어 검게 만든 것, 시금치를 넣어 초록색을 낸 것 등 컬러풀한 파스타를 크림소스와 함께 요리하면 다양한 색감으로 보는 재미와 먹는 맛이 배가된답니다.
> **"**

1. 끓는 물에 소금을 넣고 페투치네를 삶아 건진다.

2. 느타리버섯은 먹기 좋게 가닥가닥 떼고 양송이버섯은 모양을 살려 도톰하게 썬다. 표고버섯은 기둥을 떼고 도톰하게 썰고 양파는 얇게 채 썬다.

3. 손질한 버섯의 절반을 생크림과 함께 믹서에 넣고 간다.

4. 달군 팬에 올리브유를 두르고 양파를 넣어 투명하게 볶는다.

5. 남은 버섯을 넣어 볶다가 버섯이 익으면 ③을 부어 끓인다.

6. 소스가 걸쭉해지면 말린 바질과 삶은 페투치네를 넣고 골고루 섞어 소금, 후춧가루로 간한다.

7. 그릇에 담고 파르메산치즈가루를 뿌린다.

❸

❻

페투치네 160g, 느타리버섯 ½팩, 양송이버섯 8개, 표고버섯 2개, 양파 ¼개, 생크림 1컵, 올리브유·파르메산치즈가루 2큰술씩, 말린 바질가루·소금·후춧가루 약간씩

신선한 치즈의 맛이 살아 있는
리코타치즈파스타

리코타치즈는 우유와 생크림으로 집에서 쉽게 만들 수 있는 생(生)치즈예요.
치즈 특유의 발효 냄새가 나지 않고 맛과 질감이 크림치즈처럼 부드러워 신선한 채소를 넣어 만드는
가벼운 파스타 요리에 곁들이면 아주 잘 어울리지요.

1 끓는 물에 소금을 넣고 카펠리니를 삶아 건진다.

2 방울토마토는 꼭지를 떼어 반으로 썰고 마늘은 편으로 썬다.

3 달군 팬에 올리브유를 두르고 마늘을 넣어 향이 나도록 볶은 후 방울토마토를 넣고 볶는다.

4 삶은 카펠리니를 넣고 소금, 후춧가루로 간한 후 신선한 바질을 대강 찢어 넣고 그릇에 담는다.

5 *리코타치즈를 큼직하게 떼어 올리고 엑스트라 버진 올리브유와 파르메산치즈가루를 뿌린다.

> " 길이가 짧고 모양이 예쁜 펜네, 푸실리, 파르팔레 등으로 만들어도 맛있어요! "

카펠리니 160g, 방울토마토 12개, 마늘 6쪽, 리코타치즈 ½컵, 파르메산치즈가루 1큰술, 올리브유 5큰술, 엑스트라 버진 올리브유 2작은술, 소금 1작은술, 후춧가루·바질 약간씩

리코타치즈 만드는 법
재료 우유 500ml, 생크림 250ml, 레몬즙 2큰술, 소금 1작은술

바닥이 두꺼운 냄비에 우유와 생크림을 넣고 중간 불에 올립니다. 끓어오르기 시작하면 레몬즙과 소금을 넣고 가볍게 젓다가 엉기기 시작하면 불을 아주 약하게 줄여 30분 정도 끓인 후 면포에 담아 체에 받쳐 물기가 잘 빠질 때까지 냉장 보관합니다.

파스타 361

콜드 파스타

과일과 채소를 곁들인 차가운 파스타

차갑게 만든 파스타는 식사뿐 아니라 아주 좋은 샐러드가 된답니다. 신선한 채소와 허브, 과일 등을 넣고 드레싱으로 버무려 먹으면 입안이 상큼하고 개운해요. 여러 가지 샐러드드레싱을 활용해 만들어보세요.

1 끓는 물에 소금을 넣고 카펠리니를 삶아 건진다.

2 키위와 오렌지는 껍질을 벗기고 딸기는 꼭지를 떼어 모두 한 입 크기로 썬다. 적양파는 링 모양으로 얇게 썬다.

3 블랙올리브는 동그란 모양을 살려 2~3등분한다.

4 드레싱 재료를 섞어 냉장실에 차게 둔다.

5 삶은 카펠리니, 손질한 과일, 적양파, 블랙올리브를 살살 섞어 그릇에 담은 뒤 바질잎을 올리고 드레싱을 곁들인다.

" 길이가 짧고 모양이 예쁜 펜네, 푸실리, 파르팔레 등으로 만들어도 맛있어요! 색이 변하는 사과와 배, 물이 많은 수박 같은 과일은 콜드파스타에 어울리지 않아요. 대신 방울토마토, 오이, 파프리카 등의 샐러드 채소를 넣어 만들어보세요. "

카펠리니 160g, 키위 1개, 오렌지 ½개, 딸기 5개, 블랙올리브 6개, 적양파 ¼개, 바질잎 3장

드레싱 올리브유·발사믹식초 2큰술씩, 다진 양파 1큰술, 레몬즙 1작은술, 머스터드 ½작은술, 소금·후춧가루 약간씩

조개의 감칠맛이 듬뿍 우러난

봉골레스파게티

모시조개와 화이트와인을 넣고 마늘과 올리브유로만 맛을 내 바다의 풍미가 그대로 살아 있는 파스타예요.
모시조개 대신 해감을 잘 뺀 바지락을 듬뿍 넣어도 감칠맛이 아주 좋답니다.

> 링귀네로 만들어도 맛있어요!
> 페페론치노 대신 마른 고추를 가위로 잘라 씨를 털어내고 넣어도 돼요. 조개에서 짠맛이 우러나니 파스타에 소금으로 간할 때 짜지 않도록 주의하세요.

1. 모시조개는 옅은 소금물에 담가 어두운 곳에 20~30분 정도 두어 **해감**을 빼고 깨끗이 씻는다.

2. 끓는 물에 소금을 넣고 스파게티를 삶아 건진다.

3. 마늘은 **편**으로 썰고 페페론치노는 가위로 2~3등분해 씨를 털어낸다.

4. 달군 팬에 올리브유 2큰술을 두르고 마늘과 페페론치노를 넣어 **중간 불**에 볶아 향을 낸다.

5. 마늘이 노릇하게 익으면 모시조개를 넣고 **센 불**로 올려 화이트와인을 부은 다음 뚜껑을 덮어 **약한 불**에 익힌다.

6. 조개껍데기가 모두 벌어지면 삶은 스파게티를 넣고 1분 정도 **중간 불**에서 뒤적인 후 소금, 후춧가루로 간한다.

7. 남은 올리브유 2큰술을 넣고 골고루 섞어 그릇에 담고 다진 파슬리를 뿌린다.

스파게티 160g, 모시조개 2봉, 마늘 5쪽, 페페론치노 5개, 올리브유·화이트와인 4큰술씩, 소금·후춧가루·다진 파슬리 약간씩

파스타

미트볼 파스타

큼직한 미트볼 넣은 푸짐한 파스타

어른 아이 할 것 없이 모두 좋아하는 큼직한 미트볼을 만들어 파스타에 넣어보세요. 미트볼의 형태와 맛을 잘 살리려면 반죽을 여러 번 치대 찰기 있게 만들어야 한답니다.

1 끓는 물에 소금을 넣고 스파게티를 삶아 건진다.

2 돼지고기, 소고기, 빵가루, 우유, 다진 양파, 다진 마늘, 달걀, 설탕, 소금, 후춧가루를 섞어 골고루 치대 반죽한 후 **한 입 크기**로 미트볼을 빚는다.

3 달군 팬에 올리브유 **1큰술**을 두르고 미트볼을 넣어 **약한 불**에서 굴려가며 노릇노릇하게 구워 익힌다.

4 소스에 사용할 마늘은 **편**으로 썰고 양파는 **굵게** 다진다. 양송이버섯은 **4등분**한다.

5 달군 팬에 올리브유 **1큰술**을 두르고 마늘과 양파를 볶아 향을 낸다.

6 홀토마토를 대강 으깨어 넣고 볶다가 **닭육수**를 붓고 소스를 끓인다.

7 소스가 끓어오르면 구운 미트볼과 양송이버섯을 넣고 소스가 **걸쭉해질 때까지** 끓인 후 말린 바질을 넣고 소금, 후춧가루로 간한다.

8 그릇에 삶은 스파게티를 담고 ⑦을 듬뿍 올린다.

스파게티 160g, 간 돼지고기 100g, 간 소고기 50g, 빵가루 4큰술, 우유 1큰술, 다진 양파 3큰술, 다진 마늘 1작은술, 달걀 ½개분, 설탕 ½작은술, 올리브유 2큰술, 소금·후춧가루 약간씩

소스 마늘 2쪽, 양파 ½개, 양송이버섯 6개, 홀토마토통조림 1개, 말린 바질 1작은술, 소금·후춧가루 약간씩, 닭육수(p.268) ½컵

> 펜네, 푸실리, 파르팔레 같은 짧은 파스타로 만들어도 맛있어요! 미트볼은 소스에 넣고 볶는 시간이 짧으니 초벌로 구울 때 속까지 완전히 익혀야 해요. 완성된 요리에 파르메산치즈가루를 뿌려 먹으면 더욱 맛있어요.

톡톡 터지는 짭조름한 명란의 맛

명란스파게티

명란젓은 파스타 요리에도 활용할 수 있는 최고의 재료지요.
부드러운 크림소스와 짭짤한 명란젓이 만나면 입맛 돋우는 감칠맛 속에
톡톡 터지는 명란의 맛이 환상적인 궁합을 만들어냅니다.

1 끓는 물에 소금을 넣고 스파게티를 삶아 건진 후 면 삶은 물 $\frac{1}{4}$컵을 따로 둔다.

2 명란은 반으로 갈라 숟가락이나 칼등으로 살살 긁어 알만 발라내고 마늘은 편으로 썬다.

3 쪽파는 송송 썰고 파슬리는 잎만 떼어 다진다.

4 달군 팬에 올리브유를 두르고 마늘을 넣어 노릇하게 볶는다.

5 생크림, 명란, 스파게티 삶은 물을 넣고 끓어오르면 삶은 스파게티를 넣고 버무린다.

6 스파게티와 소스가 잘 어우러지면 간을 보고 싱거우면 소금으로 맞춘다.

7 그릇에 담고 쪽파와 파슬리를 뿌린다.

> 구멍이 뚫린 펜네, 링귀네 같은 파스타로 만들어도 맛있어요! 명란의 짠맛은 제품마다 다르기 때문에 맛을 보며 넣으세요. 겉에 양념이 많이 묻은 명란은 물에 한 번 헹궈서 사용하고, 마지막에 간을 보아 싱거우면 소금을 약간 더하세요.

스파게티 160g, 명란 1쪽, 마늘 5쪽, 쪽파 3대, 생크림 1컵, 올리브유 2큰술, 파슬리·소금·후춧가루 약간씩

피자치즈 듬뿍 얹어 오븐에 구워 먹는
소시지오븐스파게티

파스타 요리에서 치즈가 죽죽 늘어나는 오븐 스파게티를 빼놓을 수 없지요.
소시지, 매콤한 할라피뇨, 스파게티를 토마토소스에 볶아 치즈를 듬뿍 얹어 오븐에서 잠깐
구워내면 근사한 요리가 탄생합니다.

> 펜네 푸질리처럼 짧은 파스타로 만들어도 맛있어요!
> 소시지 대신 굵게 다진 돼지고기나 베이컨을 넣어도 맛있답니다.
> 마지막에 오븐에 넣는 이유는 파스타를 익히기 위한 것이 아니라 피자치즈를 녹이기 위해서니 치즈 겉면이 타거나 파스타가 마르지 않도록 온도와 시간을 조절하세요.

1 끓는 물에 소금을 넣고 스파게티를 삶아 건진 후 스파게티 삶은 물 $\frac{1}{2}$컵을 따로 둔다.

2 소시지는 **한 입 크기**로 썰고 마늘은 편으로 썬다. 양파와 할라피뇨는 **굵게** 다진다.

3 달군 팬에 올리브유를 두르고 마늘을 넣어 **노릇하게** 볶는다.

4 양파, 할라피뇨, 소시지를 넣고 **소금, 후춧가루**로 간한 다음 스파게티 삶은 물을 넣고 소스를 끓인다.

5 소스가 끓어오르면 홀토마토를 대강 으깨어 넣고 끓여 약간 **되직해지면** 파르메산치즈가루와 삶은 스파게티를 넣고 섞는다.

6 오븐 용기에 담고 피자치즈를 넉넉히 올린 후 250℃로 예열한 오븐에서 5분 정도 굽는다.

스파게티 160g, 소시지 4개, 마늘 5쪽, 양파 ¼개, 할라피뇨 2개, 홀토마토통조림 1개, 올리브유·파르메산치즈가루 2큰술씩, 피자치즈 1컵, 소금·후춧가루 약간씩

오이피클

오이 2개, 양파 ½개
절임물 소금 2큰술, 월계수잎 1장, 통후추 10알, 식초 ½컵, 설탕·물 1컵씩

1 양파는 도톰하게 채 썬다.
2 오이는 양파와 비슷한 크기로 길쭉하게 썬다.
3 냄비에 식초를 뺀 절임물 재료를 모두 넣고 한소끔 끓인 후 식초를 넣고 바로 불을 끈다.
4 손질한 채소를 내열용기에 담고 한 김 식힌 절임물을 붓는다.

"파스타 요리, 샌드위치 등과 함께 먹으면 맛있어요."형태가 유지되면서도 밥알이 으깨지지 않아요."

무피클

무 ½개, 비트 사방 3cm 1조각
절임물 설탕·식초 1컵씩, 피클링 스파이스 1큰술, 소금 1작은술, 물 2컵

1 무는 다양한 모양으로 먹기 좋게 한 입 크기로 썬다.
2 비트는 4등분한다.
3 냄비에 절임물 재료를 모두 넣고 한소끔 끓인다.
4 내열용기에 손질한 무와 비트를 담고 뜨거운 절임물을 붓는다.

"여러 가지 재료가 골고루 들어간 볶음밥과 잘 어울리고 도시락에 넣어도 좋아요."

새콤달콤
입맛 돋우는 피클

피클은 장아찌와 달리 조금 싱겁게 만들어 새콤하게 입맛을 돋우거나 입안을 개운하게 마무리하기 좋은 저장 요리입니다.

방울토마토피클

방울토마토 15개, 다진 양파 1큰술, 파인애플 슬라이스 1개
절임물 올리브유·설탕 1큰술씩, 발사믹식초 ½큰술, 말린 파슬리가루 ½작은술

1 방울토마토는 꼭지를 떼고 끓는 물에 살짝 데쳐 찬물에 바로 담가 껍질을 벗긴다.
2 파인애플은 굵게 다진다.
3 절임물 재료를 모두 섞는다.
4 토마토와 파인애플, 다진 양파를 절임물에 골고루 버무려 그릇에 담는다.

"파스타 요리와도 어울리고 샐러드에 올리거나 다져서 드레싱으로 활용해도 됩니다."

양배추피클

양배추 ¼통, 비트 사방 3cm 1조각, 양파 ½개, 마늘 2쪽
절임물 식초 5큰술, 설탕 3큰술, 소금 2큰술, 다시마국물 ½컵

1 양배추는 5cm 길이로 채 썰고 양파도 비슷한 길이로 채 썬다.
2 비트는 2등분하고 마늘은 편으로 썬다.
3 절임물 재료를 모두 냄비에 넣고 한소끔 끓인다.
4 손질한 채소를 내열용기에 담고 끓인 절임물을 붓는다.

"고기 요리나 소시지, 햄 등이 들어간 요리에 곁들이면 개운해서 좋아요."

> **맛있는 피클을 만들려면**
>
> 부드러운 잎채소를 제외하면 대부분의 채소로 피클을 만들 수 있답니다. 먹기 좋게 잘라 뜨거운 절임물을 붓고 차게 식혀 바로 먹을 수 있어 만드는 데 시간이 들지 않는 것이 장점이지요. 피클 절임물은 반드시 뜨거울 때 붓고, 식으면 바로 냉장실에 넣어 보관하세요. 차가워지면 바로 먹을 수 있답니다. 금방 익는 대신 장아찌처럼 오래 두고 먹을 수는 없으니 한꺼번에 너무 많은 양을 담그지 마세요. 오래 먹고 싶다면 절임물을 식혀서 붓고 하루 정도 그대로 두었다가 냉장실에 보관하세요.

다섯, 별미 국수 요리

맛도 모양도
다양한 국수를
맛있게 먹는
여러 가지 방법

당면, 쌀국수, 메밀국수, 쫄면, 곤약국수 등 여러 가지 국수로 집에서 쉽게 해 먹을 수 있는 음식을 골라보았습니다. 자주 먹지는 않지만 어디서나 쉽게 구할 수 있는 국수가 우리 주변에 무궁무진하니까요. 도토리묵은 국수라고 하기엔 종류가 다르지만 국수처럼 별식으로 먹기 좋은 음식이라고 생각되어 요리법을 넣어보았습니다. 각 요리는 국수 외에 채소나 해물이 듬뿍 들어가기 때문에 앞서 나왔던 다른 국수 요리처럼 국수 자체는 양을 많이 사용하지 않으니 참고하세요.

CONTENTS

376 콩나물잡채
378 버섯잡채
380 당면샐러드
382 쫄우동
384 비빔쫄면
386 간장비빔메밀국수
388 냉메밀국수
390 곤약비빔국수
392 묵국수
394 쌀국수샐러드
396 볶음쌀국수
398 월남쌈

400 **파티 푸드로 좋은 컵국수 아이디어!**

콩나물잡채

아삭아삭한 콩나물을 먹는 재미

잡채는 손이 많이 가고 어렵다는 편견을 떨쳐낼 수 있는 요리예요. 콩나물을 듬뿍 넣어 당면과 함께 잡채를 만들면 아삭한 맛이 좋아 고기나 다른 채소 없이도 충분히 맛있답니다.

1 당면은 **찬물**에 담가 부드럽게 불린다.

2 냄비에 다시마와 표고버섯을 넣고 콩나물을 올린 다음 물을 **1컵** 붓고 뚜껑을 덮어 **중간 불**에 올린다.

3 물이 거의 **졸아들고** 콩나물이 익으면 다시마와 표고버섯을 건져 **곱게** 채 썬다.

4 팬에 불린 당면과 콩나물을 넣고 **중간 불**에 볶다가 국간장과 황설탕을 넣고 콩나물에 간장 물이 들면 다시마와 버섯을 넣어 같이 조린다.

5 양념이 **모두 졸아들면** 불을 끄고 참기름과 통깨, 후춧가루를 넣어 섞는다.

당면 50g, 콩나물 200g, 다시마 사방 5cm 2장, 표고버섯 1개, 국간장 2큰술, 황설탕 1큰술, 참기름·통깨 1작은술씩, 후춧가루 약간

> 콩나물을 데칠 때 중간에 뚜껑을 열면 비린내가 날 수 있어요. 뚜껑 위로 올라오는 김을 냄새 맡아 콩나물이 익은 정도를 확인하세요. 처음에는 비릿한 듯하다가 고소한 냄새로 바뀌면 콩나물이 익은 겁니다.

버섯잡채

버섯의 풍미와 쫄깃함을 만끽하는

여러 가지 버섯의 부드러운 맛과 풍부한 향을 듬뿍 살린 요리예요. 고기 대신 버섯을 넣어 쫄깃한 맛을 내고 양파를 넣어 아삭하고 달콤한 맛을 더했답니다.

1 당면은 **찬물**에 담가 부드럽게 불린다.

2 불린 당면을 끓는 물에 삶아 **찬물**에 헹군다.

3 표고버섯은 **기둥**을 제거해 얇게 채 썰고 느타리버섯은 먹기 좋게 찢는다. 새송이버섯은 길이를 살려 **얇게** 썰고 목이버섯은 물에 담가 부드럽게 불린 뒤 **물기를** 짠다.

4 양파는 0.3cm **두께**로 채 썬다.

5 달군 팬에 식용유를 두르고 버섯과 양파를 각각 **소금**으로 간해 볶아 식힌다.

6 팬에 삶은 당면과 간장양념을 넣고 **약한 불**에 볶다가 양념이 배어들면 불을 <u>끄고</u> 손질한 버섯과 양파를 모두 넣어 버무린다.

7 **참기름과 통깨, 후춧가루**를 넣고 섞는다.

> 당면은 삶는 시간, 불의 세기, 냄비 크기에 따라 탄력과 부드러움에 차이가 있으니 자신이 좋아하는 정도를 메모해두면 편리해요. 삶아둔 당면이 붙지 않게 하려면 삶는 물에 식용유를 약간 넣으면 됩니다.

당면 100g, 표고버섯 5개, 느타리버섯 1팩, 새송이버섯 1개, 목이버섯 적당량, 양파 ½개, 참기름·식용유 1큰술씩, 소금·후춧가루·통깨 약간씩

간장양념 간장 2큰술, 설탕·맛술·참기름 1큰술씩, 다진 마늘 1작은술, 후춧가루 약간

별미 국수 요리

새콤하게 버무려 먹는 개운한 당면 요리

당면샐러드

당면을 떠올리면 갈색빛 도는 잡채만 생각나는 분들에게 꼭 권해드리는 요리입니다.
아삭한 채소와 과일을 듬뿍 썰어 넣고 새콤달콤한 소스에 버무려 먹는 당면샐러드는 고기와 함께 먹어도
맛있고 입맛 돋우는 반찬으로도 좋아요.

> 국수 요리는 면과 양념의 맛도 중요하지만 고명으로 준비한 부재료도 한몫한답니다. 부재료 역시 국수처럼 길고 가늘게 준비해야 먹을 때도 편하고 맛도 배가됩니다.

1 당면은 찬물에 담가 부드럽게 불려 물기를 뺀 다음 10cm 길이로 자른다.

2 피망, 파프리카, 오이, 사과는 6cm 길이로 곱게 채 썰고 배는 껍질을 벗기고 같은 길이로 썬다. 래디시도 곱게 채 썬다.

3 드레싱 재료를 미리 섞어 둔다.

4 불린 당면은 끓는 물에 삶아 찬물에 헹궈 물기를 뺀다.

5 삶은 당면과 피망, 파프리카, 오이, 사과, 배를 골고루 섞어 그릇에 담고 채 썬 래디시와 쑥갓을 올린 뒤 드레싱을 뿌린다.

당면 150g,
피망·노란 파프리카·주황 파프리카·붉은 파프리카·오이·사과 ½개씩,
배 ¼개, 래디시 1개, 쑥갓 약간

드레싱 간장·식초 2큰술씩, 연겨자·설탕·다진 양파·올리고당 1큰술씩

우동 국물에 말아 먹는 색다른 쫄면

쫄우동

쫄면 한 봉지를 사다놓으면 꽤 오랜 시간 남아돌기 일쑤죠.
이럴 때 멸치와 다시마로 장국을 만들고 어묵과 유부를 넣어 우동처럼 먹으면
탱탱한 면발이 아주 맛좋은 별식이 된답니다.

1 냄비에 물과 다시마, 멸치를 넣고 불에 올려 끓어오르면 다시마는 건지고 청주를 넣어 **10분** 정도 끓여 체에 거른 다음 **국간장과 소금**으로 간해 장국을 만든다.

2 쫄면은 **가닥가닥** 뜯어서 끓는 물에 삶은 다음 **찬물에** 헹궈 물기를 뺀다.

3 어묵과 유부는 **한 입 크기**로 썰고 대파는 어슷하게 썬다.

4 ①의 장국을 불에 올려 끓으면 **녹말물**을 넣어 젓고 대파와 유부, 어묵을 넣어 **한소끔** 끓인다.

5 장국에 삶은 쫄면을 넣고 **한소끔** 끓여 그릇에 담고 쑥갓을 올린다.

쫄면 200g, 종합어묵 ½봉, 유부 2장, 대파 5cm 1토막, 녹말물(녹말·물 4큰술씩), 쑥갓 약간

장국 다시마 사방 10cm 1장, 국물용 멸치 10마리, 청주 1큰술, 국간장 2큰술, 소금 약간, 물 5컵

> 쫄면 대신 라면이나 카펠리니, 소면을 사용해도 좋아요. 단, 면이 쉽게 불 수 있으니 찬물에 잘 헹궈 요리하세요.

별미 국수 요리

비빔쫄면

매콤새콤달콤한 추억의 맛

학교 앞 분식집에서 친구들과 신나게 나눠 먹었던 추억의 음식입니다. 과일을 더해 개운하게 만든 매콤한 양념에 탱탱한 쫄면과 아삭한 콩나물을 함께 비벼 먹으면 잃었던 입맛이 금세 돌아옵니다.

1 비빔양념 재료 중 사과, 배는 껍질을 벗긴 후 물, 양파와 함께 믹서에 넣고 **곱게** 갈아 즙만 거른다.

2 과일즙에 생강즙, 고춧가루, 황설탕, 간장, 물엿, 다진 마늘을 섞어 비빔양념을 만들어 냉장실에 **차게 둔다**.

3 달걀은 완숙으로 삶아 껍데기를 벗기고 **반**으로 썬다.

4 냄비에 콩나물과 콩나물이 **반만 잠길 정도**의 물을 넣고 뚜껑을 덮어 삶아 익힌 다음 **찬물**에 헹궈 물기를 뺀다.

5 상추는 깨끗이 씻어 대충 자른다.

6 쫄면은 끓는 물에 삶아 건진 뒤 **찬물**에 헹구고 물기를 뺀 후 콩나물과 함께 비빔양념 **2큰술**을 덜어 비빈다.

7 ⑥을 그릇에 담고 달걀, 상추, 어린잎채소를 올린 뒤 통깨와 **참기름**을 뿌리고 남은 비빔양념을 곁들여 낸다.

> 비빔양념을 미리 만들어 냉장실에서 숙성시키면 더욱 맛있어요. 양념을 적당량 덜어 면만 비비고 고명과 비빔양념을 따로 내어 입맛에 따라 비벼 먹을 수 있게 하면 좋아요.

쫄면 200g, 콩나물 1컵, 상춧잎 2장, 어린잎채소 ½컵, 달걀 1개, 통깨 1작은술, 참기름 약간

비빔양념 사과·배·양파 ½개씩, 물 ½컵, 생강즙 ½작은술, 고춧가루·황설탕 1큰술씩, 간장 3큰술, 물엿·다진 마늘 1큰술씩

장아찌와 고추로 맛을 내 개운한
간장비빔메밀국수

메밀국수는 먹고 싶은데 장국 만들기는 귀찮은 날이면 으레 만들어 먹는 요리랍니다.
장아찌국물에 고추를 썰어 넣어 개운한 맛을 낸 다음 삶은 국수를 넣고 조물조물 버무리기만 하면 완성!

1 오이는 채 썰어 무순, 어린잎채소와 함께 **찬물**에 담갔다가 건진다.

2 비빔간장을 만들 고추는 **반**으로 갈라 씨를 털어 송송 썰고 양파장아찌는 **곱게** 다진다.

3 ②와 나머지 재료를 섞어 비빔간장을 만들어 냉장실에 **차게 둔다**.

4 무는 강판에 갈아 체를 받쳐 무즙을 적당히 빼고 **손으로 모양을 잡는다**.

5 메밀국수는 넉넉한 물에 삶아 **찬물에 여러 번** 헹궈 건진다.

6 김은 **아무것도 바르지 않고** 그대로 구워 가위로 잘게 썬다.

7 그릇에 면을 담고 비빔간장을 **넉넉히** 올린 뒤 간 무와 오이, 무순, 김, 어린잎채소를 올린다.

> 메밀국수로 비빔국수를 만들 때는 삶은 다음 찬물에 충분히 헹궈 녹말기를 잘 빼야 맛있답니다. 집집마다 양파장아찌의 짠맛과 신맛이 다르기 때문에 비빔간장 만들 때는 입맛에 맞게 조절하세요.

 메밀국수 200g, 무 3cm 1토막, 오이 ½개, 무순·김·어린잎채소 약간씩

비빔간장 풋고추·붉은 고추 ½개씩, 양파장아찌(p.204) ½컵, 맛술·참기름 1큰술씩, 설탕 1작은술

별미 국수 요리

냉메밀국수

감칠맛 좋은 차가운 장국을 곁들인

차가운 메밀국수의 맛은 장국이 좌우합니다. 장국은 냉장고에 보관하기 좋으니 한 번에 넉넉하게 끓여두면 편리하지요. 무와 실파도 미리 준비해두면 냉메밀 한 그릇쯤은 언제든 뚝딱 차려낼 수 있어요.

1 냄비에 물, 멸치, 표고버섯, 다시마를 넣고 끓어오르면 다시마는 건지고 10분 정도 더 끓인 다음 가쓰오부시를 넣고 불을 끈다.

2 가쓰오부시가 가라앉으면 면포에 거른 다음 청주, 맛술, 설탕, 간장을 넣고 한소끔 끓여 장국을 만들어 식힌다.

3 무는 강판에 갈아 체를 받쳐 무즙을 적당히 빼고 손으로 모양을 잡는다.

4 실파는 송송 썰고 김은 아무것도 바르지 않고 그대로 구워 가위로 잘게 썬다.

5 메밀국수는 넉넉한 물에 삶아 찬물에 여러 번 헹궈 건진다.

6 장국 1컵에 얼음 1컵을 섞는다.

7 삶은 메밀국수를 작게 사리 지어 그릇에 담고 장국, 실파, 간 무, 김, 고추냉이를 함께 낸다.

> " 메밀국수는 녹말기가 많으니 삶은 면을 찬물에 충분히 헹궈야 텁텁한 맛이 나지 않고, 면이 서로 들러붙지 않아요. 건지자마자 붙기 시작하니 최대한 빨리 헹구세요. "

메밀국수 2인분(생면 200g), 무 3cm 1토막, 실파 4줄기, 김 1장, 고추냉이 1작은술, 얼음 1컵

장국 국물용 멸치·마른 표고버섯 10g씩, 다시마 사방 10cm 1장, 가쓰오부시 15g, 청주·맛술·설탕 ⅓컵씩, 간장 1컵, 물 2컵

별미 국수 요리

듬뿍 먹어도 살찔 염려 없는
곤약비빔국수

곤약은 소화도 잘되고 100g당 10kcal로 열량이 낮아 다이어트 식품으로 인기가 많죠.
여러 가지 채소를 채 썰어 넣고 매콤한 양념에 비비면 부담 없는 간식으로 좋고
애피타이저로도 활용할 수 있답니다.

1 곤약국수는 찬물에 헹궈 채를 받쳐 물기를 뺀다.

2 달걀은 완숙으로 삶아 껍데기를 벗기고 반으로 썬다.

3 오이, 파프리카, 양파는 곱게 채 썰어 찬물에 담갔다 건진다.

4 불린 미역은 먹기 좋은 크기로 자른다.

5 토마토는 껍질에 칼집을 넣고 뜨거운 물에 데쳐 찬물에 헹군 뒤 껍질을 벗겨 굵게 다진다.

6 ⑤의 토마토와 나머지 재료를 섞어 비빔양념을 만든다.

7 그릇에 곤약국수와 손질한 재료, 무순, 치커리를 담고 비빔양념을 얹는다.

> 남은 곤약국수는 여러 가지 채소를 넣어 비빔쫄면(p.384)처럼 먹거나 통깨잣국수 국물(p.288)에 훌훌 말아 먹어도 맛있답니다.

곤약국수 2인분, 오이 ½개,
노란 파프리카·주황 파프리카·붉은 파프리카 ½개씩, 양파 ¼개,
달걀 1개, 불린 미역 1큰술, 무순·치커리 약간씩

비빔양념 토마토 ½개, 간장·식초 1큰술씩, 설탕·레몬즙 1작은술씩,
올리브유 2큰술

별미 국수 요리

묵국수

국수처럼 맛보는 별미 묵 요리

국수만큼이나 좋아하는 재료가 묵입니다. 도토리나 메밀의 진한 향도 좋고 부드러운 듯 탄력 있는 식감도 매력 있지요. 시원한 국물에 묵, 김치, 김을 썰어 넣어 훌훌 마시듯 먹는 묵국수는 입맛 없는 여름에 제격입니다.

1 마른 팬에 멸치를 볶은 다음 다시마, 마른 표고버섯과 함께 냄비에 넣고 물을 부어 끓기 시작하면 다시마를 꺼내고 중간 불에 30분가량 끓여 체에 거른 후 국간장으로 간한다.

2 묵은 손가락 굵기로 자른다.

3 김치는 국물을 꼭 짜고 송송 썬다.

4 김은 가위로 자르고 대파는 얇게 송송 썬다.

5 ①의 국물을 취향에 따라 뜨겁거나 차갑게 준비한 다음 그릇에 묵을 담고 국물을 부은 뒤 김치, 김, 대파를 올리고 깨소금을 뿌린다.

> " 묵은 전분이 주재료기 때문에 곤약보다 영양이 많고, 맛이 좋아요. 하지만 칼로리는 낮아서 밤참으로 좋지요. 국물을 따뜻하게 데워 밥과 함께 말아 먹어도 맛있답니다. "

도토리묵 1개, 배추김치 1컵, 구운 김 10장, 대파 5cm 1토막, 깨소금 2작은술

국물 국물용 멸치 10마리, 다시마 사방 10cm 1장, 마른 표고버섯 1개, 국간장 1큰술, 물 5컵

1 쌀국수는 찬물에 30분 이상 불렸다가 끓는 물에 1~2분 내외로 데친 뒤 찬물에 헹궈 물기를 뺀다.

2 드레싱 재료를 섞어 냉장실에 차게 둔다.

3 방울토마토는 꼭지를 떼어 반으로 썰고 적양파는 얇게 채 썬다. 오이는 동그랗고 얇게 썰고 파인애플은 사방 1cm 크기로 썬다. 고수는 여린 줄기와 잎만 고른다.

4 어린잎채소는 물에 살살 흔들어 씻어 물기를 뺀다.

5 칵테일새우는 끓는 물에 데친 뒤 찬물에 헹궈 물기를 뺀다.

6 국수와 준비한 재료를 모두 섞어 그릇에 담아 먹기 전에 드레싱에 버무리고 고수를 올린다.

> "피시소스 대신 멸치액젓을 사용해도 돼요. 동남아 요리에 짭짤한 맛을 내는 피시소스는 멸치액젓보다 비릿한 향이 적지만 짠맛은 강해요. 닭고기 볶음 요리에 약간씩 넣으면 독특한 맛과 향에 감칠맛이 더해진답니다."

쌀국수 1인분, 방울토마토 5개, 적양파·오이 ½개씩, 파인애플 슬라이스 2개, 어린잎채소 1팩, 칵테일새우 8마리, 다진 땅콩 1작은술, 고수 약간

드레싱 스위트칠리소스 2큰술, 피시소스 1½큰술, 설탕·레몬즙 1큰술씩, 다진 마늘 1작은술

상큼하고 개운한 동남아풍 샐러드

쌀국수샐러드

면발이 부드럽고 소화가 잘되는 쌀국수를 활용해 샐러드를 만들어요. 오이, 새우, 파인애플을 넣고 동남아의 풍미를 만끽할 수 있는 피시소스와 칠리소스를 더하면 어렵지 않게 별미 요리를 만들 수 있답니다.

쫄깃쫄깃 탱탱한 맛이 좋은

볶음쌀국수

볶음쌀국수에는 얇은 면보다 넓적한 면을 사용해야 양념이 쉽게 묻어 더욱 맛있게 먹을 수 있답니다. 부드러운 쌀국수에는 아삭한 숙주, 파프리카, 탱탱한 새우살 등을 넣어 씹는 맛을 살리는 것이 좋아요.

1 양배추, 파프리카, 대파는 채 썰고 숙주는 물에 씻어 건진다.

2 양념 재료를 고루 섞어둔다.

3 쌀국수는 끓는 물에 데친다.

4 ①의 채소에 다진 마늘과 고춧가루를 넣고 버무린 다음 달군 팬에 식용유를 두르고 센 불에 재빨리 볶는다.

5 채소가 반쯤 익어 숨이 살짝 죽으면 새우살과 데친 쌀국수, 양념을 넣고 뒤적이며 볶는다.

❶

❷

❹

쌀국수(볶음용) ½봉(80g), 양배추 ⅛통, 파프리카 ½개, 숙주 ½봉, 대파 10cm 1토막, 새우살 ½컵, 다진 마늘 1큰술, 고춧가루 1작은술, 식용유 4큰술

양념 간장·청주·맛술·물 2큰술씩, 피시소스 2작은술

> " 거두절미(去頭截尾)는 머리와 꼬리를 잘라버린다는 뜻으로 요리에서는 콩나물이나 숙주를 손질하는 법을 말해요. 하지만 요즘에는 뿌리부터 껍질까지 모두 먹는 것이 좋다는 매크로바이오틱(macrobiotic) 조리법에 따라 전부 섭취하는 것도 좋아요. "

별미 국수 요리

여러 가지 재료를 넣어 돌돌 말아 먹는

월남쌈

여러 가지 재료를 가늘게 썰어 데친 라이스페이퍼에 싸 먹는 요리로
집들이 메뉴로 인기 있지요. 생각보다 준비하기도 어렵지 않고, 함께 만들어 먹는
재미가 좋은 요리니 꼭 한 번 도전해보세요.

> 라이스버미첼리는 쌀가루를 재료로 한 가는 국수입니다. 얇고 반투명한 국수로 물에 불렸다가 끓는 물에 데쳐내면 됩니다. 자숙새우와 새우살은 냉동 제품을 구입하면 보관과 사용이 편리해요. 튀김이나 샐러드에는 연한 핑크빛의 자숙새우가, 된장찌개나 국수, 전에는 생새우가 더 좋아요.

1 자숙새우는 끓는 물에 레몬과 소금을 약간 넣고 데쳐 반으로 저며 썬다.

2 오이와 파프리카는 **7cm** 길이로 곱게 채 썰고 파인애플은 **한 입 크기**로 썬다. 양상추는 한 잎씩 뜯어 깨끗이 씻고 **곱게** 채 썬다.

3 숙주는 머리와 꼬리를 떼고 씻어 냄비에 물을 자작하게 붓고 소금을 넣어 익힌다.

4 라이스버미첼리는 **찬물**에 부드럽게 불린 후 끓는 물에 데친다.

5 미지근한 물에 라이스페이퍼를 적셔 도마 위에 펼치고 오이, 파프리카, 파인애플, 양상추, 새우, 숙주, 라이스버미첼리를 골고루 올려 돌돌 만 다음 양 끄트머리를 **안쪽으로** 접어 월남쌈을 만든다.

6 **땅콩소스와 칠리소스**를 각각 만들어 월남쌈과 곁들여 낸다.

라이스페이퍼 12장, 라이스버미첼리 30g, 자숙새우 24마리, 오이·노란 파프리카·붉은 파프리카 ½개씩, 파인애플 슬라이스 2개, 양상추 ¼통, 숙주 ½봉, 레몬 슬라이스 1개, 소금 약간

땅콩소스 땅콩버터 2큰술, 마요네즈·통조림파인애플 국물·레몬즙 1큰술씩, 간장 1작은술

칠리소스 스위트칠리소스 3큰술, 레몬즙 1큰술, 다진 붉은 고추·설탕 1작은술씩

별미 국수 요리

파티 푸드로 좋은
컵국수 아이디어!

국수 요리에 색다른 아이디어를 더해 담음새를 달리하면 맛깔스러운 애피타이저가 되기도 하고, 메인 요리와 곁들이는 간단한 식사로 낼 수도 있답니다. 집에서 오붓하게 차리는 홈 파티 메뉴로는 그만이지요.

↓
쌀국수샐러드 | p.394

동남아풍 드레싱에 버무린 쌀국수 위에 새우, 토마토, 고수를 색깔 맞춰 보기 좋게 담습니다. 고수를 즐기지 않는다면 깻잎이나 미나리 등의 향긋한 채소로 대신하세요. 작은 유리잔을 이용한 것은 시원한 느낌을 살리기 위해서랍니다. 양파도 색이 고운 적양파로 준비하고, 새우는 자숙 칵테일새우를 준비합니다. 커다란 볼에 얼음을 깔고 그 위에 담아두어도 근사한 연출이 된답니다.

↑
당면샐러드 | p.380

간장드레싱이 아닌 샐러드드레싱에 버무린 당면을 그릇 바닥에 깔고 색색의 미니파프리카를 잘게 썰어 올립니다. 메인 요리를 먹기 전 가볍게 입맛을 돋우기에 아주 좋지요. 차게 먹는 메뉴로 작은 유리컵에 담아내면 좋아요. 애피타이저로 준비한 것이기 때문에 당면의 양을 줄이는 대신 양상추를 곱게 채 썰어 담아 색을 더하고 그 위에 당면과 미니파프리카, 드레싱을 올렸습니다.

> **맛있고 보기 좋은 컵국수 비결**
>
> 컵국수로 활용할 국수는 삶은 다음 차가운 물에 충분히 헹궈 물기를 빼서 사용하세요. 국수에 열기가 남아 있거나 전분기가 있으면 쉽게 들러붙어 고명과 섞어 먹기가 힘들답니다. 쉽게 붙는 국수는 내기 직전에 육수나 국물을 자박하게 붓고, 드레싱을 묽게 만들어 잘 섞이도록 하면 좋습니다.

↑
묵국수 | p.392

묵을 숟가락으로 떠먹기 쉽도록 네모나게 자르고 색도 다양하게 준비해서 담습니다. 묵은 도토리묵, 메밀묵, 청포묵, 치자묵, 올방개묵, 동부묵 등 종류가 굉장히 다양해 맛도, 색도 마음껏 골라 요리할 수 있답니다. 기름진 요리를 먹고 난 다음에 묵국수로 입가심하면 개운합니다. 묵과 고명만 담아서 준비하고 장국은 살얼음이 얼도록 차게 준비해두었다가 먹기 직전에 테이블에서 부어 내도 좋아요.

↑
버섯잡채 | p.378

당면과 버섯을 따로 간하고 당면보다 버섯을 좀 더 많이 볶아 담았어요. 여러 가지 재료가 들어가는 잡채는 아니지만 버섯의 쫄깃한 식감과 구수한 맛이 입을 즐겁게 합니다. 버섯 대신 초록 피망과 붉은 피망을 볶아 올려도 되고 달걀지단을 도톰하게 부쳐 채 썰어 올려도 맛있어요. 투명한 유리컵이나 작은 종지에 담아 1인분씩 내면 좋아요.

요리 돕는 책 속 부록 ❶

밥, 국수 상차림 아이디어

책 속 요리를 다양하게 활용해 카페처럼 심플하고 세련된 상차림을 만들어보세요. 국수와 국수 요리 요리는 재료나 양념이 겹치지 않아야 맛있는 상차림이 됩니다. 해물을 넣은 밥 요리라면 채소로 만든 국물을 곁들이고, 간장으로 간을 한 국수 요리라면 고추장이나 된장 양념의 반찬이나 밥 요리를 곁들이세요.

밥 요리 + 간단 국 + 반찬 + 후식
한 그릇으로 한 끼가 될 수 있는 밥이나 국수 요리를 준비하세요. 밥 요리라면 국물을 곁들이고, 국수 요리라면 한 입 크기의 주먹밥이나 간단한 구이, 부침, 볶음 요리를 함께 냅니다. 반찬은 주요리의 재료와 양념이 겹치지 않도록 만드세요. 차가운 요리에는 따뜻한 후식이, 따뜻한 요리에는 차가운 후식이 어울립니다.

- 달걀새우볶음밥 | *184p* + 맑은 버섯국 | *149p* + 생땅콩조림 | *97p* + 과일요구르트 | *236p*
- 감자밥 | *70p* + 표고버섯달걀조림 | *97p* + 마른 새우미역국 | *148p* + 배추속대겉절이 | *320p*
- 뿌리채소밥 | *102p* + 소고기두부조림 | *96p* + 바지락국 | *148p* + 양념장 | *124-125p*

밥 요리와 국수 요리를 한꺼번에

짜장면과 짬뽕처럼 둘 중에 하나를 고르기 힘든 요리를 위한 상차림입니다. 두 가지 요리를 한꺼번에 먹어야 하니 양이 많아지지 않도록 주의하세요. 두 가지 요리의 각 재료와 양념 맛이 겹치지 않아야 함께 먹었을 때 더욱 입맛을 돋울 수 있답니다. 조리 방법도 서로 다른 것이 좋으며, 두 가지가 모두 국물 요리가 되지 않도록 차려야 합니다.

- 바지락칼국수 | *298p* + 열무비빔밥 | *134p*
- 잔치국수 | *272p* + 매운 멸치김밥 | *240p*
- 얼큰우동 | *330p* + 유부초밥 | *248p*

요리 돕는
책 속 부록 ①

여러 가지 요리를 한 접시에 담기

한 접시에 서너 가지 요리를 함께 담아요. 각 요리는 국물이 적거나 물이 생기지 않는 것이 좋겠지요. 밥이나 국수는 접시에 얹어 비비거나 섞어 먹기 힘드니 양념에 비비고, 재료를 섞어서 담아야 합니다. 혹 물기 있는 반찬을 곁들이고 싶다면 잎채소를 깐 다음 그 위에 얹고, 국물 있는 요리를 올리고 싶다면 작고 오목한 그릇에 담아 접시 위에 함께 올려 내세요. 한 접시에 여러 요리를 담아내기 때문에 다양한 색감을 고려해 고명 등을 활용하는 것도 좋아요.

- 다시마밥 | *92p* + 돼지등심 생강구이 | *168p* + 부추겉절이 | *321p*
- 미나리밥 | *90p* + 오징어양배추볶음 | *158p* + 양파장아찌 | *204p*
- 호박고지밥 | *78p* + 제육볶음 | *160p* + 매실장아찌 | *205p*

다양한 요리를 맛보는 홈파티 스타일

여러 사람이 모일 때는 큰 접시에 음식을 가득 담아두는 것보다 1인분씩 담아두면 보기에 좋은 것은 물론 먹기에도 깔끔하고, 남은 음식을 버리는 양도 줄어듭니다. 고명은 각각 올려두고, 양념이나 드레싱은 따로 내어 각자 취향에 맞게 곁들여 먹도록 하는 것이 좋아요. 뜨거운 국물이나 차가운 장국도 먹는 사람이 직접 부어 먹을 수 있도록 따로 준비하고요.

- 장국수 | *293p* + 방울토마토피클 | *373p*
- 나물밥전 | *244p* + 묵국수 | *392p*
- 쌈밥 | *242p* + 오이피클 | *372p* + 골뱅이비빔국수 | *282p*

요리 돕는 책 속 부록 ❷

사계절 식재료 캘린더

봄 spring

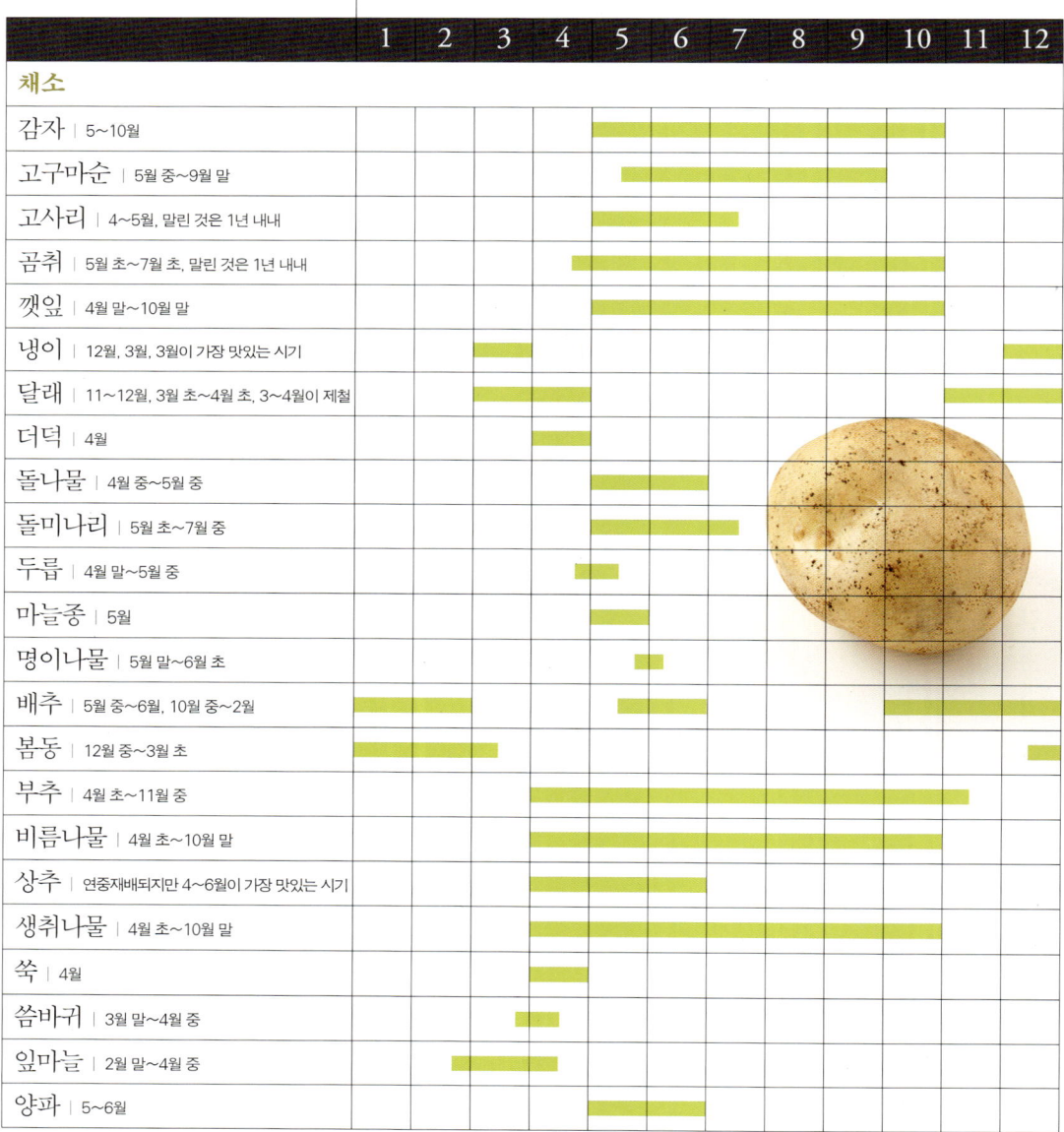

	1	2	3	4	5	6	7	8	9	10	11	12
채소												
감자 | 5~10월					■	■	■	■	■	■		
고구마순 | 5월 중~9월 말					■	■	■	■	■			
고사리 | 4~5월, 말린 것은 1년 내내				■	■	■	■					
곰취 | 5월 초~7월 초, 말린 것은 1년 내내					■	■	■					
깻잎 | 4월 말~10월 말				■	■	■	■	■	■	■		
냉이 | 12월, 3월, 3월이 가장 맛있는 시기			■									■
달래 | 11~12월, 3월 초~4월 초, 3~4월이 제철			■	■							■	■
더덕 | 4월				■								
돌나물 | 4월 중~5월 중				■	■							
돌미나리 | 5월 초~7월 중					■	■	■					
두릅 | 4월 말~5월 중				■	■							
마늘종 | 5월					■							
명이나물 | 5월 말~6월 초					■	■						
배추 | 5월 중~6월, 10월 중~2월	■	■			■	■				■	■	■
봄동 | 12월 중~3월 초		■	■									■
부추 | 4월 초~11월 중				■	■	■	■	■	■	■	■	
비름나물 | 4월 초~10월 말				■	■	■	■	■	■	■		
상추 | 연중재배되지만 4~6월이 가장 맛있는 시기				■	■	■						
생취나물 | 4월 초~10월 말				■	■	■	■	■	■	■		
쑥 | 4월				■								
씀바귀 | 3월 말~4월 중			■	■								
잎마늘 | 2월 말~4월 중		■	■	■								
양파 | 5~6월					■	■						

	1	2	3	4	5	6	7	8	9	10	11	12
유채 | 3~4월			■	■								
쪽파 | 3~4월			■	■								
참나물 | 5월 말~6월 초					■	■	■	■	■	■		
꽈리고추 | 4월 말~10월 중				■	■	■	■	■	■	■		
대파 | 3월 중~4월 말, 10월 중~11월 초			■	■						■	■	
풋고추 | 5월 초~10월 말					■	■	■	■	■	■		
호박잎 | 5월 중~7월 말					■	■	■					
양배추 | 3월부터 가을까지			■	■	■	■	■	■	■	■		

과일

	1	2	3	4	5	6	7	8	9	10	11	12
진지향 | 3월 중~4월 중			■	■								
천혜향 | 3월 초~4월 중			■	■								
청견 | 3월 중~4월 중			■	■								
한라봉 | 3월 초~4월 중			■	■								
방울토마토 | 5월 중~12월 초					■	■	■	■	■	■	■	■
참외 | 3월 말~8월 말			■	■	■	■	■	■				
토마토 | 5월 초~12월 말					■	■	■	■	■	■	■	■

해산물

	1	2	3	4	5	6	7	8	9	10	11	12
명태 | 5월					■							
옥돔 | 12~5월	■	■	■	■	■							■
해삼 | 5~6월					■	■						
갑오징어 | 5~6월 초					■	■						
조개류 | 3~4월			■	■								
가자미 | 12~3월	■	■	■									■
금태 | 5월					■							
뱅어 | 4월				■								
병어 | 4~6월				■	■	■						
삼치 | 1~5월	■	■	■	■	■							
숭어 | 1~3월	■	■	■									
주꾸미 | 4~5월				■	■							
황태 | 2~5월		■	■	■	■							
참조기 | 4~6월				■	■	■						
톳 | 4~5월				■	■							

요리 돕는 책 속 부록

제철 식재료 캘린더 여름 summer

	1	2	3	4	5	6	7	8	9	10	11	12
채소												
고춧잎 | 6월 초~9월 중						■	■	■	■			
곤드레잎 | 5월 중~7월 중					■	■	■					
꽈리고추 | 7~8월							■	■				
머윗대 | 6월 말~9월 말						■	■	■	■			
가지 | 6월 초~10월 말						■	■	■	■	■		
강낭콩 | 7월 초~7월 중							■					
노각 | 6월 초~8월 중						■	■	■				
단호박 | 6월 말~12월 말						■	■	■	■	■	■	■
미니파프리카 | 8월 초~10월 말								■	■	■		
백오이 | 6월 초~7월 말, 10~11월						■	■			■	■	
애호박 | 5월 중~11월 말					■	■	■	■	■	■	■	
오이맛풋고추 | 5월 말~11월 초					■	■	■	■	■	■	■	
청양고추 | 7월 초~10월 말							■	■	■	■		
옥수수 | 7월 중~7월 말							■					
양상추 | 4~8월				■	■	■	■	■				
완두콩 | 6월						■						
오이 | 4월 초~11월 말, 6~8월이 맛있는 시기				■	■	■	■	■	■	■	■	
청오이 | 6월 말~10월 중						■	■	■	■	■		
풋고추 | 6~7월, 10월						■	■			■		
통마늘 | 5~8월					■	■	■	■				
파프리카 | 6월 중~11월 중						■	■	■	■	■	■	
피망 | 6월 초~10월 중						■	■	■	■	■		
붉은 고추 | 7월 말~10월 말							■	■	■	■		
붉은 피망 | 7월 중~9월 중							■	■	■			
총각무 | 5~7월					■	■	■					
황기 | 7~8월							■	■				
자색감자 | 7월 초~10월 말							■	■	■	■		

	1	2	3	4	5	6	7	8	9	10	11	12
과일												
복분자	7월 초											
복숭아	조생종, 7월 초~9월 초											
블루베리	7월											
사과	조생종 아오리외 8월 중~9월 초											
오디	5월 말~6월 말											
자두	7월 중~8월 초											
청매실	6월											
청포도	8월 중~9월 말											
황매실	6월 말~7월 초											
멜론	7월 중~10월 초											
수박	5월 중~8월 중, 7~8월이 맛있는 시기											
해산물												
농어	6~8월											
도미	5~6월											
문어	8~9월											
민어	7~8월											
새우	6월											
오징어	7~10월											
장어	7~8월											
전복	8월											
쌀, 잡곡												
보리, 찰보리	7월부터 연중											
찰보리쌀	6월부터 연중											

요리 돕는 책 속 부록

제철 식재료 캘린더 **가을** autumn

	1	2	3	4	5	6	7	8	9	10	11	12
채소												
갓	10월 중~11월 중										■	
고구마	9월 초~4월 중	■	■	■	■					■	■	■	■
대파	10월 중~11월 초, 3월 중~4월 말			■	■						■	■	
한재미나리	10월 말~6월 초										■	■	■
늙은호박	9월 초~12월 말									■	■	■	■
마	10월 중~2월	■	■								■	■	■
토란	9~12월									■	■	■	■
생토란줄기	8월 중~10월 중								■	■	■		
생강	10월 말~11월										■	■	
순무	10월 말~11월 말										■	■	
실파	9~11월									■	■	■	
총각무	10월 중~11월 중										■	■	
연근채	9월 초~5월 말	■	■	■	■	■				■	■	■	■
통연근	9월 초~5월 말	■	■	■	■	■				■	■	■	■
자색고구마	10월 중~11월										■	■	
호박고구마	10월 중~1월	■									■	■	■
배추	9~11월									■	■	■	
송이버섯	10월										■		
표고버섯	9~10월									■	■		
우엉	연중재배되지만 9~11월이 맛있는 시기									■	■	■	
잣	10~12월										■	■	■
과일												
단감	10월 말~3월 말	■	■	■							■	■	
배	조중생, 8월 말~4월 말	■	■	■	■				■	■	■	■	■
복숭아	만생종, 황도 9월 중~10월 초									■	■		
사과	중생종 홍로외 9월 초~4월 말	■	■	■	■					■	■	■	■

	1	2	3	4	5	6	7	8	9	10	11	12
대추 │ 9월 말~10월 중										▬		
오미자 │ 9월									▬			
유자 │ 11월											▬	
골드키위 │ 11월											▬	
그린키위 │ 11월 말~5월 말	▬	▬	▬	▬	▬						▬	▬
포도 │ 8월 말~10월 말								▬	▬	▬		
견과													
밤 │ 9월 중~8월 중 재배, 9~10월이 맛있는 시기									▬	▬		
호두 │ 10월 말~5월 재배, 11월이 맛있는 시기											▬	
해산물													
갈치 │ 11월											▬	
광어 │ 11~12월											▬	▬
꼬막 │ 11~12월											▬	▬
꽃게 │ 11월											▬	
고등어 │ 10~12월										▬	▬	▬
대하 │ 10~11월										▬	▬	
미꾸라지 │ 10~11월										▬	▬	
참게 │ 9~11월									▬	▬	▬	
전어 │ 9~11월									▬	▬	▬	
조기 │ 9월									▬			
꽁치 │ 9~12월									▬	▬	▬	▬
쌀, 잡곡													
맵쌀 │ 9월부터 연중									▬	▬	▬	▬
현미 │ 9월부터 연중									▬	▬	▬	▬
찹쌀 │ 9월부터 연중									▬	▬	▬	▬
적미 │ 11월부터 연중											▬	▬
흑미 │ 9월부터 연중									▬	▬	▬	▬
땅콩 │ 9~1월	▬								▬	▬	▬	▬
수수 │ 11월부터 연중											▬	▬

제철 식재료 캘린더

겨울 winter

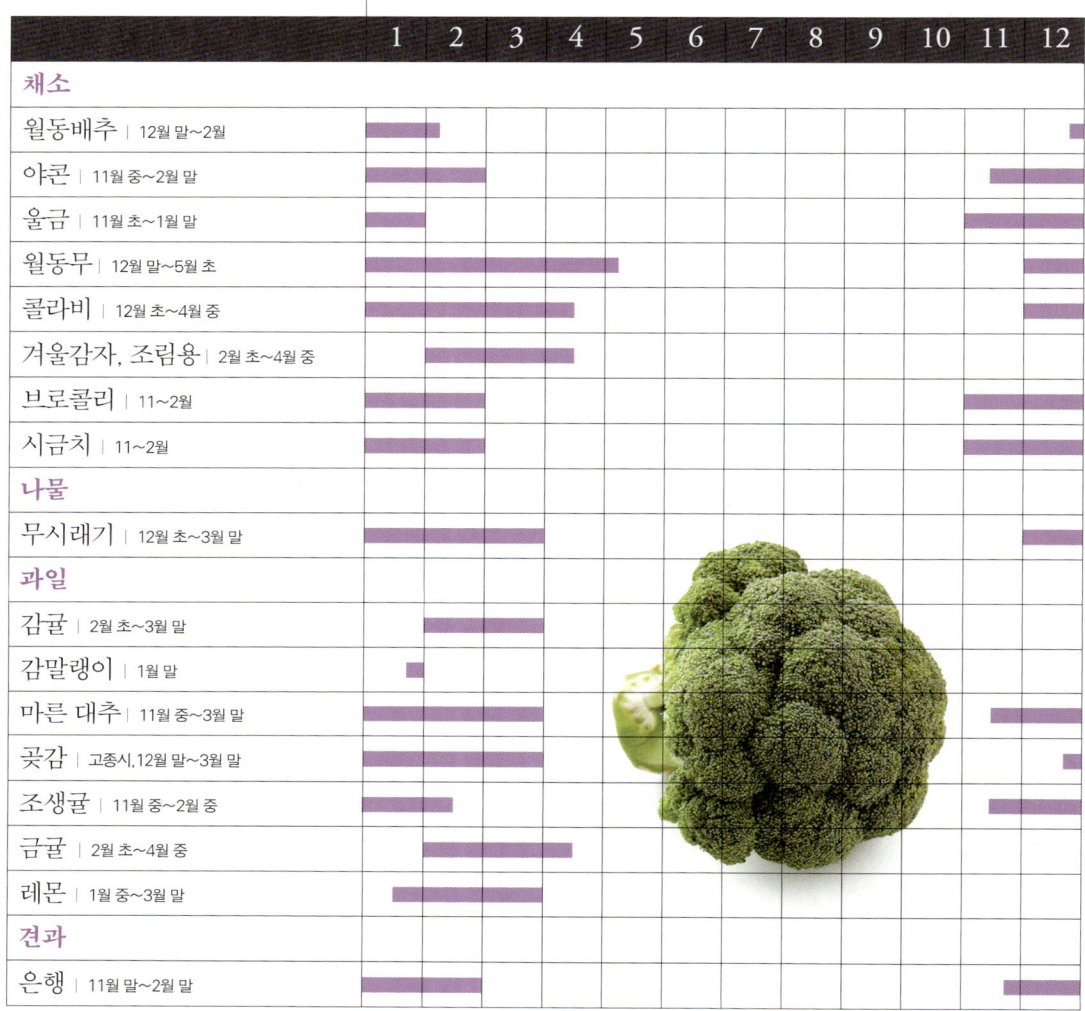

	1	2	3	4	5	6	7	8	9	10	11	12
채소												
월동배추 ǀ 12월 말~2월	■	■										■
야콘 ǀ 11월 중~2월 말	■	■									■	■
울금 ǀ 11월 초~1월 말	■										■	■
월동무 ǀ 12월 말~5월 초	■	■	■	■	■							■
콜라비 ǀ 12월 초~4월 중	■	■	■	■								■
겨울감자, 조림용 ǀ 2월 초~4월 중		■	■	■								
브로콜리 ǀ 11~2월	■	■									■	■
시금치 ǀ 11~2월	■	■									■	■
나물												
무시래기 ǀ 12월 초~3월 말	■	■	■									■
과일												
감귤 ǀ 2월 초~3월 말		■	■									
감말랭이 ǀ 1월 말	■											
마른 대추 ǀ 11월 중~3월 말	■	■	■								■	
곶감 ǀ 고종시,12월 말~3월 말	■	■	■									■
조생귤 ǀ 11월 중~2월 중	■	■									■	
금귤 ǀ 2월 초~4월 중		■	■	■								
레몬 ǀ 1월 중~3월 말	■	■	■									
견과												
은행 ǀ 11월 말~2월 말	■	■									■	

	1	2	3	4	5	6	7	8	9	10	11	12
해산물												
굴 | 11~2월	■	■									■	■
낙지 | 11~12월											■	■
광어 | 11~12월											■	■
도미 | 6월, 12월						■						■
방어 | 11~2월	■	■									■	■
복어 | 11~2월	■	■									■	■
아귀 | 12~2월	■	■										■
홍게 | 12월												■
대구 | 12~1월	■											■
대하 | 12월												■
삼치 | 12~1월	■											■
옥돔 | 12~5월	■	■	■	■	■							■
청어 | 11~12월											■	■
바지락 | 2~4월		■	■	■								
도루묵 | 12월												■
미역 | 11~3월	■	■	■								■	■
쌀, 잡곡												
깐 녹두, 콩, 콩녹두, 팥 | 12월부터 연중												■
찰옥수수쌀 | 12월부터 연중												■
청태 | 12월												■
황태콩 | 12월												■
기장, 율무, 차조 | 12월부터 연중												■

사계절 구할 수 있는 말린 나물

참나물, 취나물, 고사리, 애호박, 가지, 토란줄기, 무청(시래기), 무(말랭이) 등을 말린 것은 사계절 내내 구할 수 있답니다. 해초 중 톳, 다시마, 미역 말린 것도 언제든 쉽게 구할 수 있고요. 대추, 오미자, 산수유, 감 등의 열매와 과일을 말린 것과 함께 잡곡을 비롯한 땅콩, 옥수수, 호두, 콩류 등도 말린 것은 일 년 내내 구할 수 있습니다.

찾아보기

가

가쓰오부시국물(국수) 268
가쓰오부시국물(밥) 45
간장버터밥 64
간장비빔국수 286
간장비빔메밀국수 386
감자밥 70
감자칼국수 302
강낭콩 42
강낭콩밥 60
검은 보리 39
겉보리 38
겉절이 320
계량 기준 10
고구마조림 97
고구마호박밥 104
고기국수 284
고명 아이디어 294
고추기름 163
곤드레나물밥 82
곤약비빔국수 390
골뱅이비빔국수 282
과일비빔국수 280
과일요구르트 236
구운 채소소고기덮밥 154
국수 삶는 법 264
굴국밥 226
굴무밥 110
귀리 40
기본 양념간장 124
기장 40
기장밥 52
김주먹밥 344
김치마파두부덮밥 162
김치말이국수 278
김치말이밥 208
김치명란죽 230
김치비빔국수 274
김치오믈렛 196
김치우동 332
김치칼국수 304
김치크림리소토 198
깍두기볶음밥 186
꼬막콩나물비빔밥 136
꽁보리밥 50
꽁치시래기조림 96

나

나물밥전 244
낙지비빔국수 290
낙지젓갈비빔밥 142
낙지칼국수 318
날치알밥 116
납작보리 38
냉메밀국수 388
냉이밥 86
냉이칼국수 310
녹두 43
누룽지죽 234

다

다시마국물 44
다시마밥 92
단촛물 175
단팥아이스크림 237
단호박영양밥 108
달걀국 148
달걀새우볶음밥 184
달걀프라이밥 64
달래양념장 124
닭고기덮밥 170
닭곰탕 220
닭육수 268
닭죽 228
닭칼국수 314
담백한 국물 148
당면 267
당면샐러드 380
대파날치알볶음밥 190
더덕비빔밥 146
덴카스 328
도시락 아이디어 260
돼지고기김치밥 120
돼지등심생강구이덮밥 168
된장칼국수 306
두릅밥 88
두부국수 276
두부된장국 149
두부볶음덮밥 166
들깨칼국수 308
디저트 236
땅콩밥 62
땅콩소스 399

라

라이스버미첼리 399
리코타치즈 361
리코타치즈파스타 360

마

마늘볶음밥 192
마늘커리라이스 152
마른 새우국물 269
마른 새우미역국 148
마른 새우주먹밥 345
마밥 76
말린 과일 236
맑은 버섯국 149
맛내기 재료 13
매생이칼국수 316
매실장아찌 205
매실장아찌주먹밥 344
매운 멸치김밥 240
매운 무조림 96
매운 어묵밥 64
메밀국수 267
멸칫국물 268
명란두붓국 149
명란스파게티 368
모둠버섯밥 106
무피클 372
묵국수 392
묵밥 214
미나리밥 90
미트볼파스타 366

바

바지락국 148
바지락칼국수 298
밥 짓는 법 32
밥크로켓 254
방울토마토피클 373
배추속대겉절이 320
배합초 175, 253, 259
백태 41
버섯양념장 124
버섯잡채 378
버섯칼국수 300
버섯크림파스타 358

베이컨볶음밥 194
베이컨크림우동 340
볶음쌀국수 396
볶음우동 338
봄나물비빔밥 130
봄동사과겉절이 320
봉골레스파게티 364
부추겉절이 321
북엇국물 45
비빔쫄면 384
뿌리채소밥 102

사

사골국물 45
삭힌 고추양념장 125, 299
생땅콩조림 97
생채비빔밥 128
샤부샤부우동 334
서리태 41
셀러리간장장아찌 205
소고기덮밥 172
소고기두부조림 96
소고기무국밥 224
소고기볶음밥 182
소고기육수 269
소고기채소죽 232
소면 266
소시지오븐스파게티 370
수삼영양밥 100
수수 40
수수밥 62
숙채비빔밥 132
스팸무스비 256
시래기밥 80
쌀 36
쌀국수 267
쌀국수샐러드 394
쌀밥 48
쌈밥 242

아

아몬드캔디 237
아이스홍시 237
알리오올리오 350
압맥 38
약고추장 125

양념장 124
양배추피클 373
양파달걀덮밥 164
양파장아찌 204
어묵우동 324
얼큰우동 330
연근밥 72
연근장아찌 204
열무보리비빔밥 134
영양찰밥 122
오곡밥 58
오이겉절이 321
오이나물비빔밥 140
오이피클 372
오징어양배추덮밥 158
옥수수밥 62
완두콩 42
우거지국밥 212
우동 266
우렁된장부추비빔밥 138
울타리콩 42
월남쌈 398
유부우동 326
유부조림장 248, 327
유부초밥 248
육개장국밥 218
율란 236
율무 39
일본식 섞음초밥 174

자

잔멸치볶음밥 180
잔멸치볶음밥(토핑밥) 64
잔치국수 272
장국수 292
장아찌 204
장아찌밥 94
장터국밥 216
적미 37
적미밥 54
제육덮밥 160
조갯국물 269
조림 반찬 96
주먹밥 344
죽순밥 74
죽순장아찌 205
중면 266

쥐눈이콩 41
쫄우동 382

차

차조 40
차조밥 52
찰보리 39
찰보리밥 50
참치덮밥 156
참치밥 64
참치삼각주먹밥 250
참치주먹밥 345
찹쌀 37
찹쌀현미 38
채소국물 44
초고추장 125
취나물밥 84
치자물 44
칠리소스 399

카

카르보나라 356
칼국수 266
캘리포니아롤 252
커리우동 336
컵국수 아이디어 400
컵밥 아이디어 176
콜드파스타 362
콩나물국밥 210
콩나물밥 68
콩나물잡채 376
콩밥 60
콩비지밥 112

타

토마토브로콜리파스타 354
토핑밥 아이디어 64
톳유부밥 118
통깨잣국수 288
튀김우동 328

파

파스타 267
파인애플볶음밥 188
파티 푸드 400
파티초밥 258
팥 43
팥물밥 56
팥밥 56
팥칼국수 312
표고버섯달걀조림 97
풋고추장아찌 204
피클 372
요리 도구 26

하

할라피뇨파스타 348
해물영양밥 114
해물우동샐러드 342
해물토마토리소토 200
해물파에야 202
해산물토마토스파게티 352
해초비빔밥 144
현미 37
현미밥 48
현미주먹밥 246
호박고지밥 78
혼합잡곡밥 58
황태국밥 222
흑미 36
흑미밥 54

All about KOREAN RICE & NOODLE

짜지 않은
밥 국수

초판 1쇄 인쇄 2013 10월 15일
초판 1쇄 발행 2013 10월 25일

지은이 이윤혜(사이間)
책임편집 최세진
구성·진행 김민경
디자인 Fong·Forest
사진 최해성(Bay Studio), 강태희, 최지은
교정·교열 박애경
요리 어시스트 조아라, 조수민
그릇 협찬 레인보우피시 www.rainbow-fish.co.kr
식재료 협찬 오뚜기 www.ottogi.co.kr

펴낸이 이웅현
펴낸곳 ㈜도서출판도도
회장 조대웅
상무 정지아
재무이사 최명희
미술 이지은
기획 김민경
마케팅 차은영

출판등록 제 300-2012-212호
주소 서울시 종로구 새문안로 92 오피시아빌딩 1225호
전자우편 dodo7788@hanmail.net
내용문의 02)739-7656(106)
판매문의 02)739-7656(206)

Copyright ⓒ 이윤혜
ISBN 979-11-853300-0-6

잘못된 책은 구입하신 곳에서 바꾸어 드립니다.
이 책에 실린 글과 사진은 저작권법에 의해 보호되고 있으므로
무단 전제와 복제를 일절 금합니다.

도도 마스터 쿡 시리즈

짜지 않은 반찬
제철 채소, 생선과 해물, 고기, 두부와 달갈로 만드는 반찬과 일품요리, 두고두고 먹을 수 있는 저장 밑반찬까지 260가지 밥도둑 레시피를 한데 모았다. 모든 레시피는 맛깔스러움은 더하고 나트륨은 덜어 낸 저염 요리법으로 만들어졌다.

짜지 않은 밥 국수
맛있는 밥 짓기 노하우와 국수 삶는 요령부터 밥과 국수를 활용해 만들 수 있는 다양한 한 그릇 요리가 가득하다. 요리와 잘 어울리는 양념장, 반찬, 국물, 후식 레시피는 물론이며 여러 가지 스타일링 아이디어까지 두루 담았다.

짜지 않은 국 찌개
매일 먹어도 질리지 않는 기본 국물요리와 사계절 제철 재료를 마음껏 즐길 수 있는 다양한 국, 찌개, 전골, 탕 요리백과. 보다 건강한 식탁을 차릴 수 있는 저염 조리 비결과 쉽게 만드는 밑국물, 맛깔스러운 양념 노하우까지 가득하다.